강진철 역사학의 이해

故 姜晉哲 高麗大學校 史學科 敎授 誕辰 100周年 紀念書

강진철 역사학의 이해

박용운 외 저 | 이진한 편

景仁文化社

서 문

　2017년 8월 27일 —음력 7월 6일— 은 姜晉哲 先生 탄신 100주년이 되는 날이다. 이 기회를 맞이하여 한국사 전공자들이 '우리 선생님'의 업적을 기억을 해주었으면 좋겠다는 취지에서 박용운 선생을 비롯한 고려대 대학원 고려시대사 전공자들은 1년 전부터 행사를 준비하기 시작하였다. 선생이 고려대에서 많은 제자를 양성하고 명예롭게 정년을 하였기 때문에 선생의 제자와 제자의 제자들이 선생의 주요 업적을 재조명하는 학술회의를 여는 것이 좋겠다는 의견이 많았다. 이에 현재 고려대 박사과정 재학생들이 중심이 되는 <학문후속세대들이 본 강진철의 한국사연구>와, 박사학위를 받은 분들이 중심이 되는 <중견학자들이 본 강진철의 한국사연구>라는 학술회의를 기획하고, 토론자는 외부에서 관련 분야의 저명한 전공자를 모셨다.

　두 차례의 학술회의의 성과를 바탕으로 강선생 본인의 회고와 더불어 석·박사 지도학생이었던 분들의 회고를 더하여 책을 만들기로 하였다. 굳이 많은 비용과 번거로움을 마다하지 않고 출간까지 계획한 것은 최근 사회경제사에 대한 사회적 관심사가 줄어든 데다가 고려시대 토지제도사가 내용이 난해하고 이론 공부를 해야하기 때문에 이 분야에 대한 연구가 부진하고 새로운 연구자의 등장이 아주 적은 현실을 조금이나마 바꾸어보자는 의도가 있다. 이 책의 논문에서는 선생의 주요 업적을 설명하고 그 의의와 영향 등을 상세히 소개하였으며, 외부 토론자의 논평문은 객관적이고 예리하게 논문의 부족한 점을 잘 지적해주고 있어서, 초심자들에게 '강진철 역사학의 이해'를 돕는 길잡이 또는 입문서가 되기에 충분하다. 아울러 강선생 본인을 비롯한 제자들의 회고와 이우성선생의 묘비문은 선생이 왜 그러한 연구를 하게 되었는지를 알게 해줄 것이다. 모쪼록 이 책이 고려 토지제도사 연구, 더 나아가 한국 사회경제사 연구를 부흥하고 활성화시키는데 一助하기를 바란다.

한편, 이 책의 편집·교정·색인을 하면서 강진철 역사학의 너비와 깊이를 새삼 깨달았다. 시대구분·생산관계·생산력·생산양식·노예제·봉건제·보편성·특수성·상부구조·하부구조 등과 같은 용어가 색인어로 많이 포함되어 있는 것은 강선생의 연구가 한국사 내에서 고려시대사의 역사적 성격을 밝히기 위한 것이었음을 알려준다. 그리고 강선생은 노익장이라는 말 그대로 대표 저작이 우리 나이로 60세가 되었던 1976년 이후에 나왔지만, 논리나 실증 같은 학문적 방법은 조금도 흐트러짐이 없었던 진정한 한국사학자이자 역사가였다. 교수 채용과 평가에서 논문의 질보다 개수를 중시하면서 무게 있는 글들이 점차 사라져가는 상황에서, 강선생의 著作은 더 이상 世態에 안주하지 말고, 보다 넓은 시야로 역사를 바라보아야 하며 자기 성찰 또한 필요하다는 깨우침을 오늘의 한국사 '연구자'들에게 주고 있다.

끝으로 이 책이 나오기까지 헌신적인 도움을 주신 여러분이 있었다. 논문의 발표와 회고문을 써준 고려대 대학원 고려시대사 전공 졸업생과 재학생, 학술회의를 준비하고 책의 교정 작업에 참여해준 김규록·김윤지를 비롯한 고려시대사 팀원들, 학술회의 토론과 논평문 게재를 허락해주신 한정수·문경호·이민우·박종기·김병인·채웅석·김기섭·이인재 님 등의 덕분에 훌륭한 紀念書가 만들어지게 되었다. 또한 이 책에 수록된 논문이 『사총』과 『한국사학보』 등의 전문학술지에 게재할 수 있도록 경제적으로 후원해주신 강화중 님, 최근 어려운 출판계의 사정 속에서도 기꺼이 출판을 허락해주신 경인문화사 한정희 사장과 깔끔하게 편집을 잘 해준 김지선 과장에게도 고마운 마음을 전하고 싶다.

강진철 선생의 學恩에 다시 한 번 감사드린다. 선생님의 명복을 빌며, 우리 사모님의 무병장수를 기원한다.

2017년 8월 吉日에
고려대학교 대학원 고려시대사 전공자를 대표하여 이진한 삼가 씀.

차 례

■ 서 문

제3편 회고

제1편
학문후속세대들이 본
강진철의 한국사 연구

이 편에 실린 글들은 아래의 학술회의에서 발표되고, 『사총』 91, 2017 에 게재된 것이다.

<아래>

1) 2016년 2학기 대학원생 콜로키움

주제 : '21세기에 바라보는 강진철의 고려시대연구'

일시 : 2017년 1월 20일(금) 오후 3시~6시

장소 : 문과대학 서관 223호

 － 주최 : BK21PLUS한국사학미래인재양성사업단

  (1) 제1주제 : 강진철 시대구분론과 그 의미

     발표자 : 김선미·박수찬(고려대 대학원)

     토론자 : 한정수(건국대 사학과)

  (2) 제2주제 : 대몽항쟁 연구의 이정표 수립－「蒙古의 侵入에 대한 抗爭」 재조명

     발표자 : 임형수·최은규(고려대 대학원)

     토론자 : 문경호(공주대 역사교육과)

  (3) 제3주제 : 강진철의 전시과체제 이해와 그 의미－『고려토지제도사연구』를 중심으로

     발표자 : 오치훈·서정현(고려대 대학원)

     토론자 : 이민우(서울대 규장각)

강진철의 시대구분론에 담긴 역사이해방식

김 선 미*

1. 들어가며

시대구분은 인간 역사의 여러 가지 발전 관계들을 종합하여 역사진행을 그 전개의 형식과 내용의 성격에 따라 시기적으로 구분하는 작업이다.[1] 이는 인간역사의 과정을 체계적·법칙적으로 파악하고자 하는 것으로, 역사가 인간사회의 공통적인 원리에 의해서 발전되었다고 보고 역사발전의 객관적인 원리를 확인하는 데 시대구분의 목적이 있다.[2] 한국사학계에서도 세계사적인 관점에서 한국의 역사가 발전하였다는 인식 아래, 다양한 방식으로 한국사의 시대구분이 시도되었다.

시대구분 논의는 1930년대 白南雲에 의해 본격적으로 시작되었다.[3] 그는 식민주의 사학의 정체성 이론을 비판하며 맑스의 사적 유물론에 입각하여 한국사의 합법칙적 과정을 확인하고자 하였다. 이후 한국사학

---

* 고려대학교 한국사연구소 연구원.

1) 李相信, 「時代區分의 가능성과 歷史學的 기능 — 20세기 마르크스주의적 이론들에 대한 검토 —」『歷史學報』 157, 1998, 231쪽.

2) 李榮昊, 「한국사의 시대구분」『한국역사입문』 1, 풀빛, 1995, 49쪽.

3) 白南雲, 『朝鮮社會經濟史』, 改造社, 1933 ;『朝鮮封建社會經濟史』, 改造社, 1937.

계에서는 1960년대에 시대구분에 대한 관심이 높아져 韓國經濟史學會
의 주최로 1967년 12월과 1968년 3월 두 차례에 걸쳐 '한국사의 시대구
분론'이라는 주제의 심포지엄이 개최되었고, 이와 관련된 업적이 『韓國
史時代區分論』으로 정리되었다.4) 1980년대 중반에는 민중사학자들에
의해 시대구분 문제가 지속적으로 논의되었다. 1992년에 국사편찬위원
회에서 개최한 제18회 한국사 학술회의는 시대구분을 주제로 진행되었
고5) 1995년에는 시대구분을 제목으로 하는 책들이 다수 출판되었다.6)
그리고 1996년 5월에 개최된 제39회 전국역사학대회에서 시대구분을 주
제로 택하면서 시대구분 논쟁은 절정에 달하였다.7)

　　강진철은 1960년대 시대구분 논의를 주도한 학자 중의 한 명이다. 그
는 1955년 5월 부산대학교에서 '高麗時代의 土地支配關係의 性格'이라
는 제목의 연구 발표를 통해 시대구분의 대체적인 윤곽을 제시하였다.
이어서 1966년 5월 전국역사학대회에서 '韓國史의 時代區分에 대하여'라
는 제목의 강연을 하였다. 이때의 강연 내용을 수정하여 같은 해에 『震檀
學報』29·30합집에 발표한 글이 「韓國史의 時代區分에 대한 一試論」이
다.8) 이어서 앞서 언급한 한국경제사학회에서 주최한 '한국사의 시대구
분론'이라는 주제의 심포지엄에서 「高麗 田柴科體制下의 農民의 性格」
을 발표하여 자신의 시대구분에 대한 논지를 강화하였다.9)

---

4) 韓國經濟史學會, 『韓國史時代區分論』, 乙酉文化社, 1970.
5) 이는 1993년 12월에 『國史館論叢』 50에 정리되어 출간되었다.
6) 韓國古代史學會, 『古代와 中世 韓國史의 時代區分』, 1995.
　　車河淳 외, 『韓國史時代區分論』, 소화, 1995.
　　韓國精神文化研究院, 『韓國史의 時代區分에 관한 研究』, 1995.
7) 李榮昊, 앞의 글, 53~55쪽.
　　洪承基, 「한국사 時代區分論」 『한국사 시민강좌』 20, 1997, 126·127쪽.
8) 姜晋哲, 「韓國史의 時代區分에 대한 一試論」 『震檀學報』 29·30합집, 1966 :
　　「韓國史의 時代區分에 대한 一試論」 『韓國社會의 歷史象』, 一志社, 1992.

강진철은 세계사적인 관점에서 역사발전의 기본 법칙을 긍정하고 그
것이 한국사에도 원칙적으로 적용된다는 것을 전제로 한국사회의 발전
과정을 파악하고자 하였다. 즉 세계사의 보편적 역사법칙의 존재를 긍정
하고, 이 역사법칙이 한국의 역사발전 과정에도 관철되었다고 보고 한국
사의 시대구분을 시도하였다. 그는 주로 고대와 중세를 구분하는 기준과
고대에서 중세로의 전환기에 초점을 맞추어 시대구분론을 전개하였다.
따라서 본고에서도 강진철의 시대구분의 기준과 고대에서 중세로의 전
환기 문제에 중점을 두고 그의 시대구분론이 가진 의미에 대해서 살펴
보고자 한다. 먼저, 강진철 이전의 시대구분론에 대해 간단하게 살피고,
강진철의 시대구분론의 특징을 검토한 후 그 의미에 대해서 서술하고자
한다.

2. 1960년대 이전의 시대구분 논의

강진철의 시대구분론을 살펴보기 전에, 1960년대 이전에 논의된 한국
사의 시대구분에 대해서 간략하게 서술하고자 한다. 이를 통해 강진철의
시대구분 논의의 특징과 의의를 보다 명확하게 살필 수 있다.

한국사학계에서 시대구분론을 본격적으로 제기한 것은 1930년대 맑
스의 사적 유물론을 받아들였던 경제사학자들이었다. 당시 시대구분론
이 일었던 것은 일제 관학자들이 한국사를 파악하는 시각 때문이었다.
일본 관학자들의 한국사 시대구분은 왕조별로 구분하거나 왕조별 시대
구분에 고대─중세─근대라는 3시대 구분을 편의적으로 갖다 맞춘 방식

---

9) 姜晋哲, 「高麗 田柴科體制下의 農民의 性格」 『韓國史時代區分論』, 乙酉文化
社, 1970.

이었다. 그리고 그들은 일본의 조선침략을 합리화하고 식민통치를 원활히 하기 위해 他律性論, 停滯性論, 日鮮同祖論 등에 입각하여 한국사는 시간의 흐름이나 변화 혹은 정체는 있어도 발전과 보편성의 계기는 완전히 결여되었다고 주장하였다. 특히 시대구분과 보다 직접적으로 관련이 있는 것은 정체성론으로, 한국사의 사회경제적 발전단계는 유럽이나 중국·일본보다 뒤떨어져있어 19세기 후반까지 고대사회 말기에 머물러 있다거나 봉건제가 결여되어 중세사회가 없었다고 파악하였다. 이는 한국사회는 근대사회로 나갈 수 없고 일본의 지배를 통해서만 근대사회로 발전할 수 있다는 논리였다.[10)

이런 일제 식민사학에 반기를 들고 본격적으로 한국사의 시대구분을 시도한 학자는 白南雲이었다. 그는 정체성론을 비판하며 한국사를 원시 씨족공산제사회, 노예제사회(삼국정립 시기), 아시아적 봉건제사회(삼국 시기 말부터 최근세), 외세이식자본주의사회(일제하 현재)로 구분하였다. 그리고 노예제사회와 봉건제사회의 존재를 통해 한국사가 세계사의 일환으로 세계사적 기본법칙이 예외 없이 관철되는 사회였고, 이런 법칙에 따라 한국사가 계기적으로 발전하였다는 점을 분명히 하고자 하였다.[11) 그가 파악한 노예제는 노예가 사회적 생산을 담당하는 서양의 古典古代的 노예제였고, 봉건제는 土地國有制를 바탕으로 하는 중앙집권적·관료적 봉건사회였다.[12)

이후, 백남운 견해를 비판하며 다양한 시대구분론이 제시되었다. 여기서 몇 가지 예를 들자면, 李北滿은 피정복종족이 정복종족에 총체적으로

---

10) 배항섭, 「남한 학계의 전근대 시대구분과 사회성격 논의」『한국사』 24, 한길사, 1994, 63~67쪽.
11) 방기중, 「백남운의 역사이론과 한국사 인식」『역사비평』 9, 1990, 221·238쪽.
12) 배항섭, 앞의 논문, 71·72쪽.

예속된 貢納奴隷라는 개념을 도입하여, 한국사에서 이러한 유형의 공납 노예제가 있었음을 주장하였다. 그리하여 삼국시대부터 통일신라기까지 노예소유자적 사회경제구성체로 간주하였다.[13] 全錫淡은 한국사에서 노예제가 발달하지 못하였다고 보고, 한국사를 원시사회-집권적 봉건사회(삼국부터 조선까지)-반봉건사회로 구분하였다. 그는 노예노동이 우세하였다는 확증이 없다는 점을 강조하고, 租稅=地代라는 형태의 수취가 국가 재정의 근간이 되는 것은 봉건제적 사회라는 입장에서 노예제 사회의 결여를 주장하였다.[14]

이처럼 백남운 이후의 시대구분 논의는 한국사에서 노예제사회의 존재여부가 주요 논점이었다. 일제 관학자들이 지적한 한국사의 타율성론과 정체성론을 비판하면서 세계사의 보편적 법칙에 따른 한국사의 발전을 증명하려 하였기 때문에 어쩌면 필연적으로 따를 수밖에 없던 논의 방식이었다. 그런데 백남운의 시대구분론이 맑스의 사적 유물론의 일원론적 역사관을 과도하게 강조하여 교조적으로 한국사에 적용하여서 한국사의 특수성을 무시하였다는 평가처럼[15] 사적 유물론의 이론을 그대로 적용하거나 혹은 그 이론과 한국사 諸時代의 양상이 부합하는가를 두고 제시된 시대구분론은 일정한 한계를 지닌 것이었다.

1960년대에 들어서서 한국사학계에는 식민사학에서 벗어나 주체적이고 발전적인 시각에서 한국사를 재정비해야한다는 움직임이 일어났다. 소위 '내재적 발전론'이라 불리는 연구경향이 나타난 것이다. 강진철의 시대구분론도 이런 시대적 배경 아래 제시되었다.

---

13) 李北滿, 『李朝社會經濟史硏究』, 三成出版社, 1948.
14) 全錫淡, 『朝鮮經濟史』, 博文出版社, 1949.
15) 방기중, 앞의 논문, 200쪽.

3. 收取樣式에서 찾은 시대구분의 기준

강진철은 세계사의 보편적인 역사법칙에 따라 한국사도 발전하였다는 인식을 견지하고 시대구분을 논의하였다. 그는 한국을 포함한 아시아 지역의 사회 전체를 역사의 진행과정에서 일체의 발전적인 요소가 결여된 정체적인 사회라고 규정하는 停滯性論에 비판적 의식을 가졌다. 그리고 서양적 사고방식으로 아시아사회의 역사를 시대구분 하는 것을 극복하고, 한국을 비롯한 아시아사회의 역사진행 과정 안에도 역사의 발전적 계기가 있었다는 것을 발견하고 그것을 구체화하여 사회구성의 발전적 단계를 설정한다는 의미에서 시대구분을 시도하였다. 나아가 시대구분이 한국사회가 현실적으로 당면하고 있는 후진성의 극복이라고 하는 실천적 과업과도 연결된다고 하였다. 이러한 관점 아래 그는 한국사의 시대구분을 논의하였다.

강진철이 말한 세계사의 보편적 역사법칙이란 사적 유물론의 사회구성체 발전단계이다. 세계사는 사회구성의 측면으로 볼 때 原始共同體社會, 古代奴隷制社會, 中世封建制社會, 近代資本制社會로 구분되고, 원칙적으로 이런 사회구성이 순서에 따라 계기적으로 발전하며, 이러한 역사의 발전과정은 한국사에도 그대로 적용된다고 하였다. 그리고 사회구성체 각각의 해당 시기를 다음과 같이 제시하였다. 삼국시대 이래 고려의 무신집권기까지가 고대노예제적인 사회구성 시기, 무신집권기 이후 고려말기까지가 고대노예제적인 사회구성에서 중세봉건제적인 사회구성으로 넘어가는 과도적 전환기, 조선시대가 중세봉건제적 사회구성 시기, 조선 고종의 개항기 이후부터가 근대자본제적 사회구성의 형성기, 동학란과 한일합방 이후가 중세봉건적인 사회구성이 붕괴·해체되고 자

본제적 사회구성이 우세화되는 시기이다.[16]

 강진철이 한국사의 시대를 구분할 때 가장 중점적으로 검토한 부분은 한국사에서 고대노예제인 사회가 존재하였는지의 여부와, 한국사에서 고대노예제 사회가 존재하였다면 고대에서 중세로 넘어가는 전환기를 어느 시점으로 볼 것인가에 관한 문제였다. 그리고 그는 국가권력의 농민에 대한 收取樣式에 주목하여 이를 시대를 구분하는 기준으로 제시하였다. 즉, 수취양식이 국가권력 대 농민이라는 생산관계에 의해 규제되는 것으로 파악하고, 이 수취양식의 역사적 성격과 내용에 따라 고대와 중세를 구분하였다. 수취의 중점이 토지에 대한 지배에 있는 것이 아니라 인간 노동력의 징수에 있는 양식인 人身的 수취양식은 고대노예제사회적 생산관계로, 이러한 수취양식에 의해 규제된 사회는 고대노예제적인 사회구성으로 파악하였다. 그리고 수취의 중점이 土地의 지배에 있는 양식인 地代의 형태를 띤 수취양식은 중세봉건적인 생산관계로, 이러한 수취양식에 의해 규제된 사회는 중세봉건제적인 사회구성으로 파악하였다.[17]

 그가 시대구분의 기준을 수취양식에 둔 것은 이전의 한국사 시대구분론의 문제점을 극복하기 위한 방안이었다. 강진철 이전의 시대구분 논의에서 한국사회에서 노예가 생산주체였던 노예제사회가 존재하였는지의 여부에 관한 논쟁이 치열하게 전개되었다. 한국사에서 노예의 존재 여부와 노예에 의한 노동이 사회적 생산의 지배적인 형태를 형성하는지가 주된 논쟁점이었다. 그러나 한국사에서 노예제 사회의 존재 여부를 규명하는 것은 쉽지 않은 작업이었다. 한국사에서 노예 노동에 의해 생산양식이 규정되는가를 실증하기 어려웠기 때문이다.

---

16) 강진철, 앞의 책, 1992, 11·12·22쪽.
17) 강진철, 앞의 책, 1992, 41쪽.

이러한 문제의식 속에서 강진철은 收取樣式을 시대구분의 기준으로 설정하였다. 한국사에서 생산을 대표하는 계급은 일반 농민이었고 일반 농민이 국가로부터 수취의 대상이 되었던 점에 주목하여, 국가권력 대 일반 농민의 지배·예속 관계에 따라 생산관계가 설정된다고 파악하였다. 그리고 이 수취관계의 본질은 국가권력의 백성에 대한 지배관계로 표현되며, 그 내용은 租稅·貢賦·力役이었다고 하였다. 그런데 이러한 국가와 일반 농민의 관계는 삼국시대 이래 조선시대까지 계속되었기 때문에 자칫 한국사는 정체적이었다는 평가에 빠질 우려가 있었다.

강진철은 서양의 전형적인 고대노예제와 중세봉건제가 한국사에 존재하지 않았음을 인정하면서도 한국사회가 세계사적인 보편 법칙에 의한 발전단계를 거쳤다고 파악하고자 하였다. 한국사회에서 삼국시대부터 조선시대까지 일반 농민이 주된 생산 주체이고 일반 농민이 부담한 租稅·貢賦·力役이 일반적인 수취양식이었던 구조 안에서, 그는 한국사회의 계기적 발전을 상정하고자 하였기 때문에 수취양식의 성격과 수취양식으로 규정된 농민의 사회경제적 지위에 주목하였다.

그리하여 국왕과 귀족·관료를 제외한 人民一般이 총체적으로 노예제적 존재인[18] 사회는 고대노예제적 사회구성으로 파악하고, 노예제적인 성격의 기준을 농민의 人身的 수취에 두었다. 통일신라시기에 작성된 正倉院의 帳籍文書를 분석하여, 수취의 기준이 토지의 大小가 아닌 人丁의 多寡에 있었다고 하였다. 국가가 농민을 파악하는 수취의 중점을 人丁, 즉 인간의 노동력을 노동력 그 자체로서 수취하는 것에 두었고, 이런 수취양식에 결부되어 국가에 예속된 농민은 노예제적인 존재였다. 고려

---

18) 강진철은 총체적노예제를 아시아지역에 나타난 노예제의 특수한 변형의 형태로, 삼국시대 이래 고려중기까지 인민 일반을 총체적으로 노예적인 상태에서 국가에 예속되었던 존재로 이해하였다.

전기 역시 공부와 역역의 기준이 人丁의 多寡였기 때문에 노예제적인 사회구성으로 파악하였다. 즉, 고려전기까지의 농민은 신분적으로 自由農民이지만 그들의 사회경제적 지위는 노예적인 성격으로 파악하였던 것이다.

반면 조선시대에 와서 국가의 일반 농민에 대한 수취기준이 변화하게 된다. 世宗 이후부터 田結의 多少에 따라 공부와 역역을 수취하게 되었다. 이것은 수취의 기준을 토지에 두었다는 것이고, 이는 인간의 노동력에 기준을 둔 인신적 수탈에서 토지를 지배하며 일종의 地代를 통해 수탈하는 형식으로 변화한 것을 의미한다. 이렇게 지대의 징수에 의존한 조선시대를 중세봉건적인 사회구성으로 파악하였다.

이런 강진철의 시대구분론에 대하여 몇 가지 비판이 있다. 먼저, 수취의 기본관계를 국가권력 대 일반 농민으로 설정하였는데, 수취관계에 따라 법제적인 양민인 농민을 노예적인 존재와 봉건적인 존재로 파악할 수 있는가의 문제제기가 있었다. 서양의 노예 개념을 확대 해석하여 노동력을 수탈당한다는 하나의 표징만 남기고 농민의 법제적 신분 등의 다른 본질적인 속성을 간과하였다는 것이다.[19] 또 전사적 지배계급·지방분권·재지영주 등의 징표가 필수적이어야 할 봉건제가 한국사에서는 존재하지 않았고 중앙집권제적인 정치형태였기 때문에 봉건제 국가를 설정할 수 없다는 의견이다.[20]

한국사회는 사회적 생산에서 노예 노동이 지배적인 역할을 담당하였다고 볼 수 없고, 또 봉건영주제나 지방분권 등의 전형적인 봉건제도가 성립되었다고 보기 어렵다. 하지만 강진철은 한국사에서 삼국시대 이래 중앙집권적인 정치형태가 조선까지 계속되는 구조 속에서, 세계사적인

---

19) 梁秉祐, 「古代奴隷制 社會의 虛實」, 『世界史 속의 韓國』, 探求堂, 1975.
20) 梁秉祐, 「우리나라에도 封建制度가 있었는가」, 『世界史 속의 韓國』, 探求堂, 1975.

보편성이 한국사에도 적용이 될 수 있다는 입장을 관철시키고자 하였다. 그래서 고대노예제와 중세봉건제의 개념을 확대시켜 고대와 중세의 기준을 새롭게 설정하였다. 즉, 일반 농민을 생산주체로 설정하고, 농민에 대하여 '관념적'이고 '의제적'이지만 국가권력의 지주적인 성격을 인정하여, 국가권력 대 일반 농민의 수취를 매개로 구현되는 생산관계를 하부구조로 파악하고, 이 수취양식의 성격에 따라 시대를 구분하였다.

이는 식민사학의 정체성론을 극복하고 한국사회의 주체적인 발전을 긍정하고자 한 1960년대 한국사학계의 흐름이 반영된 결과였다. 그래서 그의 글에서 고대노예제 사회나 중세봉건제 사회로 명확하게 규정하지 않고 '고대노예제적' 사회구성이나 '중세봉건제적' 사회구성이라는 표현한 것도 이런 고민 속에서 나온 것이라고 생각한다. 다만 1960년대 이후 한국사 각 시대의 연구성과가 상당부분 축적되었고 시대구분에 서양에서 제기된 이론을 동양사에 적용시킬 수 있는가의 문제제기가 계속되는 만큼, '고대'와 '중세'의 상부구조와 하부구조의 성격을 어떻게 파악할 수 있을지 지속적인 고민이 필요하다.

또, 수취양식의 변화와 관련하여 조선 세종대에 수취의 기준이 人丁의 多寡로부터 田結의 大小로 이행하게 된 것은 커다란 변화이긴 하지만, 노동력의 수탈이라는 측면에서는 여전히 변화한 것이 없기 때문에 노동력의 수탈이 所耕田의 생산물 수취로 전환되는 것은 1608년 大同法이 실시된 이후로 보아야한다는 비판이 있었다. 즉, 수취양식의 변화로 시대를 구분한다면 고대에서 중세로의 전환은 대동법 실시 이후의 일이라는 것이다.[21]

이에 대해 강진철은 공물과 역역의 기준이 토지의 대소로 변화하였고,

---

21) 矢澤康祐, 「高麗·李朝社會論의 問題點」『歷史學硏究』 422, 1975.

또 점차 공물은 代納이 보편화되고 요역도 布納化·穀納化되어가는 추
세였다고 반론하였다. 국가의 수취형태가 16세기 전후에 인간노동력을
직접 파악하는 것에서 현물인 布나 米를 징수하는 양식으로 전환한 것
은 인간에 대한 지배보다 토지에 대한 지배가 중요한 의미를 지니게 되
어 사회경제적으로 큰 변화가 일어난 것이라고 내용을 보강하였다.[22] 그
의 이러한 설명은 고대에서 중세로의 전환을 단순히 시간의 흐름으로
설명하는 것이 아니라 사회경제적 구조의 변화를 파악하여 그 사회의
성격을 도출하고, 보편적 관점에서 한국사의 특수성을 설명하고자 한 노
력이었다.

4. 私的土地所有의 확대로 인한 시대의 전환

이제 고대에서 중세로의 전환기 문제를 살펴보고자 한다. 강진철은 중
세로의 전환을 가능하게 한 요인을 무신정권기 이후의 농장의 형성·발
달과 사적토지소유의 확대에서 찾았다.

강진철은 고려전기 전시과체제 아래의 농민의 성격을 파악하여 고려
전기 사회성격을 규명하였다. 고려전기 농민의 토지소유관계는 嫡長子
로 대표되는 토지의 단체적·집단적 소유였기 때문에 전시과체제 아래의
토지지배는 미숙한 단계였고, 토지의 개별적인 私有財産化는 제대로 성
립되지 못한 것으로 보았다. 이런 집단적 토지소유를 가능하게 한 현실
적 기반은 혈연에 얽힌 고대적 공동체의 遺制였다고 한다. 그리고 중세

---

22) 姜晉哲, 「'高麗·李朝社會論의 問題點' 再檢討 − 前近代國家의 民衆支配에 대
하여 −」『李丙燾博士九旬紀念 韓國史學論叢』, 知識産業社. 1987 :『韓國中
世土地所有研究』, 一潮閣, 1989, 347~350쪽.

사회 지배계급의 본질은 '地主的 존재'인데, 전시과를 지급받은 고려전
기의 官人은 국가로부터 田租의 취득을 부여받은 것에 불과해서 토지를
지배하는 地主로서의 성격을 지니지 못하였다. 때문에 토지를 지급받은
관인과 토지를 경작하는 농민 사이에 사적인 지배·예속 관계가 성립되
지 않았다.[23] 이러한 상황에서 고려전기까지 국가의 관심은 인간의 노동
력 파악에 치중되어 있었고 토지가 그 대상이 아니었다.

그런데 무신정권 성립 이후 국가권력이 미약해진 틈을 타서 農莊이
전국적으로 발생, 확대되었다. 이 농장은 유럽 중세의 manor의 성격을
지닌 것이 아니었다. 그러나 농장이 전국적으로 확대되는 과정에서 토지
에 대한 지배 의욕이 수취관계에서 큰 비중을 가지기 시작하였고, 인간
의 노동력을 수탈하는 기조는 쇠퇴하였다. 그리고 농민이 농장 안으로
흡수되어 국가의 지배를 벗어나게 되면서 국가는 수취의 원천을 잃게
되었으며, 결국 고려왕조는 몰락하였다.

이와 같이 농장이 전국적으로 발전·확대해 나가는 과정에서 공동체가
해체되고 토지의 집단적 소유가 지양되면서 토지의 개별적인 사유의 형
태가 진전·확립되었다. 고려왕조는 몰락하였지만, 농장 안에서 발생한
사회의 전진적·발전적 방향은 부인되지 않았다. 농민경제의 성장과 토
지소유관계의 발전에 따라 토지소유자는 지주적인 성격을 띠게 되었고,
이 과정에서 고대노예제적인 성격의 농민이 중세농노적인 성격의 농민
으로 향상되는 계기가 배태되었다.

이렇게 확대된 토지소유관계와 농민의 권리가 조선의 科田法에 반영
되었다. 과전법에 佃戸의 지위를 보장하는 조항이 설정되었는데, 田主가

---

23) 姜晋哲, 「高麗 田柴科體制下의 農民의 性格」『韓國史 時代區分論』, 乙酉文
化社, 1970.

佃戶의 토지를 침탈하는 것과 전호가 토지를 이탈하여 도망하는 것을 금지하였다. 이것은 전호에 대하여 일정한 지위를 인정하면서 전호를 토지에 긴박하려는 정책이었다. 이런 지위를 확보한 농민은 그 성격이 중세봉건제적인 농노로 전환되었다.

그리고 조선 농장의 소유주는 토지경영의 주체로 성장하여 지주의 성격이 강하였다. 이들 지주는 자신이 지배하는 경작자와 並作半收하는 경영방식을 취하였다. 농민들은 농장의 並作者로 변화하였는데, 이러한 생산관계를 중세봉건적인 제도로 파악하였다. 조선시대의 토지 사유화의 확립, 지주의 발생과 성장, 병작반수의 일반화 등은 국가의 농민에 대한 수취양식 변화를 가져왔다. 바로 計丁法에서 計田法으로의 변화였다.

강진철의 이와 같은 논의에서 고려전기 사회를 바라보는 관점이 문제시된다. 그는 정종 12년의 制[24]를 근거로 적장자를 대표로하는 공동체 집단이 토지를 공유하는 형태를 제시하였다. 때문에 개인의 토지소유는 미성숙한 단계였다고 한다. 그러나 이후의 연구에서 해당 규정이 職役부담자들을 대상으로 그 직역의 세습 순위를 정한 것이지 일반 백성의 토지소유와 그 상속에 관한 규정이 아니라는 점, 토지 소유의 문제에서도 삼국시대부터 토지의 소유·상속·매매 등이 자유로웠다는 점이 밝혀졌다.[25]

---

24)『高麗史節要』권4, 靖宗 12년 2월, "制 凡人民 依律文 立嗣以嫡 嫡子有故 立嫡孫 無嫡孫 立同母弟 無母弟 立庶孫 無男孫者 亦許女孫."

25) 고려시대 토지의 소유와 상속에 관하여는 다음의 논문이 참고된다.
   旗田巍,「高麗時代における土地の嫡長子相續と奴婢の子女均分相續」『東洋文化』22, 1957.
   有正智德,「高麗朝における民田の所有關係について」『朝鮮史研究論文集』8, 1971.
   崔在錫,「高麗朝에 있어서의 土地의 子女均分相續」『韓國史研究』35, 1981.
   盧明鎬,「高麗時代의 土地相續」『中央史論』6, 1989.

이러한 연구성과는 강진철이 파악한 고려전기의 사회와는 배치되는 것이다. 그러나 고려전기의 다수 존재하는 陳田과 진전의 상태에서는 소유관계가 명확하지 않다는 점이나, 고려시대의 군현제에서 일반군현에 비해 사회·경제적인 차별이 있고 특별한 형태의 역이 부과된 향·부곡·소 등의 특별행정구역 등의 존재하였던 것에서 강진철이 제시한 공동체와 인신적 수취 문제에 대해서 조금 더 음미해 볼 필요가 있다.

다음으로는 고려후기 사회를 어떻게 파악할 것인가의 문제이다. 강진철 이전의 연구에서 고려후기 사회는 무신정권과 원 간섭기를 거치면서 정치적으로 문란하였고, 농장은 불법적 탈취에 의한 대토지소유 형태라는 부정적인 시각이 있었다. 또한 고려의 멸망과 조선의 건국을 흥망성쇠의 순환론적 관점에서 평가하기도 하였다. 그러나 강진철은 고려후기를 한국 역사 발전의 전환기로 보고 있다. 농장의 형성으로 인한 사적토지소유의 확대와 생산주체인 농민의 노예적 존재에서 농노적 존재로의 성격 변화가 고대사회에서 중세사회로의 전환을 하는 발전적 계기로 작용하였다고 하였다.

앞서 살폈듯이 강진철은 국가권력의 농민에 대한 수취가 人丁을 대상으로 한 사회에서 토지를 대상으로 한 사회로의 변화를 고대로부터 중세로의 변화에 대응시키려고 하였다. 이러한 稅制의 변화를 한국사의 어느 시기에 대응시킬 것인가는 통일신라시기인지, 고려시기인지, 조선시기인지 연구자마다 차이가 있을 수 있으나, 해당 사회의 사회경제적인 성격을 논하는데 여전히 유효한 기준이 된다고 생각한다.[26] 더욱이 토지

盧明鎬, 「田柴科體制下 白丁 農民層의 土地所有 - 토지상속제와 관련된 검토를 중심으로 - 」『韓國史論』23, 1990.

26) 김기흥의 경우, 세제에 그 사회의 생산력이나 생산관계, 국가와 농민의 상호관계가 반영되어있다고 보고, 8세기를 고대에서 중세로 변동으로 파악하였다(金基興,

소유자와 직접생산자 간의 생산관계가 인신적 예속을 기초로 한 생산관계인가, 토지소유관계를 매개로 한 생산관계인가에 따라 한국사의 고대와 중세를 나눈 후속 연구[27])에서도 토지의 사적소유의 진전을 시대를 구분하는 기준으로 파악하고 그 사회의 성격을 논하였듯이, 강진철이 고대에서 중세로의 전환으로 제시한 토지소유에 대한 문제는 시사 하는 바가 있다.

5. 나오며

이상에서 강진철의 시대구분론에 대하여 살펴보았다. 그가 한국사의 시대구분을 논한 1960년대에는 4·19혁명 이후 민족사학의 발전 속에서 일제하 식민사학을 극복하기 위하여 한국사의 타율성론과 정체성론을 적극적으로 비판하였고, 한국사를 주체적이고 발전적으로 재구성하고자 하는 여러 움직임이 있었다. 이런 시대적 과제 속에서 구석기·청동기시대의 확인, 전근대사회의 토지국유론 비판, 조선후기 봉건제해체론과 자본주의맹아론, 실학연구, 한국사 시대구분론 등이 구체적인 성과로 제시되었다.[28])

강진철은 이런 한국사학계의 분위기에서 사적 유물론을 기반으로 한 시대구분론을 제시하였다. 그는 기존 한국사 연구의 문제점인 타율성, 정체성의 문제를 극복하고 세계사의 보편적 발전법칙이 한국사에도 적

『삼국 및 통일신라 세제의 연구 －사회변동과 관련하여－』, 역사비평사, 1991)
27) 金容燮, 「前近代의 토지제도」, 『韓國史入門』, 학술원, 1983.
28) 한국사연구회 편, 「총론: 한국사 인식의 방법과 과제」 『한국사강의』, 한울, 1989, 38·39쪽.

용될 수 있음을 논하였다. 그리하여 한국사에서 국가권력 대 일반 농민의 수취관계를 시대구분의 기준으로 설정하여, 그 수취가 인신적인가 토지소유를 기반으로 한 것인가에 따라 고대와 중세를 구분하였다. 그리고 고대와 중세로의 전환을 농민의 경제 발전에 따른 사적토지소유의 확대와 농민의 사회경제적 지위의 변화에서 찾았다.

그런데 사적 유물론에 입각한 시대구분론이 이론적 요청에 의해 史實을 곡해하는 공식주의·교조주의가 만연해 있다거나, 한국사의 일직선적 진보라는 확신과 세계사적 보편법칙에 의해 재단할 수 있다는 주장은 관념적 환상일 뿐이라거나, 각 사회가 가지는 역사적 특이성을 간과한다거나, 서양의 역사적 경험에서 나온 역사발전의 모델을 한국사에 무리하게 적용시키려한다는 문제제기가 꾸준히 있어왔다.[29] 이런 시대구분론에 대한 문제제기는 타당한 측면이 있다. 그러나 시대구분을 통해 해당 사회의 사회경제적인 성격을 파악하고, 한국사의 전근대에서 토지에 대한 국가의 지배력이 강한 사회의 성격을 규정하고자 한 강진철의 시도는 의미 있는 작업이었다고 생각한다.

1960년대 시대구분 논의 이후 정치·경제·사회·문화 영역에서 고대와 중세를 구분하는 관점이 다양하게 제시되었다. 그리하여 중세의 기점을 고려시대부터 혹은 통일신라기부터 파악하는 견해가 우세하다. 그 근거로 정치적으로는 중앙집권적 국가가 확립되어 관료제가 시행되고, 경제적으로는 사적토지소유에 기반을 둔 지주제가 형성되며, 사회적으로는 법제화된 세습적 신분제가 확립되고, 사상적으로는 중세적인 지배질서

---

29) 이기동, 「韓國史 時代區分의 여러 類型과 問題點」『韓國史時代區分論』, 소하, 1995, 124쪽.
    鄭救福, 「史學史에 있어서의 時代區分과 各時代의 特徵」『韓國史의 時代區分에 관한 硏究』, 韓國精神文化研究院, 1995, 287쪽.

를 유지하고 합리화하였던 불교와 유교 사상이 도입되어 정착되었다는 점이 지적되었다.[30] 그리고 현재에는 내재적 발전론의 여러 문제점이 지적되면서 내재적 발전론의 관점을 극복해야한다는 문제제기가 진행되고 있다.[31] 이런 시점에서 한국 전근대 사회의 성격을 새롭게 규정하는 데 관심을 기울여야하는 것이 한국사를 이끌어갈 우리 후학들의 자세일 것이다.

---

30) 李榮昊, 앞의 글, 60쪽.
31) 박찬승, 「한국학 연구 패러다임을 둘러싼 논의」 『한국학논집』 35, 2007.
　　이영호, 「내재적 발전론 역사인식의 궤적과 전망」 『한국사연구』 152, 2011.
　　최종석, 「내재적 발전론 '이후'에 대한 몇 가지 고민」 『역사와현실』 100, 2016.

〈논평〉
역사 연구의 계승, 그리고 새로움을 향한 도전

한 정 수*

　강진철선생은 발표자가 대상으로 한 주제의 글 '高麗 田柴科體制下의 農民의 性格'에서 고대와 중세를 구분하는 기준, 그리고 고대에서 중세로의 전환기에 초점을 맞추어 시대구분 논의를 진행하여 한국사의 시대구분과 관련한 논리를 체계화하였다. 선생이 전시과체제, 토지제도, 농민의 토지소유형태, 수취양식, 지세와 지대 등과 같은 사회경제사의 주요 화두를 토대로 사회성격을 파악하는 체계적인 시도를 진행하고 나아가 시대구분이라는 세계사적 보편성을 염두에 두고 이를 적용하여 학계에 큰 영향을 미쳤음은 주지의 사실이다.

　발표자는 이 같은 선생의 글을 통해 '시대구분론에 담긴 역사이해방식'이라는 주제로 시대구분의 기준과 전환기 문제에 중점을 두고, 그 의미에 대해 살펴보고자 하였다. 1960년대 '내재적 발전론'이라는 연구경향 속 강진철선생은 '고려 전시과 체제하 농민의 성격'에 대해 계기적 발전론 선상에서 규명하였다고 보았다. 그리고 강진철선생의 연구에서 시대구분의 핵심 기준은 토지지배관계와 국가의 농민에 대한 수취양식(인신적 수취양식과 지대 수취양식), 그리고 농장의 형성과 사적토지소유의 확대 등으로 나타났음을 지적하고, 당시 연구가 가지는 한계와 그 후의

---

* 건국대 사학과 교수

비판 내용을 정리하였다.

토론자는 발표자의 글에 큰 이견이 없지만 몇 가지 점에서 발표자의 견해를 확인하고, 나아가 강진철선생의 연구를 재음미하면서 한걸음 더 나아가기 위한 노력을 기울여야 할 대목은 없는지에 대해 의견을 듣고자 한다.

Ⅰ. 보편과 특수, 새로운 개념용어의 필요성

발표자는 먼저, 강진철선생의 시대구분론에 대한 비판으로 수취의 기본관계를 국가와 일반농민으로 설정하였는데, 수취관계에 따라 법제적인 양민인 농민을 노예적인 존재와 봉건적인 존재로 파악할 수 있는가의 문제제기가 있었다는 지적을 소개하였다. 그리고 이에 대해서 강진철선생이 고대노예제 사회나 중세봉건제 사회로 명확하게 표현하지 않고 '고대노예제적' 사회구성이나 '중세봉건제적' 사회구성이라 표현한 것도 이런 고민 속에서 나온 것이라고 생각한다라고 견해를 피력하였음을 밝혔다.

하지만 '고대노예제적'이나 '중세봉건제적'이라는 표현은 그만큼 특수성을 고려해 나온 모호성이 있는 개념이라 여겨진다. 이와 관련해 이인재 교수가 강진철선생의 연구를 세계사적 보편성과 한국 전근대토지제도의 특수성에 입각하여 '아시아노예적 전시과론'이라 정리한 바 있다. 위의 이 같은 표현은 '고대노예제적'이나 '중세봉건제적'의 개념과 맥락을 같이하는 것이라 보아도 좋은 지에 대해 견해를 밝혔으면 한다. 이는 좀 더 논의를 발전시킨다면 세계사의 보편적 발전법칙에 수긍하면서도 보편적으로 나타나지 않는 부분에 대해 표현을 약간 달리하여 논의를 만든 것이라 여겨지는 부분이므로 사회경제사에서 제기하는 생산양식에 대한 본질적 질문으로 바꿀 수 있지 않을까 한다. 즉 고려의 생산력과 생산관계를 어떻게 규정할 수 있는가가 여기에 해당할 것이다.

II. 고대-중세 전환에 대한 비판론 속 '보편'의 내용은 무엇?

발표자는 수취양식의 변화에서 수취의 기준이 인정의 다과로부터 전결의 다과로 이행하게 된 것은 큰 변화이지만, 노동력의 수탈이라는 측면에서는 여전히 변화한 것이 없기 때문에 노동력의 수탈이 所耕田의 생산물 수취로 전환되는 것은 1608년 大同法이 실시된 이후로 보아야한다는 矢澤康祐의 비판이 있었음을 소개하였다. 이에 대해 발표자는 강진철선생이 여러 변화 내용을 토대로 공물과 역역의 기준이 토지의 다소로 변화하였고, 또 점차 공물은 代納이 보편화되고 요역도 布納化·穀納化되어가는 추세였다고 한 점을 언급하였다. 즉, 국가의 수취형태가 16세기 전후에 인간노동력을 직접 파악하는 것에서 현물인 布나 米를 징수하는 양식으로 전환한 것은 인간에 대한 지배보다 토지에 대한 지배가 중요한 의미를 지니게 되어 사회경제적으로 큰 변화가 일어난 것이라고 내용을 보강하였다는 것이다. 발표자는 선생의 이러한 설명은 단순히 고대-중세의 시간의 흐름으로 설명하는 것이 아니라 사회경제적 구조의 변화를 파악하여 그 사회의 성격을 도출하고, 보편성에서 한국사의 특수성을 설명하고자 한 노력이라고 그 의미를 부여하였다.

발표자는 고대-중세의 시대전환에 있어 수취양식 변화가 갖는 강진철 선생의 견해를 잘 정리하여 제시해 주고는 있지만 주목할 부분에 대한 자신의 견해도 밝혀주었으면 한다. 즉, 고대-중세 전환 비판론에 대한 선생의 대응을 보면, 보편적 수취양식, 생산양식, 생산력 등의 표현이 나온다. 보편이라는 말이 매우 자주 쓰여지는데 그 기준은 무엇일까에 대한 언급이 있었으면 하는 것이다. 세계사적 보편성이라는 표현, 혹은 보편이라 하는 내용에 대한 것과 함께 특수성이라는 부분이 언급되어야 하기 때문이다. 따라서 사회경제사를 통한 시대구분에 있어 보편과 특수에 대한 발표자의 이해가 제시되었으면 한다.

III. 공동체와 인신적 수취, 토지소유관계에 대한 견해는?

발표자는 고려전기 사회의 성격에 대한 선생의 견해를 정리하였다. 즉, 발표문에 따르면 다음과 같다. 선생의 논의 중 고려전기 사회를 어떻게 볼 것인가가 문제시되는데, 선생은 정종 12년의 制를 근거로 적장자를 대표로 하는 공동체 집단이 토지를 공유하는 형태를 제시하였고, 때문에 개인의 토지소유는 미성숙한 단계였다고 한다. 천착 단계의 연구에서 언급된 것으로는 선구적 면이 있는 견해였다. 그러나 이후의 다른 연구자들의 연구에서 해당 규정이 職役 부담자들을 대상으로 그 직역 세습의 순위를 정한 것이지 일반백성의 토지소유와 그 상속에 관한 규정이 아니라는 점, 토지 소유의 문제에서도 삼국시대부터 토지의 소유, 상속, 매매 등이 자유로웠다는 점이 밝혀졌다. 이에 대해 발표자는 해당 연구 성과들을 토대로 선생이 파악한 고려전기의 사회와 배치되는 것이라

지적하였다. 그렇지만 발표자는 고려전기의 다수 존재하는 陳田과 진전의 상태에서는 소유관계가 명확하지 않다는 점이나, 고려의 군현제에서 일반군현에 비해 특별한 형태의 역이 부과된 향·소·부곡 등의 행정구역이 존재하였던 것에서 선생이 제시한 공동체와 인신적 수취를 조금 더 음미해볼 필요가 있다고 평가하고 더 이상의 논의를 전개하지 않았다.

여기서 발표자가 언급한 진전과 진전의 상태에서 소유관계가 명확하지 않다는 점이란 무엇을 의미하는지, 또 선생이 제시한 공동체와 인신적 수취를 조금 더 음미해야 한다는 것은 어떤 의미인지에 대해 구체적 설명이 있었으면 한다.

IV. 고려후기 농장의 성격에 대한 재조명

발표자가 정리한 다음 내용은 고려후기의 사회를 어떻게 볼 것인가의 문제이다. 고려후기 사회는 무신정권과 원간섭기를 거치면서 정치적으로 문란하였고, 농장은 불법적 탈취에 의한 대토지소유 형태라는 부정적인 평가를 받았지만 강진철선생은 고려후기를 한국사 발전의 전환기로 보고 농장 안에서 발생한 토지 소유에 대한 전진적 발전적 영향을 주목한 것으로 보았다. 농장의 형성으로 사적토지소유가 확대되었고, 이것은 고대사회에서 중세사회로 전환하는 발전적 계기로 작용하였다고 하였다. 발표자는 이에 대해 고려후기에 대한 선생의 견해는 고려의 멸망과 조선의 건국을 흥망성쇠의 순환론적 관점에서 평가하는 것이 아니라는 점에서 의미가 있다라고 정리하였다.

사실 전근대 역사에는 왕조의 흥망이 연속되었다. 따라서 역사의 각

시기를 보면 전환기라 할 변화가 없는 때는 거의 없었다. 어떤 관점(사관)에서 보느냐에 따라 역사 발전 단계 등에 대한 규정은 달라질 수 있다. 이러한 면에서 농장의 형성이 갖는 발전적 계기라는 지적도 타당할 것이다. 그런데 이 같은 지적에서 좀 더 나아가 발표자가 강진철선생의 견해에 공감한다면 농장이 정말 어떤 점에서 발전적 계기라는 성격을 갖는 면이 있는가에 대한 구체적 견해를 밝혀주었으면 한다.

V. 새로운 논의의 시작을 위하여

마지막으로 강진철선생의 시대구분론에 담긴 역사이해방식을 되새겨보고, 앞으로 좀 더 천착이 필요한 부분이 있는지, 있다면 어떠한 면에서 그러하고 어떻게 해명해 나가야 할지에 대한 발표자의 의견을 듣고 싶다. 예컨대 토지소유, 농민의 존재형태, 생산력, 수취양식, 공동체, 농장에 대한 해석, '전시과체제하 농민의 존재형태', 내재적 발전론 등등이 이에 해당한다. 이외에도 고려시대 사회경제사 연구에서 새롭게 조명하고 싶은 주제가 있다면 어떠한 것인지에 대해 포부를 밝혀주었으면 한다.

대몽항쟁 연구의 이정표 수립

-「蒙古의 侵入에 대한 抗爭」재조명-

임 형 수*

1. 머리말

姜晋哲(1917.7.6(음).~1991.3.20(양).) 선생(이하 생략)은 주지하듯이 高麗時代의 土地制度에 관한 연구에 일생을 바쳤고 뚜렷한 업적을 남겼다. 그는 사실 처음부터 해당 분야의 연구에 뜻을 두었던 것은 아니었다. 생전에 남긴 회고록[1]에 의하면 본래 일제강점기 日本 東京의 慶應義塾大學에 진학하여 특별한 동기 없이 史學科에 들어가 西洋史를 전공하였으며, 오히려 사학과 강의보다 다른 학과에서 도청하는 강의가 더 재미있는 경우가 많았다고 술회하였다. 그러다가 졸업하여 일본회사에 취직하고 中國 天津에서 약 2년간 체류하며 비교적 자유롭게 여행을 다니거나 『滿鮮地理歷史研究報告』등의 책을 입수하여 읽으면서 韓國對外關係史에 차츰 관심을 갖게 된 것으로 보인다. 이때 한반도를 둘러싼 국제

---

* 대전대학교·목원대학교·아세아연합신학대학교 강사
1) 이하 강진철의 초창기 연구 시절에 관한 이야기는 다음을 참고하였다.
   姜晋哲,「學窓時節과 研究生活을 되돌아보며」『韓國史市民講座』3, 一潮閣, 1988.

관계에 주목하여 대륙국가로부터 받은 압력과 그에 대한 저항이 韓國史
의 전개 과정에서 원동력이 되었다고 보았으며, 이러한 문제의식을 가지
고 「高麗初期의 對契丹關係」²)라는 글을 습작으로 써두기도 하였다.

　광복 이후 강진철은 京城大學 國史硏究室의 助敎授로서 재직하게 되
었고 고려와 滿洲·蒙古의 교섭관계를 다룬 '滿·蒙關係史'라는 전공과목
을 맡게 되면서 고려시대의 대외관계에 대한 공부를 계속 이어나갔다.
그런데 오래지 않아 당초 자신이 설정한 문제의식에 점점 회의를 느끼
게 되었고 문득 떠오른 생각에 의해서 연구 방법을 달리 하게 되었다.
즉 한국사의 이해를 위한 가장 중요한 기본과제는 외세에서 유래하는
수동적 요인이 아니라 한국사회의 내부에 자생하는 내재적 요인을 구명
하는 것이라고 파악하였다. 이로 인해『高麗史』食貨志 강독을 시발점
으로 삼아 고려시대 토지제도 연구에 매진하면서 다수의 논문³)을 발표

---

2) 姜大良, 「高麗初期의 對契丹關係(上)」『史海』1, 朝鮮史硏究會, 1948.
　　1946년에 강진철은 공부를 계속하려는 뜻을 가지고 경성대학 국사연구실의 도서
　　를 이용할 수 있도록 편의를 부탁하기 위하여 전부터 다소 인연이 있었던 李丙
　　燾를 찾아간 일이 있었다. 그가 마침 논문이라도 쓴 것이 있으면 가져와보라고
　　하자 텐진 체류 시절에 써둔 글을 손질하여 제출함으로써 위의 글이 세상에 발표
　　되었다(姜晋哲, 앞의 글, 1988, 151쪽).
3) 姜晋哲,「高麗 初期의 軍人田」『淑明女子大學校論文集』3, 1963 ;「韓國土地制
　　度史(上)」『韓國文化史大系(2)-政治·經濟史-』, 高麗大學校 民族文化硏究所,
　　1965 ;「高麗 前期의 公田·私田과 그의 差率收租에 대하여-高麗 稅役制度의
　　一側面-」『歷史學報』29, 1965 ;「新羅의 祿邑에 대하여」『李弘稙博士 回甲紀
　　念 韓國史學論叢』, 1969 ;「고려 田柴科體制下의 농민의 성격」『韓國史時代區
　　分論』, 乙酉文化社, 1970 ;「高麗の農莊についての問題意識」『朝鮮學報』74,
　　1975 ;「高麗의 農莊에 대한 硏究-民田의 奪占에 의하여 형성된 權力型 農莊의
　　實體追求-」『史叢』24, 1980 ;「高麗時代의 地代에 대하여-특히 農莊과 地代
　　問題를 중심으로-」『震檀學報』53·54合, 1982 ;「高麗前期の「地代」に就て-
　　田柴科体制下に於ける「地代」の意義と比重-」『史學』52-3·4合, 1983 ;「新
　　羅의 祿邑에 대한 若干의 問題點」『佛敎와 諸科學』, 東國大學校 出版部, 1987

하였고, 관련 학자들의 연구 성과가 제출될 때마다 수용하거나 혹은 비판하면서 자신의 견해를 부단히 완성해나갔다. 그 결과 일련의 연구가 『高麗土地制度史研究』4)와 『韓國中世土地所有研究』5)라는 논저로 정리되어 연구사적으로 괄목할 만한 업적을 남기게 되었다.

한편 강진철이 연구자로서 한창 활동하던 시절에는 일제의 植民史觀을 극복하고 한민족의 주체성에 입각하여 새로운 한국사를 편찬하는 일이 역사학계의 시급한 과제였다. 이에 國史編纂委員會는 1969년부터 그간의 한국사 연구 성과를 총망라하여 전28권에 달하는 『한국사』 편찬사업을 기획하였고, 역사학을 비롯하여 고고학이나 인류학 등 관련 전공자 가운데 각 분야를 대표하는 2백여 명의 전문가를 선별하여 집필을 의뢰하였다. 당시 그는 고려시대의 토지제도에 관한 일련의 논문을 통해서 고려시대 사회경제사 분야를 대표할 만한 인물로 이미 자리매김을 하였기 때문에, 『한국사』 5권6)에서 「田柴科體制下의 地方制度」와 「農民과 村落」을 작성하였다.

이와 함께 한 가지 더 주목되는 사실은 강진철이 고려시대 대외관계사 분야에도 일가견이 있음을 인정받아 『한국사』 7권7)에서 총론격인 「概要」

; 「<高麗·李朝社會論의 問題點> 再檢討-前近代國家의 民衆支配에 대하여-」『李丙燾博士九旬紀念 韓國史學論叢』, 知識産業社, 1987 ; 「麗代의 陳田에 대한 權利問題-村落經濟의 基盤, '農民的 土地所有'와 관련시켜-」『震檀學報』 64, 1987 ; 「高麗末期의 私田改革과 그 成果-農民의 처지에서 본 改革과 그 成果의 問題點-」『震檀學報』 66, 1988.

4) 姜晉哲, 『高麗土地制度史研究』, 高麗大學校 出版部, 1980: 『(改訂)高麗土地制度史研究』, 一潮閣, 1991.

5) 姜晉哲, 『韓國中世土地所有研究』, 一潮閣, 1989.

6) 국사편찬위원회 편, 『한국사 5-고려 귀족국가의 사회구조-』, 국사편찬위원회, 1975.

7) 국사편찬위원회 편, 『한국사 7-무신정권과 대몽항쟁-』, 국사편찬위원회, 1973.

를 비롯하여 Ⅳ장 對蒙抗爭의 「蒙古의 侵入에 대한 抗爭」[8] 부분도 집필
을 맡았다는 점이다. 이 글은 13세기 동아시아의 국제정세를 시작으로
1231년(高宗 18)부터 1273년(元宗 14)까지 약 40여 년에 걸친 대몽항쟁
과정을 시간 순서에 따라 일목요연하게 정리하였으며, 단순히 역사적 사
건의 설명에만 그치지 않고 통찰력 있는 분석과 정밀한 서술이 가미되
어 있는 것이 특징이다. 지금은 수십 년의 시간이 흐른 뒤라서 이전에
비하면 덜한 편이지만 한동안 대몽항쟁사의 입문서 역할을 하였고 관련
연구에서 거의 빠짐없이 인용되었던 필독서이기도 하였다. 다만 개설서
에 실려 있는데다가 그의 토지제도에 관한 연구 성과에 상대적으로 가
리어져 아직까지 제대로 평가받지 못하고 있는 것은 아닌가 싶다. 본고
는 대몽항쟁 연구사에서 「蒙古의 侵入에 대한 抗爭」이 갖는 위치를 검
토하고 후속 연구에 어떠한 영향을 미쳤는지 짚어보고자 한다.

2. 초기 대몽항쟁 연구의 전개 과정과 특징

고려시대 대몽항쟁에 관한 최초의 연구 성과는 일제강점기 야나이 와
타리(箭內亘)[9]나 이케우치 히로시(池內宏)[10] 등과 같은 일본인 연구자들

---

8) 이 글은 강진철의 遺稿集인 『韓國社會의 歷史像』(一志社, 1992)에 재수록 되었
    다. 그밖에 대외관계 관련 저술로는 「貴族·官僚國家의 對外抗爭」(姜晋哲·姜萬
    吉·金貞培, 『世界史에 비춘 韓國의 歷史』, 高麗大學校 出版部, 1975) 등이 있다.
9) 箭內亘, 「蒙古의 高麗經略」 『滿鮮地理歷史硏究報告』 4, 1918: 『蒙古史硏究』,
    刀江書院, 1966.
10) 池內宏, 「蒙古의 高麗征伐」 『滿鮮地理歷史硏究報告』 10, 1924 ; 「高麗元宗朝
    의 廢立事件과 蒙古의 高麗西北面占領」 『白鳥博士還曆記念東洋史論叢』, 岩波
    書店, 1925 ; 「高麗三別抄에 대하여」 『史學雜誌』 37-9, 1926(이상 3편은 『滿
    鮮史硏究』 中世 第3册, 吉川弘文館, 1963에 재수록) ; 『元寇의 新硏究』, 東洋

에 의해서 이루어졌다. 이들의 연구는 1216년 契丹의 침입부터 1273년 濟州의 三別抄가 진압되기까지 모든 과정을 개괄적으로 다루고 있다는 점에서 나름 연구사적 의의를 찾을 수 있으나, 당시 일본의 대륙 진출이라는 정치적 상황을 반영함으로써 한반도의 역사와 문화가 만주에 종속되어 있다고 하는 이른바 滿鮮史觀의 소산이었다. 따라서 전반적인 내용이 침략국인 몽골을 중심으로 서술되어 있고 고려는 항쟁의 주체가 아니라 어디까지나 征伐 또는 經略의 대상으로 취급되었다. 그리고 문헌자료를 사용함에 있어서도 대체로 『元史』나 『元高麗紀事』 등의 중국 사서를 우선 제시하고 『高麗史』 등의 한국 사서는 보조 자료로써 인용하였다.11) 이러한 시각은 후대에 일정한 영향을 미쳐서 戰後 일본의 麗蒙關係 연구12)에서도 별다른 차이 없이 거의 그대로 나타나고 있다.

위와 비교하여 시기적으로 다소 늦기는 하지만 한국인 연구자로서 가장 먼저 대몽항쟁에 관한 연구를 본격적으로 시작한 인물은 바로 金庠基이다. 그는 총 3편13)에 걸쳐서 삼별초의 난을 분석하였다. 여기에 따르면 삼별초는 몽골이 침입하는 시기에 창설되었고 역대 무신정권의 정책에 의하여 줄곧 몽골에 맞서 싸웠으며, 그들의 봉기는 외세의 압력에 대한 일종의 반발 운동이라고 설명하면서 '抗蒙'·'抗戰'·'對蒙抗戰' 등으로 표현하였다. 이는 일제강점기 일본인 연구자들과 달리 고려의 입장에

文庫, 1931.

11) 尹龍爀, 「고려 대몽항쟁사의 연구사적 검토」『河東鎬教授再庚午紀念論叢』, 塔出版社, 1990:『高麗對蒙抗爭史研究』, 一志社, 1991, 13~15쪽.

12) 山口修, 「蒙古軍の高麗侵入」『法文論叢』9, 熊本大學法文學會, 1957 ; 「蒙古と高麗<一二三一>-蒙古の第一次高麗侵攻-」『聖心女子大學論叢』40, 1972. 旗田巍, 「(第二章)蒙古の朝鮮侵略」『元寇』, 中央公論社, 1965.

13) 金庠基, 「三別抄와 그의 亂에 就하야(一)·(二)·(完)」『震檀學報』9·10·13, 1938:『東方文化交流史論攷』, 乙酉文化社, 1948.

서 삼별초를 조명하였을 뿐만 아니라 최초로 대몽항쟁이라는 개념을 부각시켰다는 점에서 기념비적인 연구라고 평가할 수 있다. 다만 연구 대상이 삼별초로 한정되어 있어서 대몽항쟁의 전체 기간 가운데 일부 시기만이 검토되었다는 사실은 후속 연구가 있었다면 어땠을까하는 아쉬움을 남긴다.

광복 이후에는 정치적 혼란으로 인하여 연구 환경이 제대로 갖추어지기 어려웠고 대외관계사 분야가 점차 관심을 잃어가면서 對蒙抗爭史 연구는 한동안 시들해졌다. 1960년대에 접어들어 김상기의 『高麗時代史』[14]와 震檀學會의 『韓國史』[15] 등 개설서가 편찬되면서 사학계가 크게 고무되었는데, 여기에서는 몽골의 침입을 '蒙寇'라고 표현하며 비교적 자세히 대몽항쟁을 다루었다. 전자는 『高麗史』와 『元史』 등 한국과 중국의 다양하고 복잡한 원전 사료를 알기 쉽도록 풀어서 설명하고 있으므로 대몽항쟁의 전반적인 상황을 파악하기에 수월하다. 그러나 객관적 사실만을 전달하는 것에 집중하여 이렇다할만한 새로운 분석이나 견해는 제시되지 않았다. 후자는 고려시대에 해당하는 中世篇을 이병도가 집필하였으며 전자와 달리 주요 사건마다 간간이 필자의 인식이나 평가가 삽입된 것이 특징이다. 대표적인 사례를 들어보면 강대한 몽골제국을 상대로 조그만 고려가 장기간 항전할 수 있었던 이유로 몽골이 역사상 전례 없는 과도한 요구를 했고, 강력한 武家政權을 중심으로 무인의 敢鬪意識이 강렬했으며, 山城과 海島를 避難本據地로 이용한 것 등을 꼽고 있다.[16]

---

14) 金庠基, 『高麗時代史』, 東國文化社, 1961.
15) 李丙燾, 『韓國史』中世篇, 乙酉文化社, 1961.
16) 같은 책, 599~600쪽. 이밖에 龜州·慈州의 전투에 대해서 과거 安市城 전투를 연상케 하는 영웅적 항전이라고 평가하였으며(557쪽), 제1차 침입 이후에 불거진

비슷한 시기에 한국이 아닌 異域萬里의 외국인들이 대몽항쟁사를 전문적으로 연구하는 奇遇가 나타나기도 하였다. 네덜란드 레이던 대학(Leiden University)의 헨손(William E. Henthorn)이 고려와 몽골의 초기 관계부터 삼별초의 난에 이르는 일련의 과정을 종합적으로 정리하였고,[17] 곧이어 미국 컬럼비아 대학(Columbia University)의 레드야드(Gari K. Ledyard)가 『蒙古祕史』를 이용하여 몽골의 고려 경략 과정에 대해서 다루었다.[18] 이러한 연구가 구미학자들에 의해서 이루어졌다는 점을 감안한다면 일견 놀라운 감이 없지 않지만, 사료 판독의 오류가 가끔 눈에 띄고 전반적으로 평이한 서술을 하고 있다는 한계가 지적되었다.[19]

그로부터 불과 몇 년 뒤에 한국에서도 대몽항쟁사 연구가 다시 이루어지기 시작하였다. 먼저 高柄翊은 고려와 몽골이 처음으로 접촉하는 1218년의 江東城 전투와 兄弟盟約에 대하여 검토하였다.[20] 그가 한국에서 東洋史 분야를 개척한 선구적 연구자인 만큼 동아시아의 국제 관계 속에서 고려와 몽골의 초기 관계를 조망한 부분은 매우 탁월하다고 평가된다.[21] 아울러 다분히 몽골 중심으로 서술되어 있다는 사실은 한국사 연구의 입장에서 다소 아쉬운 점이다. 다음으로 周采赫은 몽골이 사신 살해를 빌미 삼아 撒禮塔를 보내어 고려를 침공함으로써 양측이 충돌한

達魯花赤盡殺說을 반역분자인 洪福源이 몽골군의 재침략을 유인하기 위하여 일으킨 허위선전으로 의심한다든지(560쪽), 江華遷都 이후 崔怡(瑀)의 호화로운 생활을 비판하였다(570쪽).

17) William E. Henthorn, *Korea: The Mongol Invasions*, Leiden, E. J. Brill, 1963.
18) Gari K. Ledyard, "The Mongol Campaigns in Korea and the Dating of *the Secret History of the Mongols*", *Central Asiatic Journal*, Vol.9, No.1, 1964.
19) 高柄翊, 「書評: 헨손 「蒙古侵略下의 高麗」」 『歷史學報』 29, 1965, 177쪽.
20) 高柄翊, 「蒙古·高麗의 兄弟盟約 性格」 『白山學報』 6, 1969: 『東亞交涉史의 研究』, 서울大學校 出版部, 1970.
21) 李龍範, 「書評: 東亞交涉史의 研究」 『歷史學報』 46, 1970.

과정을 밝히고, 그 결과로 인해 몽골이 취한 北界 40여 城의 실체에 대하여 자신의 견해를 피력하였다.[22] 이들 연구는 대몽항쟁의 전체 기간 가운데 초기에 해당하는 것이었다.

한편 북한학계에서도 대몽항쟁과 관련하여 주목할 만한 연구 성과가 다수 배출되고 있었다. 金錫亨은 광복 이후 남북한을 통틀어 가장 먼저 대몽항쟁을 연구하였다. 그는 13세기 몽골의 동향과 남하, 강동성 전투 이후 고려와 몽골의 관계, 1231년 몽골의 제1차 침입에 대한 인민의 항전 등을 검토하였다.[23] 여기에서는 특히 최우가 몽골의 침입에 대항하기 위하여 三軍을 편성할 때 廣州冠岳山草賊과 같은 暴動軍을 충당시킨 사실 및 龜州人民의 항전 등을 비중 있게 다루었다. 김석형의 문제의식은 북한의 역사 연구 동향과 깊은 관련이 있다고 할 수 있다. 1948년에 공산정권이 수립된 이후 북한은 이듬해 12월말까지 일제 植民史學의 잔재를 일소하고 唯物史觀에 입각한 通史를 간행한다는 목표를 가지고 朝鮮歷史編纂委員會를 발족시켰으며,[24] 사회주의 국가건설이라는 정치적 목적을 위하여 역사에 대한 평가를 黨과 노동계급의 입장에서 분석·평가하였다. 당시 김석형은 封建史分科委員會의 편찬위원을 맡고 있었으므로 그의 연구는 자연히 외세의 침입과 봉건지배에 항거하는 인민의 활동을 부각시키지 않을 수 없었을 것이다. 이 글은 1231년 몽골의 제1차 침입까지를 검토하였고 필자도 아마 후고를 계획한 것으로 보인다. 그러나 게재 학술지인 『歷史諸問題』[25]가 더 이상 발간되지 않으면서 흐지부지

---

22) 周采赫, 「初期 麗元戰爭과 北界 40餘城 문제」『史學會誌』16, 延世大學校 史學硏究會, 1970.

23) 金錫亨, 「蒙古侵略에 對한 人民의 抗戰(上) - 高麗農民暴動史 第四篇 -」『歷史諸問題』14, 1949.

24) 李光麟, 「北韓의 歷史學」『東亞硏究』16, 1988, 38~39쪽.

25) 조선역사편찬위원회의 기관잡지로 1948년 7월부터 1950년 5월까지 총 18집을 월

되었던 듯하다. 수년 후에 김석형은 『東國兵鑑』을 역주하면서 각 항목마다 해석과 함께 설명을 덧붙였는데, 고려의 대몽항쟁에 대한 부분은 위의 글을 바탕으로 일부 내용을 추가하여 기존 견해를 보강하였다.[26] 그러나 여전히 대부분의 내용이 1231년까지의 상황을 설명하는 데 할애되고 있으며 1232년 이후의 상황은 매우 간략히 정리되었다.

북한의 대몽항쟁사 연구는 김석형이 기초를 다지고 뒤이어 등장한 김재홍에 의하여 대몽항쟁의 모든 과정이 체계적으로 정리되면서 일단락되었다. 그의 논저[27]를 살펴보면 13세기 초엽 고려의 국내외 정세, 1231년부터 1259년까지 몽골의 침입을 반대한 인민들의 투쟁, 삼별초군과 인민들의 항전 등을 주요 내용으로 검토하고 있다. 이는 대몽항쟁의 모든 시기를 포괄할 뿐만 아니라 반외세·반봉건 성격의 인민항전을 주요 내용으로 하는 김석형의 대몽항쟁사 관점을 더욱 구체적으로 정리한 것이었다. 그러나 김재홍을 끝으로 북한에서는 더 이상 대몽항쟁과 관련하여 새로운 연구 진전은 거의 이루어지지 못하였으며, 추후에 출간된 서적[28]들도 대부분 기존의 내용을 되풀이하는 수준에 그치고 있다.

이상의 내용을 정리하면 대몽항쟁사의 초기 연구는 외국 연구자들이

간 발행하였다. 주제는 비교적 다양한 편이었으나 당시 축적된 연구 성과의 부진으로 인하여 깊이 있는 내용이 실리지는 못하였다. 고·중세 관계논문은 20여 편에 달하며 대부분 사회경제구성과 계급투쟁 및 반침략전쟁에 관한 문제들을 다루고 있다(최영묵, 「북한의 역사연구기관·연구지 및 연구자 양성과정」,『역사와 현실』3, 1990, 168쪽).

26) 金錫亨,『東國兵鑑』, 國立出版社, 1955: (영인판)『동국병감』, 여강출판사, 1992: (개정판)『역주 동국병감』, 여강출판사, 2000, 295~395쪽.
27) 김재홍,『원 침략자를 반대한 고려 인민의 투쟁』, 과학원출판사, 1963.
28) 사회과학원력사연구소 편, 「13세기 봉건몽골침략자를 반대한 고려인민의 투쟁」『조선전사』7(중세편), 과학·백과사전출판사, 1979.
    김재홍, 「원 침략자를 반대한 고려인민의 투쟁」『조선인민의 반침략투쟁사(고려편)』, 과학백과사전종합출판사, 1988.

제시한 몽골의 '침략'이라는 시각으로부터 탈피하여 고려의 입장에서
'항쟁'을 설명하는 새로운 서술 체계를 마련하고, 전체 시기 가운데 특정
부분이 아닌 전반적인 상황을 일목요연하게 정리하는 작업이 시급히 요
구되었다. 이는 김상기의 삼별초에 관한 연구를 시작으로 이병도의 『한
국사』 등을 거치면서 어느 정도 극복되었다. 북한에서도 비록 정치적 이
념에 치우치기는 하였으나 김석형과 김재홍에 의해서 그들 나름대로 대
몽항쟁의 서술이 일단락되었다.

3. 대몽항쟁사의 체계적 정리와 시기 구분

전장에서 살펴본 바와 같이 대몽항쟁사의 정리는 1961년에 편찬된 개
설서를 통해서 한 차례 이루어졌다. 그로부터 수년 뒤에 개인이나 학회
가 아닌 국가 차원에서 개설서 편찬이 재차 추진되었다. 1969년 후반부
터 국사편찬위원회는 지금까지의 연구 성과를 현재 수준에서 집대성하
고 앞으로의 연구 방향을 제시하는 길잡이를 만들 필요가 있다는 판단 하
에 전 28권의 『한국사』 간행 계획을 수립하였다. 이를 위해서 ① 올바른
史觀을 확립하고 민족문화를 체계적으로 집대성한다, ② 민족주체성에 입
각한다, ③ 민족의 역사와 문화의 성장 발달을 중심으로 한다, ④ 민족의
내재적 발전방향을 인식한다, ⑤ 각 시대에 있어서 민중의 활동을 부각시
킨다는 등의 편찬 요강을 마련하였으며 한국사를 비롯하여 동양사, 서양
사, 고고학, 인류학, 언어학 등 다양한 전공학자 2백여 명에게 집필을 의뢰
하였다. 국사편찬위원회는 1970년을 준비연도로 삼고 1971년부터 1976년
까지 6개년 사업으로 『한국사』 편찬을 실시하였다.[29]

그 결과 대몽항쟁에 관련된 부분이 1973년에 발간된『한국사』7권 - 무
신정권과 대몽항쟁 - 의 Ⅳ장「對蒙抗爭」으로 정리되었다. 이는 1절「蒙
古의 侵入에 대한 抗爭」과 2절「元과의 關係의 變遷」으로 이루어졌으며
전자는 강진철, 후자는 고병익이 서술을 담당하였다. 1절은 약 40여 년에
걸친 몽골의 침입과 그에 맞선 고려의 저항에 관한 내용을 담고 있다. 2절
은 몽골이 정복 지역에 요구하는 六事, 元이 일본 원정을 위해 설치한 征
東行省, 麗元 간의 왕실 혼인과 인적 교류 등 고려와 몽골의 정치·외교적
문제를 검토한 것이다. 따라서 고려의 대몽항쟁사는 전적으로 강진철에
의해서 집필되었다고 할 수 있다. 1절의 목차를 정리해보면 다음의 <표
1>과 같다.

<표 1>「1. 蒙古의 侵入에 대한 抗爭」목차

(1) 13世紀 東亞의 國際情勢	(3) 政府의 臨戰態勢와 抗戰의 主體
(2) 蒙古의 侵入	1) 政府의 臨戰態勢
1) 蒙古侵入의 動機	2) 抗戰의 主體
2) 蒙古侵入의 開始	(4) 講和 이후의 對蒙關係
3) 江華島 遷都와 蒙古의 再侵	1) 國王의 親朝와 蒙古의 對日招諭
4) 唐古의 第3次 蒙古侵入과 親朝問題	2) 林衍의 執權과 對蒙關係의 緊迫
5) 王의 出陸과 王子의 入朝	(5) 三別抄의 抗拒
6) 車羅大의 第6次 蒙古侵入	1) 三別抄의 活躍과 最後
7) 崔氏政權의 沒落과 講和	2) 三別抄와 民衆의 呼應

이 글은 먼저 (1)장에서 13세기 동아시아의 국제정세를 간략히 정리하
고 강동성 공략으로 인하여 고려가 몽골과 외교관계를 맺기까지의 과정

---

29) 이상의 내용은 다음을 참고하였다.
　　국사편찬위원회 편,「序」·「『한국사』刊行趣旨」『한국사 1 - 韓國의 先史文化 - 』,
　　국사편찬위원회, 1973 ;『國史編纂委員會史』, 國史編纂委員會, 1990.

을 설명하였다. 다음으로 (2)장에서는 1219년부터 1260년까지 몽골의 침입과 고려의 항전에 관하여 서술하였고, (3)장은 항전 과정에서 보여주었던 최씨정권의 무능한 대처 자세와 민중의 적극적인 투쟁 양상을 대비시켜서 검토하였다. 그리고 (4)장은 강화 이후 양국의 외교관계 속에서 변화하는 정국의 동향을 설명하였으며, 끝으로 (5)장에서는 삼별초의 활동과 그에 대한 민중의 호응을 다루었다. 이중에서 특히 기존 연구와 비교하여 주목되는 부분은 (2), (3), (5)장이라고 할 수 있다. (2)장의 경우 몽골의 침입과 관련된 부분은 침입 사실만을 간략히 나열하는 것에 그쳤고 대체로 고려의 대응에 초점을 맞추어 많은 지면을 할당하여 서술하고 있다. (3)장은 항전의 주체로서 민중이 크게 부각되었고, (5)장에서는 정부와 몽골의 압박에 신음하던 민중이 어떻게 삼별초의 봉기에 호응하여 투쟁을 전개해 나갔는지를 설명하였다. 이는 몽골의 침입이 아닌 고려의 항쟁을 주요 내용으로 하는 기존의 서술 체계를 그대로 받아들이면서도 『한국사』 편찬 요강에 따라 고려의 대응 상황이나 내부 동향 등을 더욱 보강한 것이다. 민중의 활동을 강조한 것도 바로 그러한 측면이 어느 정도 작용했다고 생각된다.

1961년에 김상기의 『高麗時代史』와 진단학회의 『韓國史』 등을 통해서 처음으로 정리된 대몽항쟁사는 위와 같이 1970년대에 국사편찬위원회가 『한국사』 편찬 사업을 추진하면서 강진철에 의하여 다시 한 번 체계적으로 서술되었다. (2)장에서 서술적 특징 외에 한 가지 더 주목되는 사항은 몽골의 침입 과정을 시기적으로 구분했다는 점이다. 약 40여 년에 걸친 대몽항쟁의 전개 과정을 체계적으로 이해하기 위해서는 어떠한 기준을 마련하여 시기별로 정리할 필요가 발생한다. 이러한 모습은 20세기 초반에 여몽전쟁을 처음으로 연구하기 시작한 일본인 연구자들에게

서 가장 먼저 확인된다. 야나이 와타리는 몽골의 고려 정벌에 관하여 아
주 단순하게 몽골 황제를 기준으로 삼아 太祖·太宗·定宗과 憲宗의 세
부분으로 나누어 설명하였다.[30] 이케우치 히로시는 몽골의 정치적 상황
등에 따라서 1231년 撒里台(撒禮塔)·1232년 撒里台·1235년 唐古 및
1246년 阿母侃·1253년 也古·1254년 札剌兒帶(車羅大)·1258년 札剌兒
帶의 여섯 항목으로 분류하였다.[31] 그리고 한국인 연구자 중에서는 김
상기가 몽골군의 사령관이 누구냐에 따라서 撒里台·唐古·阿母侃·也古·
車羅大의 다섯 항목으로 정리하기도 하였다.[32] 내용상 이해를 돕기 위
해 시기 구분의 기준이 되는 사료를 정리해보면 다음과 같다.

> (1231년 8월) 몽골원수 撒禮塔가 咸新鎭을 포위하고 鐵州를 도륙하였다.[33]
> (1232년 8월) 다시 撒禮塔를 보내어 군사를 이끌고 고려를 토벌케 하였다.[34]
> (1235년 윤7월) 西北面兵馬使가 몽골군<唐古>이 安邊都護府를 침
> 입했다고 보고하였다.[35]
> (1247년 7월) 몽골원수 阿母侃이 군사를 이끌고 鹽州에 와서 주둔하였다.[36]
> (1253년 7월) 北界兵馬使가 몽골군<也古>이 압록강을 건넜다고 보
> 고하였다.[37]
> (1254년 7월) 西北面兵馬使가 車羅大 등이 군사 5천명을 이끌고 압록

---

30) 箭內亘, 앞의 글, 1918.
31) 池內宏, 앞의 글, 1924.
32) 金庠基, 앞의 책, 1961.
33) 이하 기사는 강진철의 시기 구분에 따라 사료에서 발췌한 것이다.
　　『高麗史』권23 世家23 高宗 18년 8월 壬午.
34) 『元史』권108 列傳95 外夷1 高麗 太宗 4년 8월.
35) 『高麗史』권23 世家23 高宗 22년 윤7월 丙子.
　　곽호 안의 몽골원수 이름은 해당 기사에는 나타나 있지 않지만 후속 기사 또는
　　다른 문헌을 통해서 확인되므로 참고를 위하여 삽입하였다(이하 동일).
36) 『高麗史』권23 世家23 高宗 34년 7월.
37) 『高麗史』권24 世家24 高宗 40년 7월 甲申.

강을 건넜다고 보고하였다.[38]

(1255년 9월) 崔璘이 … 아뢰기를 車羅大와 永寧公이 대군을 거느리고 서경에 도착했으며 척후 기병이 이미 金郊에 왔다고 하였다.[39]

(1257년 5월) 서북면에서 몽골기병<車羅大> 30여 기가 청천강을 건너 龍岡·咸從을 향했다고 급히 보고하였다.[40]

(1258년 6월) 몽골의 余愁達와 甫波大 등<車羅大>이 각기 1천의 기병을 이끌고 와서 嘉州와 郭州에 주둔하였다.[41]

종전의 연구자들이 대개 서술상의 편의에 따라 목차를 나누었던 것에 비해서 처음으로 대몽항쟁의 과정을 시기적으로 구분하고 차수를 매긴 인물은 북한의 김석형이다. 이러한 작업은 『東國兵鑑』의 譯註를 통해서 이루어졌다. 본래 『東國兵鑑』은 1231년부터 1259년까지의 전쟁 과정을 모두 6기로 분류하여 서술하고 있다. 즉 제24항 1231~1232년·제25항 1235~1239년·제26항 1247~1253년·제27항 1254년·제28항 1255년·제29항 1257~1259년의 기록으로 편제되어 있다.[42] 그러나 김석형은 『東國兵鑑』의 구분을 그대로 따르지 않고 전쟁의 성격이나 몽골군의 主將 등을 고려하여 1231년 撒禮塔·1232년 撒禮塔·1235년 唐古·1247년 阿母侃·1253년 也窟·1254년 車羅大 등 총 6차로 구분하는 것이 좋다고 제안하였다.[43] 이보다 조금 늦기는 하지만 남한에서는 이병도가 사건에 따라서 1231년 撒禮塔·1232년 撒禮塔·1235년 唐兀台(唐古)·1253년 也窟(也古)·1254년 車羅大·1255년 車羅大·1257년 車羅大 등 총 7차로 구분[44]하였으며 撒禮塔가 2회, 車羅大

---

38) 『高麗史』 권24 世家24 高宗 41년 7월 壬戌.
39) 『高麗史』 권24 世家24 高宗 42년 9월 丁未.
40) 『高麗史』 권24 世家24 高宗 44년 5월 乙丑.
41) 『高麗史』 권24 世家24 高宗 45년 6월 己丑.
42) 金錫亨, 앞의 책, 2000, 301쪽.
43) 같은 책, 302쪽.
44) 李丙燾, 앞의 책, 553~578쪽.

는 3회 침입한 것으로 나누었으나 1247년에 阿母侃이 침략한 사실은 빠져 있다.

강진철은 1231년 撒禮塔·1232년 撒禮塔·1235년 唐古·1247년 阿母侃·1253년 也古·1254년 車羅大 등 크게 6차로 구분하고, 추가로 1254년부터 1259년까지 벌어진 제6차 車羅大의 침입을 다시 1254년·1255년·1257년·1258년 등 4차로 세분화하여 도합 9차로 나누었다.[45] 그의 설정은 추후에 尹龍爀이 1235년 唐古의 침입을 1235년·1236년·1238년 등 3차로 세분화하여 도합 11차로 수정[46]하기도 하였으나 대개 큰 무리 없이 일반적으로 수용되고 있는 편이며,[47] 단적인 예로써 일부 고려시대 개설서에서도 몽골의 침입이 9차에 걸쳐서 이루어졌다고 기술된 사례[48]가 확인된다.

한편 북한학계의 경우도 마찬가지라고 할 수 있다. 북한 사회과학원은 총 40권에 달하는 '조선부문사' 시리즈를 발간하였으며, 그중 『조선인민의 반침략투쟁사』는 共産主義와 主體思想에 입각하여 외세에 대한 민족적 투쟁을 다룬 논저이다. 여기에서 김재홍도 대몽항쟁 기간을 강진철이 설정한 것처럼 모두 6차로 구분하고 제6차 車羅大의 침입을 4차례로 세분화[49]하였다. 실제로 김재홍이 해당 내용을 집필하는 과정에서 강진철의 설정을 참고했는지 알 수는 없지만, 북한에서도 거의 똑같이 서술되고 있다는 사실은 그의 견해가 충분히 설득력이 있음을 보여주는 것이 아닐까 싶다. 이상의 내용을 정리해보면 다음의 <표 2>와 같다.

---

45) 姜晋哲, 앞의 글, 1973, 342~359쪽.
46) 尹龍爀, 『高麗對蒙抗爭史研究』, 一志社, 1991, 40~41쪽.
47) 尹龍爀, 「북한사학의 고려 대몽항쟁사 연구와 서술」『韓國史의 理解 - 重山鄭德基博士華甲紀念韓國史學論叢 - 』, 景仁文化社, 1996:『고려 삼별초의 대몽항쟁』, 一志社, 2000, 19~20쪽.
48) 박용운, 『(수정·증보판)고려시대사』, 일지사, 2008, 564쪽.
49) 김재홍, 앞의 책, 1988.

〈표 2〉 몽골의 침입 기사에 대한 연구자별 시기 구분의 비교

필자 구분	김석형 (1955)	이병도 (1961)	강진철 (1973)	김재홍 (1988)	윤용혁 (1991)
1231 撒禮塔	1차	1차	1차	1차	1차
1232 撒禮塔	2차	2차	2차	2차	2차
1235 唐古	3차	3차	3차	3차	3-(1)차
1236					3-(2)차
1238					3-(3)차
1247 阿母侃	4차		4차	4차	4차
1253 也古	5차	4차	5차	5차	5차
1254 車羅大	6차	5차	6-(1)차	6-(1)차	6-(1)차
1255		6차	6-(2)차	6-(2)차	6-(2)차
1257		7차	6-(3)차	6-(3)차	6-(3)차
1258			6-(4)차	6-(4)차	6-(4)차
도합	6차	7차	9차	9차	11차

  그밖에 주채혁은 1218년 강동성 전투에 참여한 副元帥 札剌와 1231년
에 고려를 침략한 元帥 撒禮塔를 동일인물로 보고 강동성 전투를 고려
침공을 위한 偵察戰의 성격을 가졌다고 설명하면서[50] 1231년 撒禮塔의
침입보다 앞세워 1차라고 보는 견해를 피력하였다.[51] 그러나 이는 초기
대몽항쟁 부분에 국한되어 撒禮塔가 참여한 전쟁만 다루었을 뿐이며, 그
것을 총 3차로 나누고 이후의 몽골 침입에 대해서는 언급하지 않는 등

50) 周采赫,「札剌와 撒禮塔」『史叢』21·22合, 1977.
51) 周采赫,「初期 麗·蒙戰爭 略察-兩軍의 作戰與件을 中心으로-」『淸大史林』
    3, 1979, 4쪽 각주 6번 참고.

대몽항쟁의 시기 구분에 주안점을 두고 차수를 나눈 것은 아니었다. 또한 柳在城은 13세기 동아시아 국제관계의 변화에 따라서 撒禮塔의 침공을 제1차 항쟁, 그리고 唐古부터 車羅大까지의 침공 과정을 제2차 항쟁으로 대별하기도 하였다.[52] 그런데 외형상 대몽항쟁의 전체과정을 크게 두 차례로 구분하고 있으면서도 세부적으로 살펴보면 강진철이 분류한 바와 같이 도합 9차[53]로 나누고 있다.

4. 항전 주체로서의 민중에 대한 재조명

다음으로 강진철이 정리한 고려의 대몽항쟁사에서 주목되는 부분은 바로 항전 주체로서 민중을 부각시켰다는 사실이다. 본문을 보면 처음부터 '민중'이라는 말을 사용하지는 않았고 그보다는 구체적으로 농민과 천민, 민간에서 조직된 民兵, 草賊, 奴隷, 奴軍, 官奴, 部曲과 所 등에 사는 천민 등이라고 표현하였다.[54] 물론 이들은 '항전의 주체가 되어 생명을 바쳐 싸움터에 나선 것은 주로 농민과 천민들'[55] 또는 '일반 국민을 대표하는 농민과 천민'[56] 등의 문구를 감안한다면 내용상 크게 농민과 천민이라는 말로 포괄할 수 있을 듯하다. 그러다가 말미를 보면 삼별초의 봉기에 대하여 농민, 관노, 주민 등이 호응한 사실을 설명하는 과정에

---

52) 柳在城, 『(民族戰亂史 5)對蒙抗爭史』, 國防部戰史編纂委員會, 1988, 270쪽 주기 참조.
53) 같은 책, 270쪽 주기 참조. 그런데 서론의 개관 부분에 제1차를 2회, 제2차를 9회 침입하였다고 하는 언급도 있어서 도합 11회가 되는 서술상의 혼란을 일부 보여주고 있다(같은 책, 6~8쪽).
54) 姜晋哲, 앞의 글, 1973, 368~373쪽.
55) 같은 글, 368쪽.
56) 같은 글, 371쪽.

서 그들을 묶어 '민중'이라고 여러 차례 지칭하고 있다.57) 따라서 앞부분
의 '농민과 천민', 그리고 뒷부분의 '민중'은 의미상 뚜렷이 구분되지는
않고 있다. 여기에서는 서술의 편의상 구체적인 표현보다는 모두를 쉽게
아우를 수 있는 단어로써 '민중'을 사용하고자 한다.

기존 견해가 고려의 대몽항쟁 자세에 대해서 武人政權과 三別抄를 지
목하여 '武士傳統의 對外精神'58), '武人의 鬪爭意識'59), '高麗武人의 敢
鬪精神'60), '崔氏一族이 보여준 과감하고도 치열한 精神'61)이라고 언급
하며 대외적인 자주성을 지키기 위한 처사였다고 긍정적으로 평가한 점
을 감안해 볼 때, 항전 주체로서 민중을 언급한 사실은 당시로는 매우
선구적인 관점이 아닐까 생각된다. 이에 대한 내용을 요약해보면 崔氏政
權은 조국 수호보다 정권 유지를 더욱 중요시하여 졸렬하고 무책임한
항전자세를 취하였으며, 오히려 정부의 보호를 받지 못한 농민과 천민들
이 자기 고장을 지키기 위해서 항전의 주체가 되었다고 파악하였다.62)
예를 들어 최우의 강화천도는 백성의 안위는 고려하지 않은 채 소수의
특권 계급이 전쟁을 모면하기 위한 조치에 불과할 뿐이었다고 평가하였
다. 즉 고려 정부는 江都의 성곽을 구축하거나 방비를 엄중히 하는 등
자신들의 안전은 전력으로 강구하였지만, 백성들에게는 단지 山城과 海
島에 들어가 지킬 것만 명하고 하등의 구호대책을 수립하지 않았다고
한다. 따라서 개전 초기부터 각지에서 몽골군을 격퇴한 주역들은 官軍이

---

57) 같은 글, 387~390쪽.
58) 金庠基, 앞의 책, 1961, 135~143쪽.
59) 李丙燾, 앞의 책, 599쪽.
60) 閔丙河, 「崔氏政權의 支配機構」『한국사 7 – 무신정권과 대몽항쟁 – 』, 국사편
    찬위원회, 1973, 202쪽.
61) 李宣根, 『大韓國史』3, 新太陽社, 1973, 190쪽.
62) 이하 서술한 내용은 姜晋哲, 앞의 글, 1973, 363~373쪽 참조.

아니라 草賊, 奴隸, 部曲·所民 등이었다. 반면에 강도로 피난한 소수의 특권계급은 몽골군을 물리치려는 결의보다 가능하면 유리한 조건으로 화평을 맺어 정권을 유지하려는 태도를 갖았으며 開京에 있을 때와 마찬가지로 사치스럽고 호화스러운 생활을 누렸다.[63] 그것은 곧바로 가혹하고 무자비한 착취와 수탈로 이어질 수밖에 없었으며, 백성들은 몽골 침략자와 특권계급을 대표하는 정부로부터 이중적인 압박을 받기에 이르렀다. 이렇듯 정부의 무능하고 소극적인 임전태세는 민심을 더욱 멀어지게 하였고 몽골 침략의 災禍를 한층 더 참혹하게 만들었던 것이다.

뒷부분에서 삼별초의 봉기도 마찬가지로 민중의 호응에서 역사적 의의를 찾고 있다.[64] 몽골과의 강화 이후 고려 국왕을 비롯한 소수의 친몽골 성향을 가진 특권계급은 몽골에 대해 종속적 위치를 감수하더라도 자기의 특권을 보호하려고 노력하였다. 삼별초는 바로 그들을 제외한 나머지 전체 민중의 의사를 반영하여 봉기했다고 서술하였다. 일례로 삼별초가 全羅道와 慶尙道 일대를 순식간에 장악할 수 있었던 것은 농민들의 지지가 있었기 때문에 가능했다고 파악하였다. 그간 민중은 몽골군의 행패와 정부에 의한 수탈이라고 하는 이중적 압력에서 벗어나기 위해 몇 차례 폭동을 일으킨 바가 있었는데, 삼별초가 몽골과 정부에 반대하여 봉기하자 그들을 해방자로 여기고 큰 기대를 걸었던 것이다. 비록 삼별초의 항거와 민중들의 투쟁은 시대의 거센 흐름을 이기지 못하였지만 당시 민중들의 마음이 어떠했는지는 충분히 표시해주었다고 평가하였다.

한편 앞에서 이미 살펴보았듯이 강진철보다 앞서 북한의 김석형이나

---

63) 심지어 우리나라 문화사상 가장 빛나는 창조물이라고 평가받는 高麗瓷器와 강도에서 조판된 八萬大藏經조차 조국 방어와는 별로 관세가 없는 방낙식 생활의 소산이라고 하였다(姜晋哲, 앞의 글, 1973, 366쪽).
64) 이하 서술한 내용은 같은 글, 381~390쪽 참조.

김재홍이 먼저 대몽항쟁을 '인민' 중심으로 서술한 사실을 짚고 넘어가지 않을 수 없다. 이점을 감안한다면 양자가 결론적으로 피지배층의 활동을 강조한 점에서는 서로 의미가 통한다고 말할 수 있다. 실제로『高麗史』와『高麗史節要』를 보면 일반 백성들이 지휘관과 단합하여, 혹은 그들만 남아서 몽골군을 격퇴하거나 전쟁 기간 동안 지배층에 항거하여 폭동을 일으키는 기사가 종종 확인된다. 따라서 대몽항쟁과 관련된 사료를 짚어나가다 보면 연구가 진행되는 과정에서 자연히 피지배층의 활동을 언급하지 않을 수가 없는 상황에 도달하게 된다. 현재로서는 강진철이 북한의 저술을 참고했는지에 대해서는 별다른 기록이 없어서 확인할 방도가 없다. 다만 각각의 내용을 조금만 자세히 살펴보면 양자의 차이점이 뚜렷이 드러난다.

북한의 연구는 어디까지나 정치적 영향으로부터 자유롭다고 할 수 없으며 매우 선전적이고 단호한 표현을 사용하면서 몽골이 침입했을 때 인민의 역할과 활동을 강조하고 있다. 예를 들어 몽골의 제1차 침입 당시에 있었던 龜州·慈州·忠州 등의 전투와 후속 사태를 거론하면서 "13世紀의 이年代의 英雄的인 우리 人民은 비록 그 指導部가 最後의 瞬間에 動搖한다하는 시원치 못한 兩班들로 構成되어 모처럼 그 抗戰力이 挫折되는 境遇가 있었다하더라도 어디에서나 英雄的인 抗戰을 示威하였던것이다."[65]라고 평가하였다. 즉 봉건지배층은 일시적으로 도움이 되기는 하지만 끝까지 신뢰할 수 없고 오히려 항전 의지를 감퇴시키는 존재로 깎아내리고 있으며, 반대로 인민들은 외세의 침입에 대하여 애국주의적 저항에 적극적으로 나서는 영웅의 모습으로 선전되고 있다. 이는 북한 특유의 계급투쟁을 강조하는 역사관이 반영되어 있는 것이다.

---

65) 金錫亨, 앞의 글, 1949, 45쪽.

이에 비하여 강진철의 저술은 몽골의 침입이라는 국난을 당하여 정부
와 국민이 합심함으로써 극복할 것을 강조하였다. 일례로 龜州와 慈州의
항전을 군·민 또는 장병이 일치단결하여 몽골군의 공격을 물리친 영웅
적인 것이라고 평가하면서 朴犀와 崔椿命 같은 지휘관의 활약을 함께
언급하였다.66) 그리고 처인성에서 적장 撒禮塔를 사살한 金允侯가 忠州
城에서는 노예의 전투적 역량을 최대한 활용하고, 관노들 역시 용전분투
함으로써 몽골군을 격퇴할 수 있었다고 하였다.67) 또한 "만약 당시의 정
부가 국민들의 신뢰를 얻고 특권계급이 지나친 수탈과 착취를 그만두고
민중들과 완전히 결합할 수가 있었다면 … 당시의 상황으로 미루어 보아
침략군을 격퇴 구축하는 것은 결코 불가능한 일은 아니었을 것이다."68)라
고 한다든지, "적의 침략군을 눈앞에 두고 국내의 세력이 이렇게 분열되
어 있었음은 매우 불행한 일이다."69)라고 언급하였다. 이는 외세의 침입
에 대한 지배층의 책임을 역설하고 계급 간의 '투쟁'이 아닌 '단결'을 강
조한 서술이며 특정 이념에 치우친 것으로 판단하기에는 무리가 있다.

위와 같이 강진철이 대몽항쟁의 주체를 민중으로 보는 시각은 후속
연구70)에 적지 않은 영향을 끼쳤다. 이들 연구는 최씨정권의 항전자세를

---

66) 姜晋哲, 앞의 글, 1973, 344쪽.
67) 같은 글, 370~371쪽.
68) 같은 글, 372쪽.
69) 같은 글, 373쪽.
70) 尹龍爀,「崔氏武人政權의 對蒙抗戰姿勢」『史叢』21·22合, 1977.
   閔賢九,「高麗의 對蒙抗戰과 大藏經」『韓國學論叢』1, 1978.
   金潤坤,「江華遷都의 背景에 關해서」『大丘史學』15·16合, 1978 ;「抗蒙戰에
   參與한 草賊에 對하여」『東洋文化』19, 1979 ;「三別抄의 對蒙抗戰과 地方
   郡縣民」『東洋文化』20·21合, 1981.
   揀弘烈,「忠州奴軍의 亂과 對蒙抗爭」『湖西文化研究』1, 1981.
   張世原,「對蒙抗爭 主體의 性格에 關해서 - 別抄와 草賊의 義兵的 活動을 中
   心으로 -」『論文集』9, 군산실업전문대, 1986.

부정적으로 서술하거나 대몽항쟁 시기 민중의 활동을 검토하는 등 대체
로 강진철이 제시한 틀을 크게 벗어나지 않는 선상에서 논의를 확장하
는 방향으로 전개되었다. 몇 가지 사례를 들어보면 金潤坤은 최우가 강
화천도를 강행한 원인 중에는 몽골의 재침을 방어할 묘책이 없었던 것
외에도 草賊과 地方 叛民들의 저항 활동이 더욱 활발해지자 여기에 더
큰 불안을 느꼈던 것이 포함되어야 한다고 보았다.[71] 이어서 최씨정권
시기의 초적에 주목하여 그들이 형성된 배경을 검토하고 대몽항쟁 과정
에서 게릴라 전술을 구사하여 적에게 많은 타격을 입힌 사례를 열거하
였다.[72] 또한 윤용혁도 최씨정권이 私兵을 확충하여 公兵이 약화됨으로
써 군사적 공백을 초래하였고, 몽골의 침입에 대한 구체적 대응방안도
없이 일종의 도피책인 강화천도를 단행하여 정권 유지에 만족했다고 설
명하였다.[73] 따라서 대몽항쟁의 주체는 역시 민중이었으며 이들의 동태
는 시간의 흐름에 따라 ① 정부와의 협조 관계에 의한 대몽항쟁 가담,
② 민란 봉기에 의한 적극적 저항, ③ 投蒙 등에 의한 정부에의 변태적
저항 등 3가지 양상으로 나누어진다고 하였다.[74] 그밖에 최씨정권의 항
전자세에 대해서 비교적 긍정적인 방향으로 서술하는 연구[75]도 더러 있

尹龍爀,「高麗 對蒙抗爭期의 民亂에 대하여」『史叢』30, 1986:『高麗對蒙抗
爭史硏究』, 一志社, 1991.
신안식,「대몽항쟁기 민의 동향」『역사와 현실』7, 1992.
李貞信,「13세기 농민·천민 봉기-외세 침입기를 중심으로-」『宋甲鎬敎授停
年退任紀念論文集』, 紀念論文集刊行委員會, 1993.
李益柱,「고려후기 몽고침입과 민중항쟁의 성격」『역사비평』26, 1994.
이재범,「대몽항전의 성격에 대하여-계층별 항전을 중심으로-」『白山學報』
70, 2004.

71) 金潤坤, 앞의 글, 1978.
72) 金潤坤, 앞의 글, 1979.
73) 尹龍爀, 앞의 글, 1977.
74) 尹龍爀, 앞의 글, 1986.

지만, 강진철의 관점은 크게 부정되지 않은 채 현재까지 유지되어 오고 있다.

끝으로 한 가지 덧붙이자면 강진철의 민중에 대한 관심은 『한국사』 편찬이라는 기회를 맞으면서 표출되기는 하였으나 일회성에 그치지 않고 계속 이어졌던 것으로 보인다. 이러한 사실은 그의 遺稿인 「武人政權治下의 農民抗爭」76)을 통해서 알 수 있다. 이 글은 무인정권 1세기 동안 민중의 저항이 끊임없이 격렬하게 일어났던 현상에 주목하고 그러한 저항운동이 한국사에서 어떠한 역사적 의미를 갖는지 정리한 것인데, 무인정권이 성립하는 明宗 즉위년부터 崔忠獻 정권 초기인 慶州民亂의 진압까지를 다루고 있으므로 「蒙古의 侵入에 대한 抗爭」과는 시기상 서로 연결되고 있다. 여기에서 강진철은 무인정권의 성립이 단순한 정권쟁탈전에 불과한 것인지, 혹은 민란의 주역이 되는 농민들의 어떠한 역사적 기대가 다소라도 반영된 하나의 社會的 動亂으로서의 성격을 갖는 것인지, 즉 무인정권이라는 권력구조와 민중들의 저항이 무슨 관계에 있었는지를 과제로 삼고 고민했던 흔적77)이 확인된다.

5. 맺음말

지금까지 강진철이 대몽항쟁 연구사에서 남긴 발자취를 대략적으로 검토해보았다. 대몽항쟁기는 몽골에 대한 교섭과 전쟁이라는 대외적 사

---

75) 周采赫, 「몽골-고려사연구의 재검토-몽골·고려 전쟁사 연구의 시각문제-」『애산학보』 8, 1989.
   金基德, 「고려시대 강화도읍사(江都史) 연구의 爭點」『史學硏究』 61, 2000.
76) 姜晋哲, 「武人政權治下의 農民抗爭」『韓國社會의 歷史像』, 一志社, 1992.
77) 같은 책, 242~243쪽.

건과 민중의 항쟁이라는 대내적 사건이 맞물리는 시기적 특징이 있어서 연구자의 시각에 따라서는 어느 한 쪽에 치우쳐 서술될 여지가 있다. 그가 한국사 연구의 목표를 외세의 수동적 요인에서 찾다가 차후에 내재적 발전 요인으로 바꾸었던 만큼, 대외관계사와 사회경제사 연구자로서의 경험을 모두 갖추고 있었기 때문에 『한국사』 편찬 사업에서 해당 분야의 집필을 맡게 된 것은 어찌 보면 당연한 일이라고 할 수 있다.

「蒙古의 侵入에 대한 抗爭」은 대몽항쟁 연구사에 있어서 효시가 아니었고 기존 연구 성과와 비교하여 확연히 다른 새로운 견해를 제시한 것도 아니었지만 하나의 전환점으로서 충분한 기능을 하였다. 이는 몽골이 아닌 고려의 입장에서 항쟁을 설명하는 기존의 서술 체계를 그대로 받아들이면서 고려의 대응 상황이나 내부 동향 등의 내용을 보강했으며, 몽골의 침입 과정을 시기에 따라 총 9차로 구분하고 항전 주체로서 민중을 북한과 달리 이념적 편향 없이 재조명했다는 점에서 연구사적인 의미를 찾을 수 있다. 아울러 대몽항쟁사의 기초를 마련함으로써 관련 연구 분야에서는 반드시 거쳐야 하는 필독서가 되었을 뿐만 아니라 연구에 일정한 방향성을 제시해주는 이정표 역할도 하게 되어 후속 연구에 적지 않은 영향을 끼쳤다.

대몽항쟁 시기구분과 평가에 대한 분석적 검토

문 경 호*

지난 2013년, 납북된 역사학자에 관한 논문을 쓰면서 당시에 그분과 함께 활동했을 만한 분들의 회고담을 『한국사시민강좌』에서 몇 편 찾아 읽은 적이 있다. 그 중에는 강진철 선생의 회고도 있었다. 9개의 주제로 구성된 선생의 글은 학창시절과 연구에 대한 회고담이라기보다는 한편의 자서전과도 같았다. 그것이 인연이었던지 한 번도 강진철 선생을 뵌 적이 없지만 선생을 친숙하게 느끼고 있다. 토론을 맡아달라는 전화를 받고도 별로 망설이지 않았던 것도 그 때문이 아닐까 싶다.

임형수 선생의 논문은 딱히 토론이 필요하지 않은 글이라 생각된다. 본인 역시 발표자와 같이 강진철 선생의 「몽고 침입에 대한 항쟁」은 대몽항쟁에 관한 선구적인 연구에 해당하고, 이후의 연구에 끼친 영향도 크다고 생각한다. 딱히 반박할 만한 부분도 없다. 다만, 발표자의 논의를 좀 더 구체화하고, 글을 쓰면서 느끼신 점들을 공유한다는 의미에서 강진철 선생의 논지보다는 발표자의 평가를 중심으로 몇 가지 생각해 볼 문제를 제기해 볼까 한다.

* 공주대 역사교육과 교수

Ⅰ. 강진철 선생의 고려시대 대외관계사 연구는 우연이었나?

이 글은 '강진철 선생이 고려시대 대외관계를 연구한 계기는 우연에 가깝다'는 말로 시작하고 있다. 실제로 머리말에 언급된 것처럼 선생은 사학과에서 서양사학을 전공하셨고, 전공과목보다는 경제학과의 경제사나 국문학과의 명치문화사와 같은 과목을 도청하시는 것이 훨씬 재미있었다고 술회하신 바 있다.

그러나 여러 가지 정황을 고려하면 선생이 고려 대외관계사에 관심을 갖게 된 것은 대학졸업 후 해방 전까지 천진에서 체류하는 동안 '닥치는 대로' 읽으셨다는 『만선지리역사연구보고』[1)의 영향 때문이 아닐까 생각된다. 이는 이병도 선생에게 처음 제출했다는 「高麗初期의 對契丹關係」라는 논문의 초고를 천진에 계시는 동안 작성했다는 구절이나 다음 구절을 통해서도 어느 정도 짐작이 된다.

> 고려 초기의 대거란 관계를 쓸 때만 해도 나의 학문적 관심의 중요한 분야는 한반도를 둘러싼 국제관계의 작용에 관한 문제였다. 당시 나는 우리나라 대외적인 국제관계의 계기, 특히 대륙국가로부터 받은 압력과 이에 대한 저항이 한국사가 전개되는 과정에서 한국사를 이끌어 나간 가장 큰 원동력의 구실을 한 것이며, 이에 대한 연구야말로 한국사 연구에 있어 가장 기본적인 과제가 되는 것이라고 생각했다.[2)

그 후 선생은 한국사의 이해를 위한 가장 중요한 기본과제는 외세에

---

1) 姜晉哲, 「學窓時節과 硏究生活을 되돌아보며」, 『韓國史市民講座』 2, 一潮閣, 1988, 150쪽.
2) 위의 글, 153쪽.

서 유래하는 수동적인 요인의 탐구가 아니라, 한국 사회의 내부에 자생하는 어떤 내재적인 요인의 구명이 아닐까 생각하시게 되었다고 한다.[3] 그래서 읽기 시작한 『고려사』 식화지에 대한 관심이 자연스럽게 토지문제로 이동해 갔다고 한다. 따라서 강진철 선생이 고려시대 대외관계사 관련 논문을 쓰게 된 계기는 우연이라기보다 『만선지리역사연구보고』를 통해 갖게 된 대외 관계에 대한 관심이 「高麗初期의 對契丹關係」이라는 논문의 작성으로 이어졌고, 그것이 계기가 되어 해방 후 경성대학에서 '만·몽관계사'라는 전공 강의를 맡게 되었고, 그와 함께 강독 강의 시간에 『고려사』 식화지를 교재로 사용하게 것이 결국은 고려시대 토지제도사 연구의 발판이 되었다고 정리하는 편이 자연스럽지 않을까 생각된다.

II. 대몽 항쟁사 시기구분에 대하여

대몽항쟁 시기 구분을 6차로 구체화시킨 강진철 선생의 논고가 남한 학계에 큰 영향을 끼친 것은 부정할 수 없다. 그러나 몽골 침입을 6차로 나누어 서술한 것은 강진철 선생이 처음이 아니고, 북한의 김재홍이 강진철 선생과 같이 6시기로 나눈 것도 우연이라 하기 어렵다.

대몽항쟁사에 대한 최초의 시기구분은 15세기 문종 연간에 편찬된 『東國兵鑑』에서부터이다. 이 책 역시 대몽항쟁을 여섯 시기로 나누어 서술하였는데, 그것은 역사적 성격보다는 서술의 편의상 이루어진 것으로 보인다.[4] 김상기 선생이 몽골 침입의 시기를 5차로 구분한 것 역시 이 책의 영향을 받은 것이 아닌가 생각된다. 『동국병감』 내용을 토대로 최초로

---

3) 위의 글, 153쪽.
4) 윤용혁, 『고려 삼별초의 대몽항쟁』, 일지사, 2000, 20쪽 각주23.

여섯 시기 구분법을 도입한 연구자는 북한의 김석형이다. 김석형은『역
주 동국병감』의 내용을 검토한 후 다음과 같이 여섯 시기로 구분을 하였
고, 그러한 대강이 1988년에 출간된 김재홍의『조선인민의 반침략투쟁
사』에도 영향을 끼친 것으로 보인다.

구분	동국병감	김석형(1955)	강진철(1973)
1차	1231~1232(살례탑)	1231(살례탑)	1231(살례탑)
2차	1236~1239(당고)	1232(살례탑)	1232(살례탑)
3차	1247~1253(아모간, 야굴)	1235(당고)	1235(당고)
4차	1254~1255(차라대 1차)	1247(아모간)	1247(아모간)
5차	1244~1256(차라대 2차)	1253(야굴)	1253(야고)
6차	1257~1259(차라대 3, 4차)	1254~1259(차라대)	1) 1254(차라대) 2) 1255(차라대) 3) 1257(차라대) 4) 1258(차라대)

발표자료 4쪽의 표에 따르면 강진철 선생이 이전 연구자와 다르게 시
기를 구분한 점은 1254년 차라대의 침입 시기를 6차 시기로 부각시킨 것
인데, 이 역시 김석형이 1955년『역주동국병감』에서 언급한 내용과 크
게 다르지 않다.[5]

물론, 두 학자 사이에 학문적 교류가 있었을 것이라고 생각하기는 어렵
지만 강진철 선생이 대몽항쟁의 시기를 6차로 구분하기 전에 이미 6차로
구분한 김석형의 연구가 있었으므로 그것이 첫 시도라고 보기 어렵고, 북
한의 김재홍이 선생의 설정을 참고했을 가능성도 적다고 판단된다.

---

5) 김석형이 1254년의 차라대 침입에 주목한 것은 1254년부터 몽골군의 충주 이남
   진출이 본격화되었기 때문이라고 기술하고 있다.

III. 항전의 주체로 민중을 부각시킨 점에 대하여

발표자는 '민중을 항전의 주체로 부각'시켰다는 점을 강진철 선생의 대몽항쟁사 연구에서 크게 주목되는 부분으로 언급하고 있지만 이 또한 각주 32에서도 언급된 것처럼 북한 학계에서 먼저 정리한 바 있는 내용이다. 예컨대 김재홍은 대몽항쟁이 '농민들과 같은 민중적 기반에 입각하여 전개된 점'을 실증적으로 논의하면서 이를 3단계로 구분하여 '① 1231년 몽고의 제1차 침입과 그를 반대한 인민들의 투쟁, ②강화도 천도 이후 시기 몽고 침입을 반대한 인민들의 투쟁, ③몽고 침략자와 국내 봉건 통치배들을 반대한 삼별초군과 인민들의 항쟁'으로 단계화 시키고, 1232년 살례탑을 사살한 처인성 싸움이 김윤후의 공이 아니라 처인부곡 민들의 역할이었다고 강조하고 있다.[6] 이러한 관점은 김석형과 김재홍의 다른 책에서도 확인된다.

최근에는 민중항전이 가능했던 배경으로 '호족을 중심으로 한 고려시대 자위공동체의 오랜 전통'[7]에 주목을 하고 있는데, 강진철 선생이나 김석형, 김재홍 등의 연구에서는 이러한 관점을 찾아보기는 어렵다. 단순히 민중들이 항쟁에 나섰다는 점에 주목하기보다는 당시의 지역 구조와 당시 사람들의 관념에 대한 이해가 있어야 좀 더 맥락적인 이해가 가능해지지 않을까 생각된다.

최씨 정권의 항전에 관한 관점도 마찬가지이다. 최우의 강화천도에 대해서는 북한 학계에서도 김석형과 김재홍이 상반된 견해를 보인 바 있다.

---

6) 김재홍, 『원침략자를 반대한 고려인민의 투쟁』, 과학원출판사, 1963, 66쪽.
7) 노병호, 「지역자위 공농체의식과 국가체제」 『고려 국가와 집난의식』, 서울대학교 출판문화원, 2009, 31~43쪽; 윤용혁, 『무인정권·몽골, 그리고 바다로의 역사 삼별초』, 혜안, 2014, 46쪽.

김석형은 이를 '최씨 정권의 자기보호적 피란행위였다'고[8] 비판한 반면, 김재홍은 '몽골 침략자를 반대하는 거족적 항전에 일정한 의의가 있는 대책'이자 '가장 합리적인 조치였다'[9]고 긍정적으로 평가한 바 있다. 김석형의 주장은 강진철 선생의 주장과 크게 다르지 않다고 판단된다.

생각해보면 최씨 정권의 강화천도는 강진철 선생의 주장처럼 백성들의 안위를 고려하지 않고 전쟁을 모면하기 위해 단행한 무책임한 조치임에 틀림없다. 그러나 그것을 맹목적으로 비판만 하는 것은 현재 우리의 입장에서 그들에게 너무 무리한 것을 요구하는 것이 아닐까 생각되기도 한다. 국민주권이 실현되었다는 지금의 정치인들도 그들과 별반 다르지 않기 때문이다. 만약 최씨 정권이 몽골의 침입에 올바로(?) 대응할 수 있었던 방법이 있었다면 그것이 무엇일까? 최우가 강화도로 천도하지 않았다면 고려는 어떻게 되었을까?

이상으로 몇 가지 의문을 제기하기는 했지만 앞서 말한 것처럼 강진철 선생의 대몽관계 연구는 이후의 대몽항쟁 연구에 이정표가 되었다는 점에는 이의가 없다. 토론문을 준비하는 과정에서 우리나라 대몽항쟁 연구의 역사에 대해서도 좀 더 명확히 알게 된 것 같다. 글을 읽고 정리하다 보니 새삼 강진철 선생을 비롯한 선학들께 감사한 마음이 든다. 『고려사』 한 장 한 장을 어렵사리 읽어가며 자료를 정리하고, 역주서를 남겨주신 노고에...

---

8) 김석형, 『역주 동국병감』, 국립출판사, 1955, 391쪽.
9) 김재홍, 앞의 책, 45~48쪽.

姜晋哲의 田柴科體制 이해와 그 의미
-『高麗土地制度史研究』를 중심으로-*

1. 머리말

故 강진철 선생은 한국사회를 발전시킨 내적 요인을 구명하는 방법
의 일환으로 고려시대 토지제도에 관한 연구에 평생을 바쳤다. 하지만
사실 그의 첫 논문은 高麗와 契丹의 關係에 대한 것이었다.[1] 대외관계
에 관심을 가진 이유는 일제강점기라는 암울한 시대적 상황에서 연구를
시작한 것과 무관하지 않을 것이다. 그러나 얼마 지나지 않아 軍人田을
시작으로 이후 줄곧 한국 중세의 토지제도를 주제로 삼아 연구를 진행
하였다.[2]

---

* 이 글은 『史叢』91호(2017년 5월)에 게재된 특집논문을 수정·보완한 것임을 밝
  혀둔다.
** 인천대학교 역사교육과 조교.
1) 姜大良,「高麗初期의 對契丹 關係 上」『史海』1, 朝鮮史研究會, 1948.
2) 姜晋哲,「高麗初期의 軍人田」『淑明女子大學校論文集』3, 1963 ;「韓國土地
  制度史(上)」『韓國文化史大系2 :政治·經濟史』, 高麗大 民族文化研究所,
  1965 ;「高麗前期의 公田·私田과 그의 差率收租에 대하여—高麗 稅役制度의
  一側面—」『歷史學報』29, 1965 ;「韓國史의 時代區分問題에 對하여」『歷史學
  報』31, 1966 ;「韓國史의 時代區分에 對한 一試論」『震檀學報』29·30, 1966 ;

토지문제에 천착하게 된 이유에 대해 그는 한국사를 이끌어 나간 가장 큰 원동력이 한국 사회 내부에 있다는 생각에서 비롯되었다고 술회하였다.3) 대외관계 연구를 하면서 설정했던 외압에 대한 저항이라는 수동적인 역사상에 대해 회의를 느꼈던 것일지도 모른다. 어쨌든 연구방향을 바꾼 뒤의 첫 성과인 「高麗初期의 軍人田」이 발표될 당시 47세였으니 새로운 연구 분야를 개척하기에는 다소 늦은 나이였다. 그럼에도 꼼꼼하게 사료를 확인하고 강직하게 연구를 진행한 결과 研究史에 길이 남을 力作을 여럿 남기었다. 그 중에서도 『高麗土地制度史研究』4)는 고려시대 토지제도에 대한 최초의 체계적이고 종합적인 학술저서로서 해

「新羅의 祿邑에 대하여」, 『(李弘稙博士回甲紀念韓國史學論叢)史叢』 20·21합, 1969 ; 「고려 田柴科體制下의 농민의 성격」, 『韓國史時代區分論』, 乙酉文化社, 1970 ; 「高麗の農莊についての問題意識」, 『朝鮮學報』 74, 1975 ; 「高麗時代의 農業經營形態-田柴科體制下의 公田의 경우-」, 『韓國史研究』 12, 1976 ; 「高麗의 農莊에 대한 研究-民田의 奪占에 의하여 형성된 權力型 農莊의 實體追求-」, 『史叢』 24, 1980 ; 『高麗土地制度史研究』, 高麗大學校出版部, 1980 ; 「高麗時代의 地代에 대하여-특히 農莊과 地代問題를 중심으로-」, 『震檀學報』 53·54, 1982 ; 「高麗前期의「地代」に就て-田柴科体制下に於ける「地代」の意義と比重-」, 『史學』 52-3·4, 1983 ; 「麗代의 陳田에 대한 權利問題 ; 村落經濟의 基盤, '農民的 土地所有'와 관련시켜」 『震檀學報』 64, 1987 ; 「'高麗·李朝 社會論의 問題點' 再檢討; 前近代國家의 民衆支配에 대하여」, 『斗溪李丙燾博士九旬紀念 韓國史學論叢』, 지식산업사, 1987 ; 「高麗末期의 私田改革과 그 成果; 農民의 처지에서 본 改革과 그 成果의 問題點」 『震檀學報』 66, 1988 ; 「社會經濟史學의 導入과 展開」 『國史館論叢』 2, 1989 ; 『韓國中世土地所有研究』, 一潮閣, 1989 ; 『韓國社會의 歷史像』, 一志社, 1992.

3) 姜晋哲, 「學窓時節과 研究生活을 되돌아보며」, 『한국사시민강좌』 3, 1988, 153쪽.

4) 姜晋哲, 『高麗土地制度史研究』, 高麗大出版部, 1980. 이 책은 1991년 一潮閣에서 『(改訂)高麗土地制度史研究』라는 이름으로 복간되었다. 1980년에 출판된 저서의 절판 이후 책을 구하는 이들이 많아져 복간을 하게 되었다고 한다. 판본에 따른 내용 차이는 없으므로 본고에서는 1980년 초판본을 저본으로 하여 논의를 진행한다.

당 분야를 이해하기 위해서 반드시 살펴보아야 하는 필독서이다.

　저자의 연구는 몇 차례 평가된 바 있다.5) 그것은 주로 書評의 형식을 빌려 내용을 분석하거나 주요 논점을 요약·정리하는 형태의 비평문이었다. 이를 통해 저자의 연구업적을 상세히 살필 기회가 없었던 독자들도 내용을 이해하게 되었고, 어떤 점이 쟁점이 되는지 연구의 의의와 한계는 무엇인지 확인할 수 있었다. 그러나 비평 대상이 저자의 기본적인 입론을 담고 있는『高麗土地制度史研究』보다 그 이후의 연구 논문을 모아놓은『韓國中世土地所有研究』에 집중된 측면이 있다. 따라서『高麗土地制度史研究』를 중심으로 저자의 의견을 재검토할 필요가 있다.

　또한 저자와 같은 시기에 학문 활동을 했던 故 홍이섭(1914~1974)6), 故 한우근(1915~1999)7), 故 이기백(1924~2004)8), 故 천관우(1925~1991)9)

---

5) 박종진,「≪한국 중세 토지소유 연구≫」『역사와 현실』3, 1990 ; 李炳熙,「≪韓國中世土地所有研究≫」『歷史敎育』48, 1990 ; 이인재,「20세기 후반 고려 전시과 연구의 定礎-≪高麗土地制度史研究≫를 통해본 강진철의 연구성과와 의의」『韓國史研究』145, 2009.

6) 千寬宇,「丁若鏞의 政治經濟思想의 研究」『歷史學報』13, 1960 ; 홍이섭 선생 특집,『나라사랑』18, 외솔회, 1975 ; 원유한,「홍이섭선생의 역사학」『實學思想研究』4, 1993 ; 문중량,「한국과학기술사의 종합적 체계화의 첫 시도」『역사와 현실』13, 1994 ; 원유한 엮음,『홍이섭의 삶과 역사학』, 혜안, 1995 ; 洪以燮 선생 기념 특집 논문 3편,『實學思想研究』10·11, 1999 ; 원유한,「홍이섭」『한국사 시민강좌』34, 2004 ; 홍이섭의 한국사 연구 특집논문 4편,『東方學志』130, 2005 ; 원유한,「민족사학의 영원한 스승, 홍이섭」『다산과 현대』3, 2010 ; 鄭多函,「과학이라는 전통의 창출과 홍이섭의 조선시대 과학사 연구-『조선과학사』를 중심으로-」『歷史敎育』118, 2011 ; 김용흠,「홍이섭 사학의 성격과 조선후기 실학」『韓國實學研究』25, 2013 ; 홍이섭의 역사학1 특집 논문 3편,『學林』36, 2015.

7) 安秉直,「韓國開港期의 商業構造」『歷史學報』48, 1970 ; 愼鏞廈,「書評 韓㳓劤 著 星湖李瀷研究(韓國文化研究叢書 20)」『韓國學報』23, 1981 ; 韓永愚,「書評 韓㳓劤 著 其人制研究」『韓國學報』69, 1992 ; 鄭萬祚,「韓㳓劤 著 ≪朝鮮時代 思想史 研究 論考≫ (서울 : 一潮閣, 1996), pp. 441」『歷史學報』153, 1997 ; 민현

선생에 대해서는 그들의 생애와 업적이 여러 차례 다뤄졌던 것에 비해 저
자의 경우는 거의 없었다는 점도 재검토의 또 다른 이유이다. 제자나 후
학의 입장에서 선생의 업적을 평가할 때, 자칫 단장취의와 자화자찬에 머
무르게 된다면 이는 학술연구의 가치를 크게 훼손하는 일이 될 것이다.
하지만 정당한 평가를 하지 않고 버려두는 것도 올바른 태도는 아닐 것이
다. 선행 연구자들의 업적을 평가하는 가운데 학계 스스로 반성하고 다양
한 연구방향을 모색해 온 것에서 알 수 있듯이 이 기회를 통해 필자의 과
제를 확인하고 학문적 시야를 확대할 수 있는 시간을 가졌으면 한다. 아
울러 메마른 고려시대 경제사 연구에 생기를 불어넣을 새로운 연구주제
를 찾았으면 하는 기대도 해 본다.

구,「한우근」『한국사시민강좌』38, 2006 ; 韓沽劤 先生 追念 學術大會 論文 5편,
   『震檀學報』120, 2014 ; 鄭萬祚,「한국 실학연구와 한우근」『震檀學報』121, 2014.
8) 閔賢九,「民族的 관심과 歷史的 진리의 탐구-≪李基白韓國史學論集≫의 내
   용과 성격-」『歷史學報』156, 1997 ; 편집부,「진리의 파수꾼, 이기백 선생」
   『한국사시민강좌』37, 2005 ; 金塘澤,「李基白史學과 民族問題」『歷史學報』
   190, 2006 ; 한림과학원,『고병익·이기백의 학문과 역사연구』, 한림대학교출판부,
   2007 ; 전덕재,「이기백의 사학과 한국고대사 연구」『한국고대사연구』53, 2009
   ; 盧鏞弼,「韓國에서의 歷史主義 受容: 李基白 韓國史學硏究의 礎石」『韓國
   史學史學報』23, 2011 ; 이기백 선생 특집 논문 3편,『한국사 시민강좌』50,
   2012 ; 김태욱,『민족과 진리를 찾아서-10주기 추모 이기백사학 자료선집-』,
   한림대학교출판부, 2014 ; 김수태,「이기백의 한국여성사 연구」『여성과 역사』
   25, 2016.
9) 李基白,「韓國史의 再發見」『歷史學報』63, 1974 ; 姜萬吉,「實學論의 現在와
   展望」『創作과 批評』34, 1974 ; 한승조,「인물로 본 한국고대사」『정신문화』
   16, 1983 ; 金泰植,「千寬宇 著 ≪加耶史硏究≫(서울:一潮閣, 1991, 239면)」『歷
   史學報』133, 1992 ; 文昌魯,「千寬宇(1925~1991)의 史學과 古代史硏究」『한
   국고대사연구』53, 2009 ; 민현구,「천관우」『한국사시민강좌』49, 2011 ; 조인성,
   「이병도와 천관우의 고조선사 연구」『한국사시민강좌』50, 2011 ; 천관우 선생 추
   모문집간행위원회,『巨人 천관우』, 일조각, 2011 ; 정진석,「천관우, 국사의 풍모
   지닌 언론인, 사학자, 민주화운동가」『한국사시민강좌』50, 2012.

지금까지 『高麗土地制度史硏究』를 탐독하며 주의 깊게 살펴본 것은 연구서가 목표한 바가 무엇이며 어떠한 사료와 방법론에 유의했는가 하는 점이다. 처음 저서를 읽을 때에는 저자가 公田과 私田, 둘의 차이점과 이를 배태한 역사적 배후에 깊은 관심을 갖고 있다고 보았다. 그러나 이후에 몇 차례 다시 읽어보고 검토하는 사이에 정작 저자가 추구한 역사상은 그와 같은 표면적인 것에만 머물러 있지 않았음을 깨닫게 되었다. 저자의 근본적인 문제의식은 인간 생활과 밀접한 관련이 있으며, 때문에 전시과 체제와 관련한 쟁점은 토지소유 및 共同體에 대한 이해 없이는 접근하기 어렵다고 생각한다. 이하에서 이러한 점을 염두에 두고 논의를 진행하려고 한다.

2. 土地의 문제: 公·私田과 差率收租

公田과 私田은 고려시대 연구자들이 일찍부터 관심을 가진 주제였다. 사료에 공전, 사전이라는 표현이 종종 등장하는 것도 하나의 이유가 되겠지만 그보다는 이러한 용어가 현대적 개념과는 큰 차이가 있기 때문이다.

私田은 한자 그대로 풀이하면 개인의 밭, 토지이다. 오늘날의 사유지와 유사해 보이지만 고려시대 私田은 그러한 것이 아니었다. 한국의 전근대사회는 이른바 토지국유제가 지배하던 시기로 모든 토지가 실질적으로 국왕의 소유지이며, 국유지로 이루어졌다는 것이 和田一郎을 비롯한 초기 연구자들의 견해였다. 이에 따르면 私田은 사유지가 아니며 단지 租가 개인에게 귀속된다는 의미에서 私田이라고 불렀다.[10]

租는 토지에서 경작한 수확물의 일부를 국가에 납부하는 것으로 관리에게 지급하는 녹봉과 기타 국가 운영 경비 등이 이를 통해 충당되었다. 그런데 私田은 이러한 租가 국가기관으로 징수되지 않고 양반 관료 개인에게 지급되는 토지였다. 양반 관료의 입장에서는 租를 수취하여 사용할 수 있는 권리-收租權-를 국가로부터 위임받은 것이다. 이에 반해 公田은 租가 國庫로 곧장 귀속되는 토지였다. 결국 공전과 사전은 소유자가 아니라 수조권을 기준으로 구분되는 지목이다.

이처럼 租를 수취하는 권리가 양반 관료와 같은 私人에게 있는가 아니면 국가 기관에 있는가에 따라 토지를 구분하는 논리를 收租權 이론이라고 하는데, 이는 지금까지도 유효한 설명 방식으로 인정받고 있다. 그런데 고려시대의 공·사전을 수조권 이론으로 양단할 경우 의문점이 있다. 오늘날처럼 개개인이 소유하는 사유지가 당시에는 없었던 것일까? 이에 대해 토지국유설을 주장하는 논자들은 사유지가 없었다는 입장이다.

토지국유설의 이면에는 民의 토지 소유가 없는 한국의 전근대 사회가 토지 소유권이 발달한 서양이나 일본에 비해 미개한 사회였으며 이로인해 20세기 초 제국주의의 지배를 받을 수밖에 없었다는 식의 논리가 자리 잡고 있다. 일제의 지배를 정당화하는 停滯性論 때문에 일찍부터 토지국유설을 극복하기 위한 연구가 시작되었고[11] 해방 이후 여러 연구

---

10) 和田一郎, 『朝鮮土地·地稅制度調査報告書』, 朝鮮總督府, 1920 ; 白南雲, 『朝鮮封建社會經濟史』 上, 改造社, 1937 ; 深谷敏鐵, 「鮮初の土地制度一斑 -いわゆる科田法を中心として-」 『史學雜誌』 50-5·6, 1939 ; 麻生武龜, 『朝鮮田制考』, 朝鮮總督府中樞院, 1940 ; 周藤吉之, 「高麗朝より朝鮮初期に至る田制の改革 -特に私田の變革過程とその封建制との關聯に就いて-」 『東亞學』 3, 1940.

11) 白南雲도 토지국유설을 주장하였으나 그는 유물사관에서 말하는 '아시아 국가에 있어서 사적 토지소유의 결여'라는 명제에 따라 한국사를 세계사적 보편성의 관점에서 정당화하려는 취지에서 접근하였으며 오히려 停滯性論을 극복하려했다는 연구사적 의의가 있다(방기중, 『한국근현대사상사연구-1930·40년대 백남운

자들의 노력으로 사유지의 존재가 밝혀졌다.

강진철의 연구도 이러한 흐름의 연장선에 위치한다. 『高麗土地制度史
研究』를 통해 공전과 사전을 구분하고 두 토지의 범주 안에 여러 地目
을 배치하여 그 실상을 구명하는 작업이 사유지의 실체를 설명하는 하
나의 방법이었다. 목차와 분량에서도 드러나듯이 공·사전에 대한 설명
은 저서의 절반 이상을 차지한다. 토지국유설 및 수조권 이론과 관련한
공전, 사전의 문제를 전면적으로 재검토한 것이다.[12] 그는 다음의 A사료
를 중요하게 다루며 논의를 전개하였다.

> A. 판하였다. 무릇 여러 주현의 義倉法은 都田丁의 수에 따라 (義倉
> 米를) 거두는데, 1과 공전은 1결에 조 3두, 2과 (공전) 및 궁원·사
> 원·양반전은 (1결에) 조 2두, 3과 (공전) 및 군인·기인호정은 (1결
> 에) 조 1두로 이미 정해진 법규가 있다. 흉년을 만나 백성이 굶주
> 리면 이것으로 구급하고 추수할 때 갚도록 하되 함부로 소비하지
> 않도록 하라.[13]

A는 고려 현종 14년(1023)에 지방의 의창 설치에 따라 각종 토지에서
租를 거두어 의창미를 확보하기 위해 마련된 규정이다. 의창은 흉년에
빈민을 구제하거나 窮民에게 대여하여 생업을 돕기 위해 사용할 곡식을
저장해 놓는 창고이다.[14]

의 학문과 정치경제사상』, 역사비평사, 1992, 152~160쪽).
12) 姜晋哲의 公·私田 논의는 연구가 심화되면서 다소 변동이 있었지만 『高麗土地
制度史研究』에서 완결되었다고 생각한다. 이 점에 대해서는 이인재, 앞의 논문,
2009 참조.
13) "判 凡諸州縣 義倉之法 用都田丁數 收斂 一科公田一結租三斗 二科及宮寺
院兩班田租二斗 三科及軍其人戶丁租一斗 已有成規 脫遇歲歉 白姓阻飢 以
此救急 至秋還納 毋得濫費"(『高麗史』卷80 志34 食貨3 常平義倉 顯宗 14年
閏9月).

위 기록에 의하면 고려의 公田은 1, 2, 3과로 구분되어 있고 2과 및 3과 공전과 함께 나열된 궁원전, 사원전, 양반전, 군인호정(군인전), 기인호정(기인전)은 私田으로 판단된다.[15) 이를 바탕으로 저자는 公田에는 왕실·국가의 공유지와 租를 왕실·國庫·기타 공적기관에 바치는 民田이 있고, 私田에는 私人에게 租가 귀속하는 토지로서 양반전과 군인전 및 궁원·사원이 본래부터 소유하던 사유지가 포함된다고 파악하였다. 그러면서 私有地로서의 私田은 수조권이론과 관계가 없다고 강조하였다.[16) 즉, 토지국유설에서 말하는 수조권에 의한 공·사전 구분과 달리 사유지로서의 私田이 있음을 밝힌 것이다.

이러한 문제의식은 1965년에 발표한 논문 「高麗前期의 公田·私田과 그의 差率收租에 대하여」에서 이미 드러낸 바가 있다. 그는 수조권 이론의 불합리한 점을 지적하면서 국가가 收租하는 토지라고 해서 모두 公田인 것은 아니며 반대로 私人이 수조하는 토지라고 해도 모두 私田인 것은 아니라고 하였다. 또한 私田이 私田인 이유는 단지 租가 개인에게 귀속하는 토지가 아니라 私有地的 성격이 있다는 점이 중요하다고 보고, 공·사전의 차이는 단순히 수조권이라는 법률적 의미에 있지 않고 역사적 배후를 검토해야만 파악할 수 있다고 지적하였다.[17)

私田이 私人 수조지뿐만 아니라 私有地를 뜻한다는 것은 기존의 수조권이론에 소유권을 기준으로 한 공·사전 구분론(이하 토지사유론)이 결

---

14) 朴鍾進, 「高麗前期 義倉制度의 構造와 性格」『高麗史의 諸問題』, 三英社, 1986.
15) 旗田巍, 「高麗의 公田」『史學雜誌』77−4, 1968 :『朝鮮中世社會史의 研究』, 法政大學出版局, 1972, 209~235쪽.
16) 姜晋哲, 앞의 책, 1980, 62~63쪽.
17) 姜晋哲, 「高麗前期의 公田·私田과 그의 差率收租에 대하여−高麗 稅役制度의 一側面−」『歷史學報』29, 1965.

합한 결과이다. 이는 현재 학계의 지배적인 의견으로 고려시대의 공·사전을 수조권과 소유권이라는 이중 구조로 파악해야 한다는 것이다.[18] 예컨대 民田은 수조권 이론에 따르면 租를 국가에 납부하는 公田이지만 토지사유론적 관점에서는 농민의 사유지이므로 私田이 된다. 민전은 기준에 따라 사전도 되고 공전도 된다.

그런데 저자의 견해는 토지국유설은 물론이고 토지사유론과도 결이 다르다. 방금 서술하였듯이 토지사유론에 의하면 民田은 私田이다. 그러나 저자는 민전을 私田으로 볼 수는 없다고 하였다. 정확히 표현하자면 人‘民’ 소유의 토지라는 의미에서 民田이 私田으로 이해된 확증은 전혀 없다는 것이다. 덧붙여서 A사료에서 알 수 있듯이 民田은 公田에 포함되며 당시에는 전통적인 王土思想에 의한 영향과 함께 民田의 租가 국고 수입의 원천으로서 국가 재정의 주요 기반이었기에 公田으로 인식했다고 하였다.[19] 다음의 사료에 보이는 公·私田과 그에 수반되는 소위 差率收租에 대한 해석이 다른 것도 이러한 이유 때문이다.

> B. 判하기를, 陳田을 개간하여 경작하는 사람에게 私田이면 첫 해는 수확의 전부를 지급하고, 2년부터 비로소 田主와 분반한다. 公田이면 3년에 한해서 수확의 전부를 지급하고, 4년부터 비로소 법에 따라 租를 거둔다.[20]

B사료는 陳田을 개간한 사람에게 그 대가로 수확물을 얼마나 지급하

---

18) 李成茂, 「高麗·朝鮮初期의 土地所有權에 대한 諸說의 檢討」『省谷論叢』9, 1978 ; 李成茂, 「公田·私田·民田의 槪念－高麗·朝鮮初期를 中心으로－」『韓㳲劤博士 停年紀念 史學論叢』, 知識産業社, 1981.
19) 姜晋哲, 앞의 책, 1980, 406·407쪽.
20) "判 陳田墾耕人 私田則初年所收全給 二年始與田主分半 公田限三年全給 四年始依法收租"(『高麗史』卷78 志32 食貨1 田制 租稅 光宗 24年 12月).

는지 租는 얼마나 거두는지를 정해 놓은 判文이다. 陳田은 量案에 등록되어 있으나 경작을 하지 않고 묵히고 있는 땅을 말한다. 따라서 이렇게 놀고 있는 땅을 경작하게 되면 국가의 입장에서는 租를 거둘 수 있어 稅收 확보에 큰 도움이 되므로 일정 기간 동안 免稅 혜택을 주었다.

흥미로운 것은 그러한 혜택이 私田과 公田에서 서로 다르다는 점이다. 私田에서는 첫 해에 경작자에게 수확물을 전부 지급하고 그 다음 해부터 田主와 분반하도록 하였고, 公田에서는 3년 동안 수확물을 모두 지급하고 4년째부터 租를 거두도록 하였다. 가령 어떤 사람이 私田에서 진전을 개간하였다고 가정해 보자. 그는 첫 해에 거둔 농작물은 자신이 모두 가져가고 이듬해부터 田主에게 꼬박꼬박 수확의 절반을 바쳐야 한다. 과연 이 토지는 사유지일까 아니면 수조지일까? 바로 이 지점에서 공전과 사전을 어떤 토지로 인식하느냐의 차이가 발생한다.

저자는 B사료의 사전은 사유지[21]를 포함한 私人 수조지로서 兩班田도 이에 해당한다고 보았다.[22] 따라서 양반전에서는 수확물의 1/2을 租로 거두는 것이 보편적이었다고 판단하였다. 이와는 달리 私田을 사유지로 파악하는 견해도 있다.[23] 저자는 양반전과 같은 수조지에서 수확의

---

21) 사유지란 宮院, 寺院의 소유지를 의미하며, 民田 및 민전과 성격이 비슷한 莊·處田은 제외된다고 하였다.

22) 사료 B의 私田을 수조지로 본 견해로는 다음과 같은 것이 있다. 洪承基, 「高麗前期 家田과 朝家田의 稅額·租額과 그 佃戶의 經濟的 地位－公田관계 史料의 檢討를 중심으로－」 『歷史學報』 106, 1985 : 『高麗社會經濟史研究』, 一潮閣, 2001, 127쪽 ; 浜中昇, 「高麗の公田と私田」 『古代國家の支配と構造(田名網宏 編)』, 東京堂出版, 1986 : 『朝鮮古代の經濟と社會』, 法政大學出版局, 1986, 226쪽 ; 李榮薰, 「高麗佃戶考」 『歷史學報』 161, 1999, 60~64쪽 ; 魏恩淑, 「고려시대 토지개념에 대한 재검토－私田을 중심으로－」 『韓國史研究』 124, 2004, 86~89쪽 ; 吳致勳, 「『高麗史』 食貨志 陳田 개간 判文의 '私田' 검토」 『사학연구』 110, 2013, 131~134쪽.

23) 李成茂, 앞의 논문, 1978, 54쪽 ; 金容燮, 「高麗前期의 田品制」 『韓㳓劤博士 停

1/2이라는 高率의 收租權이 발휘될 수 있었던 것은 사실 그 토지의 前身
이 나말여초 豪族의 田莊이었기 때문에 가능했다고 보았다. 호족의 田
莊에서는 병작반수의 토지지배관계가 성립되어 있었다고 판단하고, 고
려가 건국된 이후 田柴科를 만들면서 기존에 호족이 차지했던 대토지를
公收하여 양반 관료에게 지급하였다는 것이다. 호족의 후예가 고려왕조
의 관료로 거듭나면서 국가가 기존의 토지지배를 전시과라는 이름으로
추인했다는 설명이다. 이러한 입론은 그 자신도 고백했듯이 구체적인 사
료를 통해 입증한 것이 아니었기에 많은 비판을 받았다.

그런데 B와 관련하여 저자의 견해와 대척점에 놓인 후자의 입장을 살
펴보면 상호 유사한 점이 눈에 띈다. 수확물의 1/2을 田主와 佃戶가 나
누어 갖는 병작반수제가 고려 초에 이미 사유지에서 관행처럼 시행되었
다는 의견에 있어서는 양측이 모두 동의한다는 사실이다. 때문에 저자가
양반전에서 1/2의 收租率을 소작 경영상의 地代 개념으로 이해한 것에
대해서는 비판이 없다. 문제는 B의 사전이 사유지가 아닌 양반 수조지라
는 점과 그 연원을 호족의 사유지 경영에서 찾는 것이 타당한가이다.

다시 말해 私田에서 이루어진 田主와 佃戶 사이의 병작반수라는 토지
지배관계는 용인할 수 있지만, 그것이 수조지에서 가능할 수는 없으며
더구나 호족의 사유지가 수조지로 둔갑했다는 설명은 설득력이 없다는
이야기이다. 필자가 판단하기에 문제가 되는 지점은 병작반수라는 경영
방식을 사유지의 토지 지배관계로 설정하면서도 양반전을 사유지가 아

年紀念 史學論叢』, 知識産業社, 1981, 196~197쪽 :『韓國中世農業史硏究』, 지
식산업사, 2000 ; 金塘澤, 「高麗時代 私田의 槪念에 대한 再檢討」『震檀學報』
53·54合, 1982, 54~55쪽 ; 朴鍾進, 「高麗初 公田·私田의 性格에 대한 재검토-
顯宗代『義倉租收取規定』의 해석을 중심으로-」『韓國學報』37, 1984, 12~13
쪽 ; 李景植, 「高麗時期의 ‘佃戶’ 農民」『高麗時期土地制度硏究-土地稅役體
系와 農業生産-』, 지식산업사, 2012, 515~521쪽.

닌 수조지로 파악하고 병작반수가 시행된 이유를 다시 양반전이 본래는
사유지였기 때문이라고 본 순환논리에 있다. 즉, 양반전은 수조지임에도
불구하고 사유지와 동일한 토지 지배관계가 작동하는 특수한 地目이었
다는 설명이 어색한 것이다. 그렇다면 저자는 왜 이렇게 복잡한 논리를
전개한 것일까?

그 이유는 기본적으로 사료에 있다고 생각된다. 일단 앞서 제시한 A
에 따르면 양반전은 公田이 아닌 私田이다. 이외에도 고려시대 사료에
산견되는 私田 용례에서 사전이 양반전과 같은 收租地를 지칭한다는 것
은 쉽게 확인할 수 있다. 그런데 B의 私田을 사유지로 파악하면 私田이
수조지도 되고 사유지도 되므로 사료 간 용어 해석의 일관성을 잃게 된
다. 사실 私田이 그때그때 소유권에 따라 혹은 수조권에 따라 다르게 해
석된다고 생각하면 문제는 쉽게 해결된다. 하지만 정말 그렇게 때마다
다른 기준을 사용해서 구분했는지 입증하기는 매우 어렵다. 또한 그가
강조한 것처럼 民田은 그것이 사유지였는지 여부와 상관없이 公田으로
불렸다. 따라서 B의 私田을 民田을 포함하는 사유지 일반으로 판단하기
에도 무리가 있다.

고려시대 公·私田은 소유권과 수조권이라는 두 개의 잣대로 구분된다
는 것에 연구자들은 대체로 동의하고 있는 형편이지만 방금 언급하였듯
이 문제가 없는 것은 아니다. 이중적인 기준의 용어 사용은 청자와 독자
의 혼동을 초래하며, 더구나 公·私田은 국가 재정과 긴밀한 관련이 있으
므로 명확한 기준을 갖고 오해의 소지 없이 용어를 사용했다고 보는 것이
자연스럽다. 이와 같은 측면을 고려할 때, 강진철은 논리적으로 다소 한
계가 있더라도 사료 해석의 일관성을 지키는 편을 선택했다고 생각한다.

公·私田 구분과 관련하여 저자는 단일한 기준을 세우려고 노력했다.

수조권에 따라 혹은 소유권에 따라 동일한 地目이 공전일 수도 있고, 사전일 수도 있는 것이 아니라 甲은 공전, 乙은 사전으로 파악하려고 하였다. 『高麗土地制度史研究』에서 私田支配와 公田支配의 類型을 구분하여 서술한 것도 이러한 맥락에서였다. 그의 학설에 모두 동의할 수는 없지만 고려시대의 公·私田을 명확하게 일관성을 갖고 파악하려 한 점은 여전히 유효하다.

필자는 토지소유와 관련하여 私田이 사유지가 아니라고 해서 당시에 사유지가 없었다고는 생각하지 않는다. 사유가 없는 고려 사회에서 어떻게 조세를 부과하고 토지분급제를 운영할 수 있겠는가. 소유의 실체를 추구하는 방식을 권리의 문제이자 사료상의 보물찾기로 인식시킨 것은 일제 식민사학이 남긴 연구방법론상의 덫이었다.

일제의 지배를 합리화하는 논리는 적절하지 못한 질문과 해답에서 비롯되었으나 지금까지 질문은 바꾸지 못하고 답만 바꾸려는 노력이 지속되었다. 그 결과 매매·양도·상속이 가능한 사유지의 존재를 밝혀내는 성과를 거두었다. 그렇지만 이러한 성과와 별개로 여전히 私田의 실체는 모호하다. 바로 질문이 잘못되었기 때문이다. 애초에 오늘날과 같은 物權이 전근대 사회 전반에 걸쳐 존재한다고 믿고 사유지의 有無를 기준으로 역사 발전상을 그려내려는 문제 설정은 초점을 잘못 맞춘 것이다. 私田을 소유권 혹은 수조권 개념으로 구분하는 해석 방법은 해석이 이상한 것이 아니라 私田은 꼭 사유지여야 하고 더 나아가 사유지가 없으면 뒤떨어진 역사라고 평가하는 논리에 답하는 과정에서 도출된 결과물이다. 그런 의미에서 이제는 낡은 질문에 답하지 말고 새로운 질문을 찾아야 한다

差率收租의 문제도 되짚어 볼 필요가 있다. 차율수조는 私田에서는

수확물의 1/2 租를－地代의 성격－거두고, 公田에서는 1/4 租를－地稅의 성격－거두었다는 개념어이다. 이에 대해 公·私田을 막론하고 1/10 租가 적용되고 사유지에서는 1/2의 地代, 국유지에서는 1/4의 地代를 거두었다는 것이 학계의 지배적인 의견이다. 둘 사이에는 상당한 의견차이가 있지만 사유지에서 1/2 지대를 거둔다는 부분은 공통점이다.

저자가 차율수조라는 독특한 의견을 제시하였음에도 비판에 직면한 것은 私田租 1/2을 수조지와 연결시켰기 때문이라고 생각한다. 私田租 1/2을 지대로 파악하는 것은 학계의 공통된 의견이지만 대표적 私田인 양반전을 豪族의 대토지 지배와 연결시키기에는 사료가 빈약하다. 강진철은 私田을 사유지와 분리하여 수조지로 설정해 놓고 그 경영방식만큼은 사유지에서의 병작반수를 통해 설명한 것이다. 이는 公田으로 파악한 內庄田과 公廨田에서도 병작반수가 이루어졌다는 설명이 덧붙여지면서 더욱 혼란을 초래하였다. 公田에서도 私田과 마찬가지로 1/2의 地代를 거두는 경영이 가능했다는 것이 독자들에게는 납득하기 어려운 논리이기 때문이다.

여기서 제기하고 싶은 문제는 1/2 수취를 당시의 관행인 병작반수의 경영방식으로 보아야 하는가이다. 흔히 병작반수는 지주와 전호가 수확물을 절반씩 나누는 제도로서 한국사상 오래전부터 이어진 농업 관행이었다고 한다.[24] 하지만 이를 입증할 만한 논거는 충분치 못하다. 저서에서 이와 관련하여 명확히 제시한 자료는 B사료뿐이며 토지사유론을 주장하는 여러 논저에서도 상황은 마찬가지다. 신라 말 이후 지속된 대토지 지배하의 경영방식을 B와 연결시켜 마치 오래전부터 병작반수가 보편화했듯이 설명하는 것은 순환논리의 오류이다. 또한 병작반수는 『朝

---

24) 深谷敏鐵, 「朝鮮の土地慣行「並作半收」試論」 『社會經濟史學』 11－9, 1941.

鮮王朝實錄』에서도 다루고 있듯이 B처럼 국가가 나서서 권장하는 경영
형태가 아니라 오히려 금지대상이었다.[25] 사전에서 이루어진 1/2 수취를
당시의 농업환경에서 비롯된 자연스런 방식으로 파악하지 않고, 국가 권
력의 개입이나 특수 상황으로 인한 결과물이었다고 바라본다면 전혀 다
른 설명도 가능하리라 본다. 결정적 사료가 부재한 상태에서 B 사료의
1/2 수취를 관행적인 병작반수로 보는 것은 불안하다.

3. 人間의 문제: 共同體와 土地所有

전근대사회의 본질을 해명해 주는 열쇠는 토지와 공동체에 관한 문제
이다. 이 말은 저자의 회고록 말미에 등장하는 표현이다.[26] 그는 마지막
까지 공동체 연구에 대한 미련을 버리지 못하였는데, 공동체에 대한 이
해가 토지제도의 실상을 파악하는데 있어 매우 중요한 열쇠라고 보았다.
공·사전 구분과 차율수조의 문제도 외피는 토지제도와 관련되지만 실상
은 토지를 경작하고 소유하는 '사람'을 제외하고는 파악할 수 없다.

고려의 토지 가운데 가장 큰 비중을 차지한 것은 民田이었다. 저자에
따르면 모든 人民은 그의 토지를 소유하고 있었는데, 이것은 조상 대대
로 전래하는 경작지였다. 민전은 미분화 상태에 있는 영세한 자영 농민
들이 가족 노동력을 이용하여 自家經營하는 것이 일반적이었으나 일부

---

25) "左政丞河崙等 上祛民弊數條 啓曰 … 又品官郷吏廣占土田 招納流亡 並作
半收 其弊甚於私田 私田一結 豊年只收二石 並作一結 多取十餘石 流移者托
此避役 影占者托此容隱 賦役不均 專在於此 … 田地並作 除鰥寡孤獨無子息
無奴婢二四結以卜作者外 一行禁斷"(『太宗實錄』卷12, 太宗 6年 11月 23日
己卯).
26) 姜晋哲, 「學窓時節과 研究生活을 되돌아보며」『한국사시민강좌』3, 1988, 165쪽.

豪富·富民 등으로 불리는 자들은 대토지를 기반으로 小作制 경영도 하였다. 농민층의 미분화는 자가경영 농민들이 촌락공동체의 제약에서 충분히 분화되지 않은 상태를 말하며, 이는 촌락 내부의 공동체적 유대관계에 의한 것이었다.27)

가족 노동력을 이용해 민전을 자가경영하는 이들이 촌락공동체의 제약에 의해 미분화 상태에 있었다는 말은 무엇일까? 여기서 가족이란 오늘날의 핵가족 또는 소가족이 아닌 대가족을 뜻한다. 저자는 田丁에서 嫡長子 단독상속이 이루어지듯이 농민의 현실적 토지소유도 4촌 정도의 가까운 친족을 범위로 하는 집단적 소유였으며, 토지를 지급받는 丁戶와 그렇지 못한 白丁의 혈연적 결합으로 이루어졌다고 보았다.28)

그러므로 '자가경영'이란 타인의 노동력을 빌리지 않고 가족 단위의 구성원이 농경에 종사한다는 것을 뜻하며, 대토지를 소유한 豪富層이 토지를 대여하고 地代를 거두는 지주전호제 경영과 대비되는 표현이다. 대가족은 독립적으로 생활하는 소가족의 단순한 집합체가 아니라 농업경영의 기본단위였다. 따라서 소규모의 개별 가호가 독립적으로 토지를 소유하지 못하고 집단적으로 점유하였다.

이처럼 토지의 집단 소유와 가족 결합에 바탕을 둔 농민을 국가에서는 집단적으로 파악하고 수취하였다. 촌락공동체의 수장은 혈연집단의 우두머리로서 고려 국가는 이들을 鄕吏로 삼아 군현제하의 지방 사회를 통치한 것이다.

---

27) 姜晋哲, 앞의 책, 1980, 212~221쪽.
28) 姜晋哲, 「韓國土地制度史 上」, 『韓國文化史大系』(高麗大學校民族文化研究所 編) 2, 高大民族文化研究所出版部, 1965 참조. 『高麗土地制度史研究』에는 이와 같은 구체적 내용이 보이지 않지만 여전히 비슷한 논지를 유지하고 있음을 확인할 수 있다(姜晋哲, 앞의 책, 1980, 426~428쪽).

이상에서 서술한 촌락 사회의 모습을 염두에 두고 저자의 공·사전론을 다시 살펴보면 그가 생각한 전시과체제가 어떠한 것인지 보다 명확해진다. 공동체적 유대가 강한 각 촌락 집단의 수장을 매개로 군현제를 실시한 것이 고려 지방제도의 기본 틀인데, 여기에 토지지배관계를 접목시켜 이해할 필요가 있다. 당시 민중은 각 촌락에서 대가족을 주축으로 집단적인 농경생활을 영위하였으므로 소가족 단위의 개별 토지소유와 독립적인 농업 경영은 불가능한 상황이었다. 民田이 公田으로 인식된 이유도 아직 私田이라 불릴 정도로 자립 경영을 하지 못하고 공동체의 제약으로 인해 미분화 상태에 머물러 있었기 때문이라고 하였다.

公田에는 莊·處와 같은 특수 촌락에 설정된 토지가 있었는데 莊·處田이라 불리면서 왕실이나 궁원·사원의 收租地로 설정되었으나 일반 군현의 民田과 동일한 성격을 지녔다. 또한 內莊田·公廨田·學田·籍田도 公田의 地目이었는데 이들은 수조지가 아닌 국가의 公有地로서 주변 농민의 요역을 동원하여 경작하거나 노비를 이용하여 직영하였다. 公田 가운데 民田과 莊·處田은 농민 소유지를 군현제를 통해 收租地로 지배한다는 점에서 동일한 지배구조를 갖고 있었고, 이러한 공통점으로 인하여 둘 다 A 사료의 3과 공전에 비정되었다. 반면 내장전과 공해전, 학전, 적전은 왕실 소유이거나 국유지로서 군현제적 지배와는 관계가 없는 토지였다. 이들이 각각 1과 공전, 2과 공전에 해당하였다.

私田에는 양반전·궁원전·사원전·군인전 등이 있었는데 궁원전과 사원전은 宮院, 寺院의 사유지였다. 이곳에서는 병작반수의 지주전호제가 형성되어 있었다. 장·처전이 궁원·사원에 지급되기도 하였으나 그것은 수조지이며 사유지인 私田으로서의 궁·사원전과는 다른 3과 공전이었다.

양반전은 私田이었으나 사유지가 아닌 收租地였다. 양반전은 본래 호족이 지배하던 대규모의 사유지-田莊-를 국가가 몰수하여 재분급한 토지이다. 양반 관료는 양반전을 직접 지배할 수는 없었으며 단지 지방관을 통해 收租만 가능하였다. 이는 종래 田莊에서 이루어지던 직접적인 지주전호 관계를 끊고 국가가 지주 역할을 대신한 것이다. 그렇지만 양반전에서는 사유지에서 이루어지던 1/2의 地代 수취 방식이 지속되었다.

군인전은 군인의 民田에 免租 혜택이 주어진 특수한 私田이었다. 토지의 경영, 지배방식은 民田과 동일했으므로 1/4의 地稅를 국가에 내지 않는 대신에 軍役을 담당했다. 군인전이 私田인 이유는 租가 국가기관이 아닌 軍人戶에 지급되었기 때문이다.

한편 토지소유권과 공동체는 저자의 전시과 체제를 관통하는 두 가지 축이다. 토지소유권과 관련하여 보면 고려 사회에는 크게 두 종류의 토지가 있었다. 하나는 국유지와 사유지로 대변되는 토지 소유가 발달한 토지였고 또 하나는 이처럼 소유권이 발달하지 못한 촌락 단위의 공동체적 유대가 강고한 토지였다. 전자는 소유주가 누구인지 분명하고 地主가 토지를 직접 경영하였다.[29] 이러한 토지로는 內莊田, 公廨田, 兩班田, 宮院田, 寺院田이 있었다. A 사료에 보이는 1·2科 公田과 私田이 이에 해당한다. 한편, 후자는 개별 소유가 불가한 공동체적 점유지이고 군현제를 통해 국가가 지배하였다. 여기에는 軍人田·民田·莊·處田이 속한다. A 사료의 3科 公田과 私田이 포함된다. 정리하면 A에서 1·2과에 속하는 토지는 3과보다 소유권이 발달한 토지였다. 이러한 발달의 정도가 농업경영상의 차이로 확인되며 그 결과 의창미의 수취액 결정에 반

---

29) 왕실 궁원의 소유지 및 국유지와 전시과 양반전은 소유권이 발달한 地目이지만 경영방식에 있어서는 노동지대가 아닌 力役 동원 방식이 주로 이루어졌으며, 이로 인해 저자는 高麗前期가 古代的인 성격의 사회였다고 보았다(姜晉哲, 앞의 책, 1980, 428~431쪽).

영되었다고 여겨진다. 이상의 내용을 간단히 표로 정리하면 다음과 같다.

〈표〉 의창미 수취규정에 보이는 公田과 私田 구분

등급	공전	사전	토지소유권	
1과	내장전		강	왕실소유
2과	공해전 학전 적전 둔전	궁원전 사원전 양반전	↕	국유·사유
3과	민전 장·처전	군인전 기인전	약	공동체점유(미분화)

그런데 토지소유권은 공동체와 밀접한 관련이 있다. 공동체의 제약, 촌락의 혈연적 유대관계가 소유권의 발전을 저해하는 요소로 묘사된다. 이러한 표현을 통해 추정하건대 국유지, 사유지처럼 토지 소유권이 확립된 토지는 공동체적인 촌락사회의 모습에서 탈피한 공간이다. 공동체 점유 단계에서는 토지가 독립적으로 파악되지 않고 村, 戶·丁, 烟 등 인간과 토지의 결합 단위로 파악되기 마련이다. 따라서 結·負, 頃·畝 등의 면적으로 토지를 나누는 것이 별 의미가 없다. 현실에서는 면적 단위로 농업 경영이 이루어지지 않은 것이다.

촌락 공동체의 유대관계, 농업경영상 제약에서 벗어난 곳에서 개별 토지소유권이 명확해지고, 대토지 지배를 이용한 지주전호제가 마련될 수 있었다. 佃戶制 경영의 확대와 국가권력을 매개로 하지 않는 직접적인 소유권 행사를 토지 지배관계의 성장으로 보는 시각은 이러한 이유에서였다. 고대사회에서 중세사회로 전환하기 위해서는 촌락 공동체의 유대관계와 느슨한 토지소유권은 해체의 대상으로 여겨졌다.

저자가 바라보는 촌락 사회의 모습은 현재의 연구 수준에서 다소 받아들이기 어려운 부분이 적지 않다. 촌락 공동체가 혈연적 유대관계로 얽혀 있고 그 수장인 豪族이 촌락의 지배자였다고 하였으나, 이는 고려 전기 사회를 고대사회로 전제한 일본인 학자들의 입장과 유사하다.[30] 지금은 친족에 대한 연구가 진행되면서 고려의 촌락 사회는 다양한 姓氏로 구성되었으며 또한 대가족제가 보편적이었을 것이라는 이해에서 소가족이 가족의 기본 형태였다는 의견이 설득력을 얻게 되었다.[31] 이로써 대가족으로 구성된 혈연적 촌락 공동체와 이를 기초로 토지소유권의 발달을 설명한 저자의 의견은 지지기반을 상당히 잃게 되었다.

촌락사회와 가족에 대한 이해가 많이 달라지기는 했지만 여전히 저자의 입론에서 향후 연구방향과 관련하여 유효한 부분이 있다. 바로 공동체의 설정이다. 전근대 사회뿐만 아니라 현대 사회에도 인간 사이의 관계망으로 이루어진 다양한 형태의 공동체가 있다는 점은 부정하기 어렵다. 다만 공동체를 구성하는 요인에 차이가 있을 뿐이며, 과거에는 혈연·지연이 공동체를 구성하는 요인이었지만 현대에는 가치관·직업이라는 요소가 중요해졌다. 그러므로 同族 집단으로 이루어진 촌락 공동체가 부정된다고 해서 공동체 자체를 부인할 이유는 없다.

공동체는 당시의 농업환경에 조응하여 형성되며, 가족구성과 이를 바탕으로 구성된 농업경영상 생산 단위와 불가분의 관계를 갖는다. 기후와 토지, 노동력의 활용 방법, 농업기술 수준이 서로 영향을 미치는 가운데 토지소유권 및 농경 단위가 결정되었을 가능성이 높다. 저자는 이런 점을 염두에 두면서 대가족제의 모습을 보여주는 사료를 통해 촌락 사회를 재구성하려고 했다. 그러나 공동체에 대한 연구가 심화되지 못하여

---

30) 박종기, 「고려전기 사회사 연구동향」『역사와 현실』2, 1989, 255~256쪽.
31) 蔡雄錫, 「高麗前期 社會構造와 本貫制」『高麗史의 諸問題』, 1986 :『高麗時代의 國家와 地方社會』, 서울대출판부, 2000 ; 盧明鎬, 「高麗時代 鄕村社會의 親族關係網과 家族」『韓國史論』19, 1988 ; 具山祐, 「高麗前期 鄕村支配體制의 成立」『韓國史論』20, 1988 :『高麗前期 鄕村支配體制研究』, 혜안, 2003 ; 盧明鎬, 「가족제도」『한국사』15, 국사편찬위원회, 1995, 76~86쪽 ; 권순형, 「여성의 가정생활」『고려의 혼인제와 여성의 삶』, 혜안, 2006, 305~308쪽.

그것이 구체적으로 어떤 것인지 제시하지 못했으며, 막연히 공동체의 제약으로 인해 토지소유가 발달하지 못했다고만 서술하였다.

고려시대에는 토지의 넓이를 나타내는 용어로 '結'을 사용하였는데, 1결의 넓이는 좁게 잡아도 1,200坪에 이른다.[32] 고려시대 일반 농가의 평균적인 토지 소유 면적을 알 수 없지만 職役을 부담하는 足丁戶의 경우 17結과 6丁의 결합으로 구성되었다.[33] 壯丁 1인당 약 3결(3,400평)의 토지를 경작한 셈이다. 일제 강점기에는 농가 호당 경지면적이 3,420~4,920평에 이르고,[34] 2016년도 전답을 운영하는 영농가계의 가구원 1인당 경지면적은 약 2,936평이다.[35] 농업기술의 발전 정도를 고려하면 고려시대 농가의 경지면적이 상당히 넓었음을 확인할 수 있다. 이로 보아 아마도 몇 가구가 결합하여 하나의 丁戶를 구성하고 있었던 것이 아닐까 한다.

경지면적과 丁戶의 구성에서 엿볼 수 있듯이 고려의 촌락사회는 소가족의 독립적인 농업경영으로는 이해하기 어려운 부분이 있다. 대가족이 하나의 足丁이 되기도 하고 몇몇 소가족이 결합하여 足丁·半丁을 구성하기도 하며, 이렇게 결합하지 못한 단혼가족이나 單丁戶가 白丁으로 분류되었을 것이다. 足丁·半丁의 구성원은 부모와 자녀로 이루어진 단

---

32) 李宗峯,「結負制의 변화와 성격」『韓國中世度量衡制研究』, 혜안, 2001, 233~248쪽. 이하 토지의 면적을 비교할 때, 편의상 기존 연구자들이 사용한 坪을 기준으로 하였다.

33) 尹漢宅,「고려 전시과 체제하에서의 농민신분-그 제도적 기초로서의 足丁制의 성격과 성립-」『泰東古典研究』, 1989, 96~99쪽 ; 金琪燮,『高麗前期 田丁制 研究』, 釜山大 史學科 博士論文, 1993, 95쪽.

34) 李憲昶,「植民地로의 轉落과 土地調査事業(1904-19년)」『韓國經濟通史』, 法文社, 1999, 288쪽 <표 7-3> 참고. 1정보는 3,000평에 해당한다.

35) 통계청 농가성세소사 내표동세표 영농형태 는비 침고.
http://kosis.kr/statHtml/statHtml.do?conn_path=K2&tblId=DT_1EA1101&orgId=101, 9,708㎡는 2,936평에 해당한다.

혼 소가족의 범위를 넘어서며 또한 혈연 이외에 농업환경과 각종 賦稅 수취에 대한 대응 과정이 공동체의 형성 및 변화에 영향을 미쳤을 가능성도 고려해야 한다.[36] 농경과 관련하여 경제공동체 문제를 해명하기 위한 시도가 필요하다고 판단하지만, 이는 토지제도뿐만 아니라 사회사, 지방제도 등에 대한 설명도 보다 풍부하게 해주리라 생각한다.

4. 맺음말

지금까지 『고려토지제도사연구』를 중심으로 강진철 선생의 학문적 업적과 의의를 살피면서 약간의 의견을 첨부하였다. 저서를 천천히 살펴보는 과정에서 평소 무심코 지나친 구절을 음미하며 저자의 문제의식에 한 걸음 더 다가갈 수 있었다.

고려시대 경제사 연구에 있어서 일제 강점기 이래 1970년대까지 가장 많이 다루어진 주제가 토지제도이다. 그 중에서도 전국의 토지는 모두 국가 소유라는 토지국유설과 이를 비판하며 등장한 토지사유론이 주요 논쟁점이었다. 公田과 私田에 대한 다양한 해석, 民田의 실체 파악이 이와 관련하여 진행되었음은 잘 알려진 사실이다. 『고려토지제도사연구』도 이러한 연구사적 흐름을 반영한 결과 토지국유설에 대한 비판을 기조로 대부분의 분량을 公·私田 설명에 할애하였다.

---

36) 賦稅의 共同納에 따른 향촌 사회의 대응방식에 대해서는 다음과 같은 조선후기 연구가 참고가 된다. 이용기, 「19세기 후반 班村 洞契의 기능과 성격 변화-전남 장흥군 어서리 동계를 중심으로-」『史學硏究』91, 2008 ; 송양섭, 「조선후기 지방재정과 계방의 출현-제역 및 제역촌과 관련하여-」『역사와 담론』59, 2011.

저자는 해방 이후 대다수의 학자들이 그러했듯이 토지국유설의 맹점을 비판하고 토지 소유에 기초한 公·私田 구분과 인식을 강조하였다. 종래 私田은 단지 수조권에 따른 표현일 뿐 소유권과는 거리가 멀다는 토지국유설을 부정하고 私田에 사유지로서의 지위를 부여한 것이다. 다만 民田도 사유지이므로 私田으로 파악해야 한다는 일반적인 토지사유론과는 달리 民田이 사유지라는 의미에서 私田으로 인식된 적은 없다고 하였다. 수조권 이론의 한계를 지적하기는 했으나 소유권을 기준으로 한 公·私田 구분론에도 문제를 제기한 저자의 독특한 의견을 확인할 수 있는 부분이다.

공동체는 저자가 마지막까지 포기하지 못한 연구 주제이다. 저자는 전근대사회의 본질을 해명할 수 있는 열쇠가 공동체에 있다고 보고, 토지소유의 성장을 이와 관련시켜 살펴보려 하였다. 농민들이 촌락공동체의 제약으로 미분화한 상태에서는 집단적인 토지 점유만 있었고, 이후 공동체가 붕괴하고 농민층이 분화하면서 토지의 개별소유가 가능해졌다. 토지소유의 발전에 따라 농업 경영도 직영제에서 전호제로 변화하였는데 이는 토지지배관계의 성장을 의미한다. 고려의 田柴科는 공동체의 제약에 의해 미분화된 농민이 대다수였던 사회에서 운영된 토지분급제였다. 고려후기에 들어 농민층의 분화와 공동체의 해체가 촉발되고 토지지배관계가 성장하였는데, 전시과가 붕괴하면서 급속하게 늘어난 農莊은 이러한 변화의 결과물이자 動因이었다. 고려후기 사회를 고대에서 중세로 넘어가는 전환기로 설정한 저자의 시대구분론은 공동체에 대한 깊은 관심과 무관하지 않다.

올해로 『고려토지제도사연구』가 출판된 지 37년의 세월이 흘렀다. 매년 새로운 논문과 저서가 나오지만 저자의 책이 지금까지 연구자들 사이에 회자되고 있다는 것은 놀라운 일이다. 후학의 입장에서 부러운 것은 이뿐만이 아니다. 학자에게 필요한 것은 학문적 능력 이외에도 학자로서의 신념과 사명감이라고 생각한다. 소박하게 표현하자면 왜 연구하는지가 중요한 질문이며, 이 물음에 대한 답이 학자로서의 자존감과 연구의지를 북돋워 줄 것이다. 저자의 학문적 업적을 살펴보면, 식민사학을 극복하고 한국사의 발전과정을 증명하는 것이 그의 사명 가운데 하나였다고 생각된다. 학문 수행의 목표와 목적이 분명했으며, 시대적 요청도 있었다. 필자에게는 아직 불투명한 부분이다. 21세기 한국 사회가 바라는 역사학과 역사학자의 모습은 어떤 것일까? 저서에는 없지만 강진철 선생이 남긴 또 다른 질문이 아닐까 한다.

<논평>
토지제도사 연구의 비판적 계승을 위하여

이 민 우*

Ⅰ.

먼저 강진철 선생의 탄생 100주년을 기념하는 자리에 참석할 수 있게 해 주신 데 대해 진심으로 감사드린다.

토론자는 조선 전기 지주제를 연구 대상으로 삼고 있다. 조선시대 토지제도에 대한 일반적인 이해로부터 공부를 시작했던 토론자에게 고려시대 토지제도에 대한 연구를 통해 토지지배관계에 나타난 변화·발전의 계기를 파악하고자 하는 강진철 선생의 저작들은 상당히 낯설고 이해하기 힘든 대상이었다. 이번 토론을 준비하면서 강진철 선생께서 『고려사』 「식화지」 田制條를 읽어도 무슨 뜻인지 그 내용을 이해할 수 없는 대목이 많았다고 하신 구절을 다시 읽었는데, 토론자에게는 강진철 선생의 연구 역시 『고려사』 「식화지」 田制條만큼이나 꼭 그러한 것이었다는 생각이 들었다.

발표자께서 지적해주신 바와 같이 강진철 선생의 『고려토지제도사연구』는 고려 토지제도에 관한 선구적이고 기초적인 연구로 여겨지고 있음에도 불구하고 일반적인 통설과는 중요한 점에서 서로 다른 입장과

---

* 서울대 규장각한국학연구원 학예연구사

견해를 드러낸다. 그럼에도 우리가 선생의 연구를 단순히 연구사 초기 단계의 이해와 수준을 보여주는 것으로 여기지 않는 이유는 선생의 연구가 일반적인 통설과 결을 달리하는 지점들이 바로 고려시대 토지제도사에 여전히 해결되지 않은 기초적인 연구 과제들이 존재한다는 사실을 환기시켜 주기 때문이라고 생각한다. 토론자에게도 선생의 연구는 수조권 분급이라는 토지제도를 필요로 하는 고려의 토지지배관계와 사회구성은 무엇이었으며, 고려와 조선의 토지지배관계는 어떻게 같고 다른가를 항상 고민하게 하는 계기가 되었다. 그래서 오늘의 토론은 발표자 선생님의 글을 토대로 하여 제가 강진철 선생의 연구에 대해 낯설고 이해하기 어렵다고 느꼈던 대목들에 대한 견해를 정리해보는 것으로 갈음하고자 한다.

II.

발표문 서두에 지적한 바와 같이 강진철 선생의 전시과체제 이해에 대해서는 이미 여러 연구자들이 연구의 의의와 쟁점을 검토하는 글을 발표하였다. 발표자 선생님께서는 발표문을 통해 공전과 사전의 차율수조에 드러나는 토지소유 문제와 농민의 존재형태로 드러나는 공동체 문제라는 두 가지 쟁점을 중심으로 선생의 저서를 정리하고, 각각에 대해 1/2조율을 지대와 분리해서 파악하고 공동체 문제의 유효성을 견지하자는 제안을 하셨다. 기존의 평가와 견주어 새롭게 파악하는 의의와 쟁점이 무엇인지 설명해주시기 부탁드린다.

III.

토론자는 강진철 선생의 전시과체제에 대한 견해를 다음과 같이 이해하고 있다. 선생께서는 고려사회에서 사전과 공전에서 수조율을 다르게 적용한 사실은 사전과 공전이 본질적으로 서로 다른 성질을 가진 토지라는 점에서 기인한다고 보고, 이를 엄격하게 구분한다. 그런데 이와 동시에 1과 및 2과 공전에서는 1/4의 공전조율이 적용되지 않았으며, 반대로 사전에 속하는 군인전에서는 1/2의 사전조율이 적용되지 않았다고 규정하였다. 사전과 공전을 엄격히 구분하면서도 구체적인 지목들에 대해서는 수조율을 서로 다르게 적용하는 이해는 발표문에서도 지적한 바와 같이 자의적이거나 혼란스럽다고 느껴지기도 한다.

사전을 대표하는 양반전에 대해서는 신라 말 이래 호족의 소유지로부터 유래한다고 보면서 '지대'에 해당하는 1/2조율을 적용한다. 그런데 이와 동시에 양반전의 법률적 위상은 고려 건국 이후 국가에 회수되었다가 다시 분급된 토지이기 때문에 양반의 소유지가 아니라 수조지라는 난해한 견해를 제출한다. 그리고 이러한 양반전은 민전 위에 설정한 토지로 볼 수 없고, 민전과는 구별되는 별개의 토지라고 규정한다.

민전에 대한 선생의 견해 역시 통설적인 이해와 구별된다. 민전이 농민의 사유지라는 사실을 명확히 밝히고자 하면서도, 소유권을 기준으로 민전을 사전으로 구분하는 견해와는 달리 고려 토지제도에서 민전은 제도적으로 공전으로 구분되어 1/4조율을 적용받는 토지로 파악한다. 그리하여 고려 전시과체제에서 가장 중요한 지목은 전시과제도의 핵심인 양반전이라기보다는 국가 재정 수입의 원천이 되는 민전이었다고 이해하였다. 군인전은 사전으로 구분되는 지목으로 민전과 구별되지만, 양반전과는 달리 민전 위에 설정된 토지로 이해되고, 따라서 민전과 동일하게 1/4조율을 적용했다고 보았다.

IV.

강진철 선생의 이러한 견해는 이후 연구에서 기초적인 사실에 대한 연구로서의 의의를 인정받으면서도 제도에 대한 이해로서는 일관되지 않고 지나치게 복잡하다거나, 농민의 토지소유에 대한 이해로는 불철저한 면이 있다는 평가를 받았다. 그렇지만 토론자는 강진철 선생의 연구는 적어도 연구 방법에서 일관된 원칙을 따르고 있으며, 이러한 태도로부터 오히려 고려 토지제도의 중요한 문제에 대한 인식이 가능했던 것이라고 생각한다.

토론자는 선생께서 시종일관 토지제도의 법률적 규정에 나타나는 차이와 특징은 토지지배관계의 실체와 양식으로부터 기인한다는 관점을 견지하고자 노력하셨다고 생각한다. 사전에서 1/2조와 공전에서 1/4조라는 제도상의 수조율 차이는 본질적으로 토지소유자 지주의 농민에 대한 지배를 표현하는 '지대'와 국가의 토지소유자 농민에 대한 지배를 표현하는 '지세'의 차이에서 비롯된다는 것이다.

선생께서 고려 토지제도에 존재하는 다양한 지목들을 성질에 따라 공전과 사전의 제도적 범주로 엄밀히 구분하는 동시에 구체적인 지목에 대해서는 토지지배의 실체에 따라 수조율을 달리 파악하신 근거가 여기에 있다고 생각한다. 선생의 관점에서는 오히려 서로 다른 토지지배의 내용을 가진 토지들이 고려 건국 이후 어떠한 과정을 통해 본래의 성질에 따라 혹은 본래의 성질과는 다르게 공전과 사전으로 각각 구분되는 지를 질문할 수 있다.

전시과체제에서 사전을 대표하는 지목인 양반전에 대한 복잡한 견해 역시 이러한 관점에서 이해할 수 있다. 통설적인 이해와 달리 양반전을 민전 위에 설정된 토지로 파악하지 않은 입장은 양반전과 민전에서 수조율과 의창미 부과액이 서로 다르다는 기초적인 사실에 근거하지만, 본질적으로 양반전과 민전에서 토지지배관계가 다르다고 이해한 데에서 도출되었다. 이와 동시에 양반전은 '지대'에 해당하는 1/2조율이 적용되면서도 궁원전·사원전과 달리 법률상으로는 양반의 소유지가 아닌 수조지로 파악된다. 이러한 사실은 선생의 관점에서 고려 건국 이후 호족의 사유지가 토지지배관계의 실체를 보존하면서도 법률적으로 수조지로 변화한 까닭을 질문하는 계기가 된다.

V.

토론자는 이러한 질문들에 대해 선생께서 제출한 해답이 전시과제도는 미분화상태의 농민이 공동체적으로 소유·경작하는 민전에 대한 국가의 지배를 기초로 양반 관인을 포함한 지배계급의 토지지배를 재편성하기 위해 고안된 것이라는 입장이었다고 이해한다. 전시과체제는 국가의 민전 지배를 통해 미분화상태에 있는 자가경영농민에 대한 가혹한 수취 위에 국가의 재정구조가 의존하는 고대적인 체제였다는 것이다. 선생께서 양반전과 민전을 서로 다른 별개의 토지로 인식하면서도 전시과체제의 핵심을 민전에서 구한 까닭은 국가의 민전에 대한 지배가 전시과체제의 기초를 이루기 때문이었고, 양반전의 수조지로의 변화는 이러한 맥락에서 국가가 양반의 지주적 성격을 부정한 데에서 유래한 것으로 이해되었다. 따라서 고려 후기 전시과체제의 붕괴와 농장의 등장에 대해 생산력 발전을 통해 중세적인 지주−전호관계가 형성되는 계기라고 오히려 긍정적으로 평가하게 되었던 것이다.

국가가 민전에서 미분화상태의 농민을 지배하는 것을 기본으로 하는 고려 전시과체제에 대한 선생의 이해는 "토지국유론으로의 회귀", "아시아 노예적 전시과론"이라는 평가를 받기도 하였다. 선생의 입장은 고려시대 농민과 공동체의 존재형태에 대한 인식을 전제로 하는 것이었고, 이러한 이해가 과연 당대의 실상에 부합하는 사실이었는지가 중요한 쟁점이 될 것이다. 고려 전기 농민의 토지 소유가 공동체로부터 큰 제약을 받아 미숙한 상태로 농민의 토지에 대한 권리는 소유라기보다는 占有 내지 占取로 보아야 한다는 고려시대 농민의 성격과 공동체에 대한 이해 역시 발표문에서 지적한 바와 같이 현재의 일반적인 견해와는 차이가 있다.

VI.

그렇지만 토론자는 농민에 대한 이해의 사실 여부에 근거하여 선생의 전시과체제에 대한 견해를 평가하기보다는 이 문제와 관련된 또 다른 쟁점을 제기해보는 것으로 토론을 마무리하고자 한다. 발표문에서도 지적하고 있는 것처럼 선생은 농민의 토지소유가 공동체의 제약으로 미숙하다고 평가하는 동시에 호족과 왕실의 대토지 소유는 신라 이래로 지속한다고 보면서 이들 각각이 토지소유가 발달하지 못한 토지와 토지소유권이 발달한 토지로 구분되어 존재했다고 설명하는 듯하다. 물론 선생의 전시과체제 이해는 농민의 미숙한 토지소유에 대한 국가의 지배가 우위에 있는 것이다.

그런데 이와 같이 과연 발달 단계가 완전히 다른 토지와 농민이 오랜 기간에 걸쳐 공존할 수 있는지 의문이 든다. 만약 이것이 불가능하다면 왕실과 호족의 대토지 소유와 미분화된 농민의 소유를 동시에 설명할 수 있는 방안을 찾아야 할 것이다. 또한 고려 건국 이후로 호족의 지주적 토지소유가 국가에 의해 제도적으로 부정당하는 상황이 가능한지도 의문이다. 호족으로 대표되는 지배계급 역시 국가를 매개로 하는 수조권적 지배를 필요로 하지 않았다면 고려 전기 사회가 전시과체제를 안정적으로 수용할 수 없었을 것이다. 그렇다면 공전과 사전의 수조율 차이, 공전과 사전 지목들 사이의 차이에도 불구하고, 혹은 이러한 차이를 통해 국가와 지배계급이 동일한 이해관계를 추구하고 있었으며, 농민들도 결국은 동일한 부담을 지고 있었다는 관점도 가능하리라고 생각한다.

제2편
중견연구자들이 본
강진철의 한국사 연구

이 편에 실린 글들은 아래의 학술회의에서 발표되고, 『한국사학보』 67, 2017에 게재된 것이다.

<아래>
고려대 한국사학과 강진철 교수 탄신 100주년 기념 학술대회
주제 : '21세기에 다시 보는 강진철의 고려시대사 연구'
일시 : 2017년 3월 17일(금) 오후 2시~6시
장소 : 고려대학교 청산·MK관 201호
– 주최 : 고려사학회·고려대 한국사연구소

  (1) 제1주제 : '고려 초기 대거란 관계'를 다시 보다
      발표 : 이미지(국사편찬위원회)
      토론 : 박종기(국민대 한국역사학과)
  (2) 제2주제 : 전쟁에서 민중을 발견하다
                –강진철의 대몽항쟁사 연구–
      발표 : 윤용혁(공주대 역사교육과)
      토론 : 김병인(전남대 사학과)
  (3) 제3주제 : 부병제로 고려사회의 해명을 시도하다
      발표 : 김난옥(고려대 한국사학과)
      토론 : 채웅석(카톨릭대 국사학 전공)
  (4) 제4주제 : 토지소유이 강제성을 폭로함
      발표 : 윤한택(인하대 고조선연구소)
      토론 : 김기섭(부산대 사학과)

(5) 제5주제 : 고려의 역사발전단계를 논하다

　　발표 : 이정호(목원대 역사학과)

　　토론 : 이인재(연세대 역사문화학과)

「高麗初期의 對契丹關係」(上)
(姜大良, 1948, 『史海』)를 다시 보다

李 美 智*

1. 들어가며

姜大良은 강진철[1]의 舊名이다. 그는 만30세 되던 1948년 「高麗初期 의 對契丹關係」(上)를 발표하였다. 해방 후 혼란한 국내외 정세 속에서 그의 논문이 실렸던 학술지도 발행이 중단되고, 간행을 주도한 학회도 사라지면서 이 논문은 잊혀지는 듯했다. 그러나 80년대 이후 학계에서 다시 회자되면서, 발표된 지 70년이 넘어가는 지금도 고려 왕조의 대외 관계사 분야에서 귀중한 성과로 인정되고 있다.

---

* 국사편찬위원회 편사연구사.
　대표 논저 : 2015, 「1231~1232년 외교 문서를 통해 본 고려의 대몽對蒙 교섭 상 의 특징」, 『국학연구』 27 ; 2016, 「고려 무신정권기 군공자 포상 제도의 운영과 특징」, 『한국중세사연구』 47
1) 역사학자 강진철은 주로 토지 지배관계에 대한 연구를 통해 고려시대 역사상을 밝히고자 하였다. 1980년에는 고려시대 토지 지배관계와 관련된 최초의 전문서 이자 개설서인 『고려 토지제도사연구』를 출간하였으며 1989년에는 『한국중세토 지소유연구』를 출간하여 고려시내 사회경세사 연구의 체계화에 크게 기여하였다 (박용운, 「강진철」·「고려토지제도사연구」, 『한국민족문화대백과사전』, 한국학중 앙연구원; http://encykorea.aks.ac.kr/ 접속 : 2017. 4. 26.).

본고는 강대량의 논문이 작성되어 발간되었던 상황을 조사하여 보고 이 희귀 저작의 내용과 가치를 다시 한 번 조명하면서, 강대량이 우리에게 남긴 여러 과제에 대해 생각하는 기회를 마련해 보고자 한다.

2. 조선사연구회·『사해』·강대량

강대량의 「高麗初期의 對契丹關係」(上)는 『史海』라는 학술지에[2] 발표되었다. 『사해』는 조선사연구회의 학회지인데, 먼저 이 학회에 대해 알려져 있는 사실들을 정리해보도록 하자.

해방 직후 발행되던 <자유신문>[3]의 1945년 12월 28일자에 다음과 같은 조선사연구회 창립 소식이 보도되었다.

朝鮮史硏究會誕生
우리민족의 고유정신을 연구천명하야 외래신문화에 접속식히어 국민사상의 건전화에 이바지하고저 사학계의 권위자들을 지도층으로 하야 지난十일 시내 光熙町 一정목一八五의一임시사무소에서 「朝鮮史硏究會」를 창립하고 만반준비에 착수중이라하며 신년一월 하순경에는 기관지 「史

---

2) 조선사연구회의 학술지인 『史海』는 창간호만 발간되었다. 현재 한국교육학술정보원에서 제공하는 전국 대학의 학술자원 공동 이용 서비스(RISS) 검색에 따르면 이 학술지를 소장하고 있는 대학도서관은 경북대학교와 고려대학교 두 곳뿐이며, 국회도서관에도 전자파일 형태로만 존재한다.
3) <自由新聞>은 1945년 10월 5일 창간된 일간지이다. 일제시기 조선총독부 기관지인 每日申報 편집국장을 지낸 鄭寅翼이 사장이었으며 사옥은 서울 영락정(현정동)에 있었다. 자유신문은 해방 공간에서 중도적 성향의 신문으로 평가되는데, 초기에는 어떠한 정치세력에도 가담하지 않으며 진보적 민주주의를 표방하였으나 1946년 하반기에 申翼熙가 사장으로 영입된 뒤 우익지로 변모하였다(국사편찬위원회 한국사데이터베이스 자유신문 자료소개 및 해제 참조).

海」를 내어노흘 예정이라는데 부서는 다음과갓다.

會長李丙燾 副會長金庠基 申奭鎬 總務明容駿[4]

〈자유신문〉 1945년 12월 28일 조선사연구회 창립
기사(국사편찬위원회 한국사데이터베이스)

---

4) 국사편찬위원회 한국사데이더베이스 자유신문 1945년 12월 28일.
http://db.history.go.kr/item/imageViewer.do?levelId=npfp_1945_12_28_v0002_0320
(접속 : 2017.1.10.)

위 기사에 따르면 조선사연구회는 1945년 12월 10일 창립되었다.[5] 해
방 직후에는 한국사 연구 분위기가 고조되어 광복 다음날인 1945년 8월
16일 조선 학술원이 창립되었고, 1942년에 해산되었던 진단학회도 같은
날 재건되었다. 조선사연구회는 진단학회의 주축이었던 이병도에 의해
12월에 별도로 조직되었다.

1948년『사해』창간호에 실린 학회 규정에 따르면 신문에 보도된 이
외에도 도서출판부, 조사연구부, 선전부, 회계부 등 총 다섯 기구가 있었
고 중앙위원과 지방위원, 상무위원, 고문의 직책도 마련되어 있었다.[6]
주지하다시피『사해』는 1948년 9월에 창간되었으므로, 학회 설립으로부
터 약 3년의 기간이 있다. 따라서『사해』에 수록된 학회 규정과 학회 창
립 당시의 학회 조직이 반드시 같았다고 생각되지 않는다. 아마도 학회
설립 당시에는 회장단만을 구성하였다가,[7] 이후 학회로서의 조직을 차
차 마련하여 학술지 창간 당시의 조직으로 완비되었던 것이 아닌가 생
각된다.

<자유신문>의 보도에 따르면 본래 조선사연구회의 학술지는 1946년
1월경에 간행될 계획이었다. 그러나 실제 간행은 3년 가까이 유예되었
다. 이와 관련된 구체적인 이유를 찾을 수는 없지만,『사해』창간호 편

---

5) 조동걸은 조선사연구회의 창립일을 12월 12일로 기억하고 있으며,『사해』창간호
   가 창립 3주년 기념일에 발간되었다고 보았다(조동걸, 1997,「현대 한국사학의 발
   전과 과제」,『한국사론』27, 국사편찬위원회, 373쪽).
6) <조선사연구회 회칙> 제3장 제10조. 이 중 상무위원을 제외하고는 모두 명예직
   이다.
7)『사해』창간사에서 회장 이병도는 "解放이 되어서 벌서 찬三年이 가까워왔다.
   몇몇 同志가 모여서 朝鮮史硏究會를 組織한 것이 바로 그해 겨울의 일이니 우
   리 學會도 이미 세 돌을 맞이하게 되었다"라고 밝혔는데, 이러한 기술 역시 창립
   당시 조직이 회칙에 언급된 것처럼 완비된 형태의 구성은 아니었음을 짐작하게
   한다.

집후기에서 편집진이 高麗文化社 柳明韓 선생의 의협적 협력에 깊은 감사를 표하였던 사실에서 그 부분적 이유를 찾을 수 있지 않을까 한다. 조선사연구회 창립 당시 임시사무소의 주소는 光熙町이었던데 비해, 『사해』 발간시의 주소는 '서울市 中區 太平路二街 一番地'로 기록되어 있다. 광희정 1정목은 현재의 광희동으로 서울 중구청의 동쪽 지역에 해당하고, 태평로 2가는 현재의 명동으로 중구청의 남서쪽에 해당하는 지역이므로 창립 당시의 임시사무소는 1948년 9월경에는 이미 이전한 상황이었다. 주목되는 것은 사무소의 태평로 주소가 『사해』 발행인인 유명한의 주소와도 일치하며, 고려문화사의 주소와도 같다는 점이다.[8] 유명한은 당시 고려문화사의 사장이기도 했지만, 같은 시기 유한양행의 이사이기도[9] 했다. 이러한 사실을 종합해보면 아마도 편집 후기에 언급된 고려문화사의 지원은 『사해』 출판 실무에만 국한되는 것이 아니라 조선사연구회의 사무실 임대와 같은 경제적인 지원도 포함되었으리라 짐작된다.[10] 그렇다면 학회 창립 당시에는 재정원이 부족하여 학술지 간행이

---

8) 고려문화사에는 이강렴, 임병철, 김창집 등 언론 출판계의 거장과 박계주, 채정근, 김영수, 윤석중 등 문인이 이사직과 편집을 담당하고 있었다(朝鮮出版文化協會 編, 1949, 『解放四年 동안의 出版業績燦然: 高麗文化社의 꾸준한 努力』, 『出版大鑑』, 朝鮮出版文化協會, 10쪽 : 박대헌, 2013, 『한국 북디자인 100년(1883~1983)』, 21세기북스, 229쪽 각주105번 재인용). 또한 『사해』 외에도 좌우익에 기울지 않으면서도 무비판적이지 않았다는 평을 받는 종합지 『民聲』을 1950년 6월까지 간행하였는데, 이때에도 고려문화사의 주소는 태평로2가 1번지로 기재되어 있다.

9) 민족문제연구소, 2009, 「유명한」, 『친일인명사전』.

10) 아동문학가 윤석중이 회고한 고려문화사 창립 및 『어린이신문』 창간시의 일화에서도 유명한은 "물주"로 지칭되고 있다. 흥미로운 것은 윤석중이 동아일보 편집국장을 역임한 임병철과 함께 문을 연 고려문화사 사무소가 있던 건물을 사들인 것이 자유신문사였다는 점이다.
이상 윤석중, 1985, 『어린이와 한평생』, 범양사 : 2004, 「'부드러운 종합지'로 호평 민성」, 『한국잡지백년』 3, 현암사, 재인용; http://terms.naver.com/entry.nhn?

지연되었던 것이 아닐까 생각된다.

이러한 상황이었다면 학회 운영 자금 마련 역시 학회의 주요한 과제였을 것이다. 이 때문인지 조선사연구회는 회비 규정을 마련해 두었다. 회칙 제2장 제5조에 따르면 정회원은 입회금과 연회비를 납부할 의무가 있었다. 입회금은 100원이었고 매년 11월에 납부하게 되어 있는 연회비역시 100원이었다. 아울러 『사해』 창간호의 임시정가는 250원이었다. 당시 물가와의 비교를 위해 『서울육백년사 연표』 중 물가가 언급되어 있는 몇몇 항목을 제시해 보면 다음과 같다.

> 1945년 5월   1일   서울 전차 요금을 10錢에서 15전으로 인상.
> 1947년 6월   1일   전차 요금을 구간당 1원에서 2원으로 인상.
>   12월 31일   서울市公館 개관. 입관료 105원.
> 1948년 3월   6일   서울 시내 전차요금 인상. 보통요금 1회 5원,회수권 15회권 60원, 통근권 45회권 120원, 통근권 60회권 120원.
>   7월 15일   서울 시내 미용요금 일률화 실시. 주요 요금 :화장 100원, 특별 美顔術 150원, 셋트 100원, 염색 120원, 면도 50원, 洗髮 40원, 신부화장 600원, 맛사지 80원.[11]

전차 요금을 중심으로 볼 때 물가가 상당히 급격히 상승하고 있었음을 알 수 있다. 1948년 3월 서울의 전차 통근권 가격 120원과 비교해 보면 조선사연구회의 입회비나 연회비가 그리 비싼 금액은 아니었다고 생각된다. 그러나 해방 직후의 정국에서 학술 단체에 가입할 수 있는 여유가 있는 계층이 극소수였으리라는 점은 분명하다.

---

docId=2211933&cid=42192&categoryId=51076 접속 : 2017. 4. 24. 참조.
11) 이상 『서울육백년사 연표』(2006, 서울역사편찬원) 해당 연월일 조 참조.

『사해』에는 강대량의 글 외에도 6편의 논문이 실렸다.『사해』편집진
은 각각의 논문에 대해 다음과 같은 후기를 남겼다.

　　“本創刊號의 論本(文?)12)은 모다 七篇으로서 本會會長이오 本誌의
主幹이신 李丙燾先生의 高踏的 史眼과 該博한 考證은 우리 史學界의
第一人者임에 世評이 已高한 바어니와 이번에 실리는『新羅文化의 特
徵』13)은 千古始(?)昨의 感이있으며 서울大學校東洋史講座를 擔當하고
계신 本會副會長 金庠基先生의『韓濊貊移動考』는 古代史硏究에 큰 도
움이 되며, 일즉 獨島問題가 하번 新聞에 傳하여 世間에 큰 衝動을 일으
키었던 것은 吾人의 記憶이 아직도 새롭거니와 本會 副會長이오 國史館
長이신 申奭鎬先生은 萬頃蒼波東海中에 있는 獨島現地를 實地踏査한
建國最初의 外交問題 國防問題에 關聯되는『獨島所屬問題』14)라는 大
論文은 本會獨占의 公開飛書이다. 文敎部編纂課長 辛東燁先生의『韓山
世稿』에 나타나는『山有花』歌15)는 百濟末葉을 魔(瘼?)醉시키던 稀世의
名篇이오 서울大學 姜大良講師의『高麗初期의 對契丹關係史』의 大長
篇은 硏究家의 絶好論文이오 師範大學에서 高麗大學으로 옮기신 金廷
鵠敎授의『宇宙卵生』說16)은 神話學硏究에 好資料이며 東國大學敎授
金映遂先生님의『近世朝鮮의 社會階級』은 新世帶(代?)의 靑年學徒에
큰 興味를 줄 것이다. 篇篇珠玉字字著人煩肇보다 自身一讀이 第一”17)

---

12) 괄호 안의 한자와 물음표는 인용자가 제시한 것이다. 이하 같다.
13) 총 7편의 논문 중 실제 게재 순서는 6번째인데 편집후기에서는 첫 번째로 소개되
　어 있다.『사해』를 간행한 조선사연구회 회장의 글이기 때문으로 추정된다.
14) 목차 상의 제목은「獨島所屬에 對하여」이다.
15) 목차 상의 제목은「"韓山世稿"의 史的資料(一)」이다.
16) 목차 상의 논문 제목은「朝鮮神話의 科學的 考察(一)」이다.
17) 이상『사해』창간호 편집후기. 편집후기에 언급된 논문의 순서와 게재 순서는 같
　지 않다.『사해』창간호에 실린 논문의 필자와 제목은 다음과 같다(게재 순).
　李丙燾,「新羅文化의 特徵」; 金庠基,「韓濊貊移動考」; 申奭鎬,「獨島所屬에
　對하여」; 辛東燁,「"韓山世稿"의 史的資料(一)」; 姜大良,「高麗初期의 對契丹
　關係」(上); 金廷鵠,「朝鮮神話의 科學的 考察(一)」; 金映遂,「近世朝鮮의 社
　會階級」.

편집후기의 내용이 간단한 간행 소회에 그치지 않고 논문에 대한 간략한 평과 저자 정보를 담고 있다는 점에서 편집후기 작성자가 누구일지 궁금해진다. 강진철이 연구생활을 회고한 「學窓時節과 硏究生活을 되돌아보며」[18]에 따르면 그는 1945년 해방 이후 월간잡지사를 차려 반년 정도 잡지를 발간하였다고 한다. 무리한 추정일 수도 있으나, 강진철이 『사해』 필진 중 젊은 축이었고 이병도와도 각별한 사이였다는 점을 고려하면 편집 과정에도 깊이 관여했을 가능성이 있다고 생각된다.

어떻든 『사해』에 게재된 논문이 고대부터 근세에 이르기까지 고르게 분포한 것으로 보아, 『사해』 창간호는 기획 단계부터 임원진과 편집진이 특별한 노력을 기울인 성과물이었다고 생각된다. 특히 신석호의 「독도소속문제」는 독도 문제와 관련된 최초의 본격적인 학술 논문으로 평가되고 있다. 그렇지만 안타깝게도 창간 이후 『사해』는 더 이상 발간되지 못하였고, 연구회 자체도 자취가 찾아지지 않는다.[19] 한국전쟁 발발 이후 부산에서 재건된 역사학회의 사례를 통해 미루어볼 때, 조선사연구회 역시 해방 직후의 어려운 상황에서 학회지를 발간하지 못하다가 전쟁이 발생하면서 와해된 뒤 그 핵심 인력은 역사학회 및 한국사학회 등의 학회로 흡수되지 않았을까 짐작된다. 강대량은 1949년 역사학회에서 간행한 『역사학연구』 1에 실린 회원 명부에서도 그 이름이 확인된다.[20]

---

18) 姜晉哲, 1988, 「學窓時節과 硏究生活을 되돌아보며」, 『한국사 시민강좌』 3, 일조각.

19) 조동걸, 1997, 앞의 글, 374쪽.

20) 『歷史學硏究』 1집 역사학회 彙報 참조. 강대량 이외에도 『사해』 창간호의 필자 중 한 명이었던 김정학의 이름도 찾을 수 있다. 김정학은 역사학회 조선사부의 간사로 선임되었다(1948. 2).
이후 강대량의 학술 활동은 『史學硏究』 4집(韓國史學會, 1959)에 수록된 <제2회 역사학대회 참가자 명단>을 통해 확인된다. 물론 개명한 이후이기 때문에 이름은 '강진철'로, 소속은 동아대학교(1954년 부임)로 기록되어 있다.

강대량의 논고가 한국사학계에서 본격적으로 활용되기 시작한 것은 1990년대이다.[21] 1991년 제출된 한규철의 발해 대외관계사 관련 박사 학위 논문에 인용되었고, 이후 발해 멸망기 거란과의 관계 및 발해 유민에 대한 연구에서 언급되었다. 고려시대사와 관련한 논고에서 인용되어 본격적으로 활용되기 시작한 것은, 현재까지 확인한 바로는 1990년대 후반 이후인 것으로 보인다.[22] 이전 시기에도 한국사 분야에서 거란과의 관계사가 다루어지기는 했지만 주로 동양사 분야에서 거란 史書의 서지학적 검토 혹은 『遼史』를 고험하는 연구 경향이 우세하여 강대량의 논고가 주목받지는 못하였다.

3. 강대량이 바라본 10세기 동북아시아 국제 정세 변화와 고려의 대응

강대량의 글은 고려 초기 거란과의 관계가 어떻게 진행되었는지를 설명하기 위해 작성된 논문이다. 그러나 그는 탐구의 대상을 단순히 고려와 거란에 국한하지 않고, 두 정치체가 속해 있던 공간적·시간적 배경 속에서 양국 관계에 직·간접적으로 영향을 주었던 주변 정치체의 복합적인 역할을 때로는 대국적으로 때로는 미시적인 관점에서 정리해 내었다.

---

21) 이보다 앞서 1987년에 출간된 『高麗時代史』(下)(朴龍雲, 一志社)의 <史料 및 論著 目錄>에 강대량의 「高麗初期의 對契丹關係」가 수록되어 있다. 강대량의 논고가 한국사학계에서 다시 거론된 데에는 이것이 중요한 한 계기가 되었다고 생각된다.

22) 1999년 서성호가 「고려 태조대 대(對)거란 정책의 추이와 성격」(『역사와 현실』 34)에서 인용한 뒤 같은 수제를 연구한 김소영이 「고려 내소내 내서탄 싱책의 신 개와 그 성격」(2001, 『白山學報』 58)에서 활용하였고, 이후의 연구 성과에서 널리 인용되기 시작하였다.

독자들이 갖게 될 의문을 의식한 듯이, 제목의 "고려 초기"라는 시점에 대해서는 서언의 초두에 명확히 규정되어 있다. 이 논문에서 언급하는 "고려 초기"는 태조의 건국(918)부터 거란과의 전쟁이 일어났던 성종 12년(993)까지의 약 75년간에 해당한다. 강대량 스스로도 밝혀두었듯이 이러한 시기 구분은 객관적인 근거에 의한 것은 아니지만, 고려와 거란의 관계라는 관점에서 볼 때 상당히 타당한 설정이다.

고려와 거란이 병존했던 시기에 두 나라 관계의 흐름은 크게 보아 두 시기로 나눌 수 있다. 외교 질서 관계가 합의되지 않아 상호간의 갈등이 물리적 충돌로 발현되던 단계와 전쟁 이후 외교적 관계가 정착되어갔던 시기로 나눌 수 있다고 생각되는데, 이러한 관계의 前史로서 전쟁 이전의 시기 역시 양국 관계의 주요한 분기 중 하나이다. 강대량은 이러한 점에 착안하여, 연구 성과의 틈을 메우고 또 전쟁 이후 양국 간의 관계를 정확히 인식하기 위해 993년 전쟁이 일어나기 전까지의 양국 관계를 설명하는 논문을 작성하였음을 1장에서 밝혀 두었다.

다음으로, 제목에 사용된 "관계사"라는 용어에 대해 살펴보자. 둘 이상의 정치체 간에 이루어진 외교 교섭 관계를 다루는 역사학계의 논문에서는 "외교 관계"·"외교사" 등의 표현 보다는 "관계"·"관계사"라는 단어를 선택하는 경향이 있다. "관계"라는 표현을 외교 관계 또는 정치·외교 관계 등으로 교체하면 시각이 분명해지는 긍정적인 면이 있는 것은 분명하다. 그러나 993년까지는 고려와 거란 간에 공식적인 교류가 성립되지 못한 채 이러저러한 접촉이 이루어지던 상황이므로 이를 섣불리 한정하기는 어렵다. 강대량의 "양국 관계"라는 표현은 정치·외교·국방·경제 등 두 왕조의 교류에 영향을 주는 여러 분야를 포괄하여 설명하기 위한 고민의 결과였으리라 추측된다.

논문의 핵심 요지는 <三. 初期의 兩國間의 交聘問題>에 잘 정리되어
있다. 10세기 초 이미 강대한 제국이었던 거란이 來聘하자 고려가 보빙
함으로써 초창기 양국 간에는 완전한 교빙관계가 성립되었다. 그러나 거
란이 발해를 멸망시킨 이후 고려는 태조가 추진해 오던 북진정책에 도
전을 받는 등 양국의 이해관계가 직접적으로 충돌하게 되었으며, 이에
따라 거란에서 이탈한 발해유민을 통합하여 인적 자원으로 활용할 필요
가 제기되었다. 또한 교역의 측면에서는 對거란 교역에서 발생하는 이익
이 중국(송) 시장에서 발생하는 이익과 비교할 때 그리 크지 않았고, 塞
外 민족에 대한 의식적 편견도 작용하여 고려는 결국 단교를 결정하였
다(태조 25, 942). 이후 고려가 후진에 거란 토벌을 제의한 기록도 있기
는 하지만, 대체적으로 고려는 대륙에서 발생하는 戰禍에 대해서는 불개
입주의를 견지하며 거리를 두었다.

  강대량의 글은 이 시기의 고려-거란 관계를 조망한 한국사학계 최초
의 논문인데도 불구하고 두 왕조의 역사와 대외 관계에 대한 정보를 제
공하는 여러 사료를 두루 섭렵하여, 史實을 토대로 양국 관계의 추이를
상세하면서도 논리적으로 설명하였다. 이 글이 완성되기까지 상당한 준
비 과정이 있었음은 그의 회고글에 잘 나타나 있다. 강대량은 해방 전 약
2년간 중국 天津 소재 일본 회사에 근무하면서 『滿鮮地理歷史硏究報告』
16책을 탐독하였고, 이를 토대로 「高麗 初期의 對契丹關係」를 작성하였다.
이 글은 그가 해방 후 이병도의 배려로 경성대학의 국사연구실 교수조무원
이 되는 과정에서 학문적 소양의 증거로 활용되었으며, 최종적으로는
1948년 『사해』에 발표되었다.[23] 강대량은 서두에서 이글이 연구의 공백
을 메울 수 있었으면 하다는 소박한 희망을 밝혔지만, 이 논문으로 인해

---

23) 이상 姜晉哲, 1988, 앞의 글, 150~152쪽.

고려 초기 대외관계사의 연구 간극이 단번에 메워진 것은 물론, 10세기 거란의 동방 경략과 고려의 서북면 개척, 중원 세력의 동향 등이 국제 정세의 맥락 속에서 충실히 설명되었다.

안타까운 것은 한동안 이 논문의 존재가 잊혀져있었기 때문에 후발 연구자들이 겪지 않아도 되었을 어려움을 겪었다는 점과, 그로 인해 고려시대사학계의 발전이 그만큼 지연되었다는 점이다. 이 글 이후 같은 시기 및 같은 주제에 대한 연구적 관심은 1980년대가 되어서야 논문으로 발표되었다.[24] 이 논문이 보다 일찍 학계에서 활용되었다면 강대량이 제시한 문제의식과 쟁점을 발판으로 하여 지금보다 더 많은 양질의 후속 연구 성과가 축적될 수 있었으리라는 점에 대해서는 고려시대 연구자로서 매우 아쉽게 생각한다.

강대량의 논문이 제공한 연구사적 기반은 비단 고려-거란 관계사에만 국한되지 않는다. 강대량은 그와 관련한 여러 중요한 논점과 시사점을 제시하였다. 거란의 前史, 중국과 고려의 외교 관계, 발해에 대한 고려의 정책, 태조대 북진 정책의 실체 및 고려 왕조가 수행한 외교 정책의 기본 지향 등을 밝힌 점은 특히 주목할 만한 성과이다. 아울러 고려사 연구의 기초 사료인 『고려사』 및 杜撰이라는 평가를 받으며 널리 활용되지 못하고 있는 『遼史』에 대해서도 논리적인 사료 비판을 제기하였다. 이하에서는 이러한 내용을 좀 더 상세히 소개해 보도록 하겠다.

---

24) 유사한 문제의식을 가진 논문으로는 方東仁, 1985, 「高麗前期 北進政策의 推移」, 『嶺土問題研究』 2, 고려대 영토문제연구소 ; 1997, 『韓國의 國境劃定研究』, 一潮閣 재수록을 들 수 있다. 다만 방동인은 태조대가 아니라 주로 성종대 이후의 시기를 다루었다.

1) 10세기 동북아시아 국제 정세

① 거란의 역사 정리

  강대량의 논문을 읽으며 드는 처음 의문은 이 논문이 작성되던 시기에 어떻게 거란에 대한 정보를 파악했을까 하는 것이다. 1948년 전후의 상황을 생각해 보면 제대로 된 자료를 확보하는 것 자체가 불가능에 가까운 일이었을 것이다. 스스로 회고록에 밝혀두었듯이 이 논문을 작성할 때 참고한『만선지리역사연구보고』가 큰 디딤돌이 되었을 것이다.25) 어떻든 현재와 비교해 열악하다고 할 수 밖에 없는 연구 환경에서 이러한 성과를 일구어냈다는 것은 분명 놀라운 일이다.

  강대량은 거란의 기원을 다음과 같이 정리하였다. 거란족은 東胡 계열에 속하는 선비족인데, 東部宇文氏에 속해 있다가 이들이 慕容에 의해 멸망하자 별도로 떨어져 나와 시라무렌 강 유역으로 이주하여 정착하였다고 한다. 또한 이들의 명칭과 사적이 확인되는 가장 오래된 기록은 『魏書』契丹傳26)이지만, 거란에 관한 가장 오래된 기록은 『삼국사기』고구

---

25) 1908년 간행된『만선지리역사연구보고』16권 속에는 거란 및 발해, 오대 및 송과 거란의 대결, 고려 성종 및 현종대 거란과의 전쟁 등에 대한 논고가 수록되어 있다. 그러나 강대량이 설명한 발해 유민과 고려의 관계, 고려 초기 거란과의 관계 등을 전론한 연구는 없는 것으로 확인된다.

26)『魏書』卷一百 列傳 第八十八 契丹國 在庫莫奚東 異種同類 俱竄於松漠之間 登國中 國軍大破之 遂逃迸 與庫莫奚分背 經數十年 稍滋蔓 有部落 於和龍之北數百里 多爲寇盜 眞君以來 求朝獻 歲貢名馬 顯祖時 使莫弗紇何辰奉獻 得班饗於諸國之末 歸而相謂 言國家之美 心皆忻慕 於是東北羣狄聞之 莫不思服 悉萬丹部 何大何部 伏弗郁部 羽陵部 日連部 匹絜部 黎部 吐六于部 等 各以其名馬文皮入獻天府 遂永爲常 皆得交市於和龍 宮雲之間 貢獻不絶 太和三年 高句麗竊與蠕蠕謀 欲取地豆于以分之 契丹懼其侵軼 其莫弗賀勿于率其部落車三千乘 衆萬餘口 驅徙雜畜 求入內附 止於白狼水東 自此歲常

려 본기 소수림왕 8년조[27]라는 점을 지적해 두었다. 그가 『삼국사기』 기사에 더 의미를 부여한 것은 거란이 정치체로서 조직적인 활동을 보여주는 기록이기 때문이 아닐까 생각된다.

이어 거란 건국 당시 耶律阿保機 세력의 부상, 주변국과의 관계, 야율아보기의 칭제건원 이후 중원 경략에 대한 지향과 송 건국 이후의 정책 변화 등이 간결하지만 빠짐없이 언급되어 있다. 이 과정에서 거란이 발해를 공격하게 된 표면적 이유와 실제 이유를 구분하여 설명하였다. 그에 따르면 직접적인 빌미를 제공한 것은 924년 5월 거란의 遼州刺史 피살 사건이었다. 그러나 강대량이 파악한 보다 실질적인 이유는 다음과 같다. 거란은 유목 국가에서 나아가 한층 강력한 국가를 건설하려 하였고, 이를 위해서는 농경 생산의 기초가 되는 농토를 획득할 필요가 있었다. 또한 최종 목표인 중원 경략을 위해 동쪽 전선의 우환인 발해를 제거하고 그로부터 얻어지는 전력 자원을 활용하고자 했다는 것이다.

계속해서 강대량은 거란 태조와 그의 뒤를 이은 왕들의 對만주 정책이 매우 대조적인 성격을 띠고 있었다는 점에 대해서도 주목하였다. 태조가 발해 故地에 확립해 두었던 東丹國을 태종이 서쪽으로 옮긴 것을 거란 세력의 후퇴라 평하였고, 이후 40여 년간 거란이 남방 경략에 전념하였으며 같은 기간 동안 여진 토벌 기사는 확인되지 않는다는 점도 지적하였다. 그러다가 거란에 맞서던 송이 거듭되는 군사적 패배로 인해 정책을 수정하여 서하 문제에 전념하게 되면서 거란의 주요 전선은 남

朝貢 後告饑 高祖矜之 聽其入關市糴 及世宗肅宗時 恒遣使貢方物 熙平中 契丹使人祖眞等三十人還 靈太后以其俗嫁娶之際 以靑氈爲上服 人給靑氈兩 匹 賞其誠款之心 餘依舊式 朝貢至齊受禪常不絶

27) 『三國史記』 卷第十八 高句麗本紀 第六 小獸林王 八年(378) 秋九月 契丹犯 北邊 陷八部落

에서 동으로 이동하게 되었고, 이것이 고려-거란 간 전쟁 발생 배경으로 연결된다는 점을 명쾌하게 설명하였다. 거란에 대한 이와 같은 통찰력 있는 서술은 동양사 논문으로도 손색이 없는 수준이라 생각된다.

② 거란과의 단교 배경 분석 및 발해 유민의 이동 경로 추정

강대량의 글은 발해의 멸망과 고려에 투화한 발해 유민을 주제로 한 학술 논문으로써도 단연 최초이다. 그는 발해 멸망 원인이 국내 불화가 지속되던 시기에 거란의 공격이 더해졌던 데에 있다고 보았다. 거란은 발해 멸망 후, 그 유민에 대해 강제 사민정책을 실시하였고 이에 반대하는 유민들은 고려에 망명하였다. 934년 대광현 세력이 내투한 이후 고려는 발해 유민에 대해 宣撫 정책을 채택하였다.

그런데 고려가 거란을 발해 멸망의 원흉으로 지목하여 단교를 선언한 것은 942년이었다(만부교 사건). 실제 발해가 멸망한 926년으로부터는 어느 정도 시차가 있다. 강대량은 이러한 시차가 발생하게 된 이유를 한반도 내부의 정세에서 찾았다. 926년 당시에는 후삼국의 통일이 완수되지 않았으므로 거란과의 단교라는 외교적 강수를 두지는 못하고 서북면 개척 사업만을 진행하게 되었다는 것이다. 고려가 거란과의 단교 선언 시 발해를 언급한 것은 명분에 불과하다고 본 것이다. 이러한 입장은 80년대 이후 이 시기를 연구하는 대부분의 한국사 연구자들에 의해 계승 발전되었다.[28]

강대량은 더 나아가 고려가 거란과 단교한 실제적 배경을 다음과 같은 네 가지로 정리하였다. 첫째, 발해가 멸망하면서 고려는 거란과 직접

---

28) 1980년대 후반 한규철 등 발해사 연구자들을 필두로 강대량의 견해가 재생산되었다.

대결하게 되었고 이로 인해 고려의 북진정책이 쇠퇴하기는커녕 오히려
큰 자극을 받았다는 것이다. 북방 경영에 꾸준한 의지를 갖고 있던 고려
였지만 그 동안은 후삼국 통합이 완수되지 못하였기 때문에 본격적으로
나서지 못하고 있었다는 설명이다. 둘째, 후삼국 통일이 완료되고 934년
(태조 17) 대광현 등 발해 유민이 대거 망명하면서 고려는 이들에 대한
宣撫 정책을 채택하고 이들을 더 적극적으로 포용하고 활용하기 위한
목적에서 거란을 원수의 나라로 규정하게 되었다. 발해 내투민들은 서북
면 개척 사업에서 훌륭한 인적 자원이 될 수 있으며, 필요시에는 군사적
으로도 활용 가치가 높았던 것이다.

   강대량이 제시한 거란과 단교 결정 배경은 정치·국방 분야에 국한되
어 있지 않다. 세 번째 배경으로 그는 대외 교역이라는 매우 현실적인
이유를 제시하였다. 고려로서는 거란과의 무역에서 얻는 이득이 크지 않
아 단교 이후 발생할 경제적 손실은 감내할 정도였다는 것이다. 고려로
서는 황해를 통해 접근할 수 있는 송이라는 매력적인 무역 시장이 있었
고, 거란과의 교역이 중단되더라도 여진의 중계 무역을 통해 만주 지역
의 물자를 공급받을 수 있는 통로가 확보된다는 설명이다. 즉 교역적 측
면에서도 거란과의 단교 결정이 고려에 크게 타격을 주지 않는다는 점
을 고려가 이미 계산해 보았음을 짐작하게 한다. 강대량의 해석은 태조
대 거란과의 단교 정책의 배경을 입체적으로 구현하는 동시에, 고려 조
정의 외교 정책이 치밀한 사전 검토 속에서 결정되고 있었음을 잘 보여
준다.

   고려의 對거란 단교에 작용한 네 번째 요인으로 제시된 것은 "塞外民
族에 대한 의식적 편견"이다. 고려인들의 뚜렷한 정신적 우월감이 작용
하였다는 것인데, 이에 대해서는 뒤에서 다시 논하도록 하겠다.

　강대량의 이와 같은 분석은 고려시대 연구자들이 태조대의 對거란 정
책에 관심을 갖게 하는 동시에 심도깊은 후속 연구를 촉발하였다. 강대량이
분석하였던 것처럼, 고려 태조가 거란과 단교 시 발해를 언급한 것을 일종의
정책적 선언으로 보는 데에는 거의 모든 고려시대사 연구자들이 동의하
고 있다. 거란과의 단교를 감행한 주요 원인을 어디에서 찾을 것인지에
대해서는 연구자들의 다양한 의견이 개진되고 있는데, 이처럼 역사상에
보다 근접해 가는 학계의 발전상은 강대량의 논문이 마련한 학문적 토
대가 있었기 때문에 가능한 것이라 생각된다.

　강대량은 또한 발해 유민의 고려 망명 경로도 추정하였다. 그는 발해
유민이 세운 定安國이 臨江 通溝 일대를 중심으로 하였다는 점에 착안
하여 발해 유민이 임강 통구 지역을 거쳐 慈城江과 禿魯江을 끼고 강계
지방으로 들어온 뒤, 다시 독로강 상류를 통해 熙川 지역으로 들어가 청
천강을 따라 내려왔다고 보았다. 발해 유민의 망명 경로는 자연 하천을
많이 이용하였을 것으로 보고, 이를 河川線이라 지칭하였다.

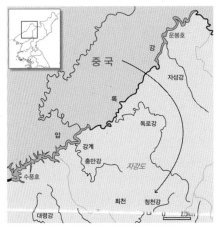

강대량이 추정한 발해 유민 망명 경로(하천선)

③ 중원의 정세 변동 설명

강대량은 요동 지역의 정세뿐 아니라 중원 지역의 동향에 대해서도 정리하였다. 송 태조의 성공적인 남방 경략 과정, 뒤를 이은 태종의 北漢 경략 및 연운 16주를 두고 거란과 대립하던 송 태종의 북벌에 대해서도 3~4쪽에 걸쳐 상세히 설명해 두었다. 특히 거란이 고려를 공격하게 된 국제적인 원인을 거란―송의 대결에서 찾아 지목한 점은 시대를 관통하는 탁견이다. 그의 설명에 따르면, 송이 북벌에 실패한 뒤 서하와의 전선에 집중하게 되면서 결과적으로 거란의 서부 전선이 안정되고 그로 인해 거란 역시 그동안 관심을 두지 못했던 고려와 여진에 대한 공략을 본격적으로 시작하게 되었다. 송의 건국과 태조·태종의 영역 확장 과정에 대한 이와 같은 설명은 당시 동북아시아의 또 다른 축이었던 송의 시각에서 바라본 거란과의 대결 과정을 초학자도 잘 이해할 수 있도록 도와준다. 송 태종이 거란을 견제하기 위해 고려 및 여진과 긴밀한 관계를 형성하려 함을 간파한 거란 성종 역시 송에 대한 기선 제압의 전단계로 고려를 공격하게 되었다는 지적은 당시의 동북아시아 정세를 그야말로 국제적인 관점에서 바라봄으로써 거란과 고려 간 전쟁이 발발하게 된 상황적 배경을 다자 구도의 외교 관점에서 설명하고 있다.29)

---

29) 고려 왕조의 대외관계를 동아시아 국제 질서의 변동 속에서 이해하는 연구 방법론은 강대량뿐 아니라 김상기에 의해서도 일찍부터 채택되었다. 강대량의 논문은 앞서 지적하였듯이 해방 전 그가 천진에 체류하던 시기에 작성된 원고이고, 김상기와의 학연은 강대량이 서울대 국사학과 교수조무원으로 일하기 시작한 1946년 이후로 추정된다. 따라서 강대량의 논문 작성에 김상기가 어떠한 영향을 주었는지 직접적으로 확인하기는 어려운 실정이다. 다만 두 학자가 같은 직장에서 활동하고 있었으며 김상기는 조선사연구회의 부회장이기도 했으므로 학문상의 교화 및 지도가 있었을 것임은 분명하다고 하겠다. 이러한 점을 教示해 주신 박종기, 민현구 두 분 선생님께 지면을 통해 다시 한 번 감사드린다.

2) 고려의 대외 정책과 서북면 개척

① 고려 왕조 대외 정책의 기본 지향

강대량은 고려와 중국과의 외교 관계를 다음과 같이 일목요연하게 정리하였다.

> "고려는 태조의 건국 이래 五代의 각국과는 통호관계를 맺어 왔으나 중국에 대한 事大關係가 성립된 것은 태조 16년 後唐의 封册을 받들어 明宗의 長興 年號를 사용하게 된 것이 그 시초였다. 前代에 있어서도 後梁과의 사이에 물론 피차의 우호관계는 있었다. 그러나 당시 초창기의 고려는 아직 國基가 安固되지 못하여 그다지 큰 주위의 관심을 얻지 못하였고 또 後梁의 존속 기간이 겨우 2대 17년에 불과하여 고려 태조 5년 10월에는 멸망하고 말았으니 시간적으로 보아 양국 국교는 사대관계에까지 발전할 여유가 없었다. 後唐이 멸망한 다음 고려는 後晉, 後漢, 後周의 歷朝에 入貢하여 전심 사대친선에 노력하였고 특히 송의 중원 통일을 계기로 하여서는 종래의 儀禮的 사대관계는 정치적 군사적인 실제면에 있어 비약적 발전을 보게 되어 質的 變換을 하게 되었다."[30]

종합적인 연표와 다양한 공구서의 도움을 쉽게 받을 수 있는 요즘의 연구 환경에서는 그다지 큰 감흥을 얻지 못할 수도 있겠지만, 이 논고가 간행된 1948년의 시점에서 고려 초기의 대외 관계 및 책봉 관계를 어떻게 일목요연하게 정리할 수 있었을까하는 감탄같은 의문이 든다.

강대량은 기본적으로 고려가 중원의 한족 왕조에 대해서는 사대관계를 맺었고, 거란에 대해서는 차별적인 태도를 취하였다고 보았다. 앞서 언급하였듯이 그가 거란과의 단교 이유 중 하나로 제시한 것도 거란이

---

30) 姜大良, 1948,「高麗初期의 對契丹關係」(上)『史海』1, 44쪽.

塞外民族이라는 점이었다. 또한 강대량은『資治通鑑』後晉 齊王 周開 2
년의 기사를 근거로 고려가 실제로 거란에 대한 협공을 추진하였다고
보았다.[31] 여러 면에서 그는 고려의 거란에 대한 기본 자세가 중원의 여
러 나라에 대한 태도와는 사뭇 달랐음을 강조하였다.

　非漢族 왕조에 대한 고려의 문화적 우월감을 강조하는 시각은 이 논
문이 작성된 시기를 고려할 때 어렵지 않게 수긍할 수 있다. 1948년이라
는 역사적 공간에서 역사학자, 특히 한국사 연구자는 민족적 자긍심을
최대한 입증해 내어야 했을 것이며, 또 일부러 의도하지 않더라도 자연
스럽게 그러한 측면에 열중하게 되었으리라 짐작된다.『사해』의 표지에
제시되어 있는 표어인 "億兆祖先의 精神塔"에서도 그러한 시대적 분위
기를 읽어낼 수 있다.

　그럼에도 불구하고 부정할 수 없는 사실은 고려 왕조의 대외관계는
중원 왕조와의 관계에만 국한되지 않는다는 것이다. 강대량은 고려가 이
미 태조 5년(922) 경부터 거란과 교빙해 왔음을 주장하였다. 한족 왕조에
대한 事大와 새외민족인 거란과의 외교 관계가 병존했던 고려 초기의
대외 관계에 대한 강대량의 설명은 고려 왕조가 추구한 외교 정책의 본
질을 꿰뚫고 있다고 생각된다. 아래의 인용문을 보자.

　　"이러한 중국과의 사대관계가 고려의 對거란관계에 지대한 영향을 던
　　지게 되었으리라는 것은 의심할 수 없는 바이나 그렇다하여 이러한 **중국**
　　과의 사대관계가 반드시 고려의 거란에 대한 교빙을 저해한 것이라고는

---

31) 이러한 견해는 태조대 대외 정책을 면밀히 검토한 서성호에 의해 비판되었다(서
　　성호, 1999, 앞의 글). 그에 따르면 고려는 후진을 자극하여 거란을 견제할 국제
　　적 역학구도를 마련하고자 했다고 한다. 서성호는 이 논문에서 강대량의 견해를
　　비판적으로 계승하여 발전시킴으로써「高麗初期의 對契丹關係」(上)가 학계에
　　서 다시 주목받게 되는 계기를 제공하였다.

『사해』창간호 표지

볼 수 없다. … 태조 5년 2월 거란과의 제1차 通聘을 보게 되었을 때 고려는 아직 초창기에 있어 미처 국내통일도 이루지 못하였으나 반면 이러한 초창기의 고려에 통빙한 거란은 당시 이미 塞外─方에서 강대한 제국을 형성하여 그 위세는 멀리 고려에까지 전파되어 있었던 것이다. 여기에 있어 문제가 되는 것은 이러한 정치적 환경에 있던 **고려가 과연 강대국 거란의 내빙에 대하여 이것을** 不問에 **붙일 수가 있었을까** 하는 것이다. 태조가 새외민족인 거란에 대하여 완고한 멸시감을 지니고 있었다는 것은 부인될 수 없으니 과연 이것이 초창기 고려의 대외정책에 있어 어떤 정도의 영향력을 갖게 되었는지 크게 의혹을 품지 않을 수 없게 된다. 나는 麗丹양국의 國交를 지배한 원동력의 하나로서 거란에 대한 고려의 정신적 태도를 결코 경시하는 바는 아니나 적어도 거란의 第一次 來聘에 대한 고려의 보빙은 당시 그의 정치 환경으로 미루어보아 부인할 수가 없다고 생각한다."[32]

고려 왕조의 대외 정책이 외부 민족(오랑캐)에 대한 정서적인 측면에만 좌우되지 않았으며, 그러한 감정과는 별도로 고려 조정이 국제 정세를 십분 이해한 위에서 전략적인 외교 정책을 폈다는 설명이다. 이러한 논지는 당시 학계에서 상당히 혁신적인 견해가 아니었을까 짐작된다. 북방 민족이 세운 왕조의 군사적·정치적 영향력과 고려가 그들과 맺은 외교 관계의 성격에 대해서는 현재에도 여전히 편견이 존재하는데, 1948년 당시에는 그러한 선입견이 훨씬 더 컸을 것이다. 더구나 강대량 스스로도 거란에 대한 고려의 문화적 우월감의 실체를 적극적으로 인정하고 있다. 그럼에도 불구하고 강대량은 집단의 정서와 정책을 분리하여 통찰함으로써 고려인들의 유연한 사고방식과 그에 기반한 고려 왕조의 대외 정책적 지향을 논리적으로 설명해 내었다고 생각된다. 이러한 강대량의 견해는 거란과의 관계를 바라보는 기본 구도가 되어 고려시대 연구자들에게 계승되고 있다.[33]

---

32) 姜大良, 1948, 앞의 글, 45~46쪽.
33) '禽獸論的 契丹觀'으로 정리될 수 있는 이와 같은 시각은 거의 대부분의 고려시대 대외관계사 연구자들이 공유하고 있다.
최근에는 '고려의 문화적 우월감'의 실체에 대한 의문이 제기되기도 하였다(李美智, 2012, 「고려시기 對거란 외교의 전개와 특징」, 고려대학교 박사학위 논문). 거란에 대한 우월감을 강조하면 할수록 고려의 문화적 지위는 높아진다 하더라도, 결과적으로 고려가 거란의 피책봉국이 되었다는 현실 외교상의 굴욕감은 상대적으로 더 커질 수밖에 없다는 것이다. 李美智는 거란에 대한 다양한 발화 상황에서의 지칭 표현과 紀年號 용례를 통해 거란과 책봉-조공 관계가 성립된 이후 고려 내부에서 거란에 대한 폄하적 인식이 유지되었다고 보기 어렵다는 점을 지적하였다.

② 태조대 북진정책의 실체

강대량은 고려 초기의 서북면 개척 사업에 대해서도 관심을 기울였다. 크게 세 시기로 나누어 이를 설명하였는데, 이는 고려의 북방 진출을 "북진정책"으로 정리하고, 그 실체를 구명한 최초이자 유일한 논문이다.

우선 그는 고려 초 서북지역의 한계를 설정하였다. 고려 초의 영역은 궁예의 영역 정도에 머물러, 浿西 13鎭과 慈悲嶺 부근 정도였다. 태조 즉위 당시에 평양은 항상 여진의 침략에 방치되어 있었으며 이에 대한 대응책으로 徙民 정책을 시행하였던 점 등을 토대로, 강대량은 건국 당시 고려의 서북경은 대동강으로 제한되어 있었을 것으로 보았다.

태조의 서북면 개척 사업의 첫 번째 시기는 건국 시기부터 발해가 멸망한 태조 9년(926)까지이다. 이 시기에는 이렇다 할 성과를 내지 못하였다가 발해가 멸망한 이후(2기) 태조는 본격적으로 서북면 개척 사업에 착수하게 되었다. 고려의 입장에서는 거란과의 사이에서 완충지대 역할을 하던 발해가 사라져 거란과 전선을 마주하게 된 것이 오히려 서북면 개척에 큰 자극이 되었다. 후삼국 통일을 완수한 이후(3기)에는 서북면 개척 사업이 적극적으로 추진되었다. 거란이 발해를 멸망시키고 東丹國을 설치함으로써 고려의 서북면 진출이 좌절될 수도 있었지만 거란이 황위 계승 분란을 겪으며 동단국을 西遷하였고, 발해가 멸망한 뒤 구심점을 잃은 여진 세력이 결집되지 못하였던 상황은 고려에 유리하게 작용하였다. 성종 12년(993) 거란이 침입해 오면서 고려의 서북면 개척 사업은 중단되었지만, 건국 당시 대동강 연안에 국한되어있던 고려의 서북경이 멀리 嘉山·泰川·雲山·熙川·孟山·陽德 등지를 연결하는 선까지 확장되어있던 것은 분명한 성과라 하겠다.

3기에 해당하는 태조 19년(936) 이후의 서북면 개척의 불균형성에 주목한 것도 강대량이 유일하다. 그에 따르면 서북면의 동북방 지역은 희천, 운산 등지에까지 진출하여 성과가 현저하였으나 서북방은 古邑, 가산 등지에서 좌절되었다고 한다. 동북방 지역의 주민(여진)은 비교적 단결이 약하고 세력이 미약하였을 뿐 아니라, 발해 계통의 정안국이 있던 지역이라 고려가 진출하기에 유리한 상황이 되었다. 서북방에는 그 나름의 여진 세력이 강고하게 자리하고 있었다고 설명하였는데, 그 근거로 성종 4년(985) 고려가 압록강 하류에 축성했을 때 이에 반발하는 여진에 고려군이 패전한 기사를 제시하였다.

강대량은 이와 같은 고려의 북진정책의 성과가 단순히 고려 내부적 원인에 의해서만 이루어진 것이 아니라는 점도 지적하였는데, 하나의 사건을 언제나 보다 큰 맥락 속에서 파악하는 특징적인 논지 전개 방식이라 하겠다. 그에 따르면 거란이 남방 경략에 매진하고 있었던 국제적 환경 역시 고려의 북진정책 추진에 우호적으로 작용하였으며, 이와 더불어 고려의 고구려 계승 의식도 북진정책의 정신적 원동력이 되었다는 점을 명시하였다.

3) 사료의 비평적 활용

강대량의 논지 전개 방식의 가장 큰 특징 중 하나는 철저히 사료에 근거하여 논리를 풀어간다는 점이다.[34] 이를 위해 가장 기본적으로 요구되

---

34) 이러한 연구 방법은 아마도 강대량의 본격적인 연구생활을 지도한 이병도의 영향이었다고 생각된다. 이 논문을 완성하는 중에도 이병도의 지도를 받았음을 직접적으로 확인할 수 있다(姜大良, 1948, 앞의 글, 62쪽 미주 6번 참조). 강대량은 스스로 "斗溪學風의 충실한 계승자가 되지 못햇"음을 토로하였으나(2012,「斗溪先生의 性稟과 學問의 一面」『歷史家의 遺香(斗溪李丙燾先生追念文集)』, 한

는 것은 논지의 근거가 되는 사료의 수집과 그에 대한 면밀한 분석인데, 앞서 누차 지적하였듯이 강대량의 사료 수집력은 감탄할 만하다. 고려시대 연구의 기본 사료인 『고려사』뿐 아니라, 『資治通鑑』, 『五代史』, 『契丹國志』와 『遼史』를 두루 섭렵하였다. 특히 『요사』는 本紀와 外記의 기록은 물론 地理志, 食貨志, 列傳 등의 내용을 자유자재로 인용하며 적재적소에 제시하였다. 『고려사』 병지를 활용하면서는 병지에 누락된 鎭의 이름을 세가 기록을 통해 보완하기도 하였다.

자료 수집뿐 아니라, 비평적 활용의 측면에서도 강대량의 방법론은 재조명될 만하다. 강대량은 『고려사』의 기록을 단순히 인용하는 데에 그치지 않고, 이를 검토하고 분석하는 과정에서 『고려사』가 편찬되는 과정과 근거 자료의 성격에 대해서도 고민하였다. 한 예로 병지 편찬 자료에 대한 분석을 들 수 있다. 강대량은 병지의 기사와 지리지를 비교 분석하여, 병지의 편찬 과정에서는 제작 연대가 서로 다른 여러 종류의 자료가 사용되었고 이를 제대로 분별할 수 없었던 편찬자가 작업한 결과 동일한 축성 기사가 별개의 것처럼 중복 수록되었을 것임을 추론해내었다.

또한 강대량은 『요사』의 기록을 활용하여 초기 거란 관계에 대한 이해의 폭을 넓히고자 하였다. 『고려사』에 나타난 고려 초기 여요 관계는 기록이 매우 소략하여 거란 주도의 일방적인 관계처럼 나타난다. 그러나 강대량은 이것이 『고려사』가 편찬될 때 초기 기록이 소략한 고려 실록(현종 5년에 再撰)에 기초하였기 때문에 사실의 일부만이 전해지게 된 결과라 보았다. 거란과의 교빙 기록뿐 아니라 여진 관련 기록도 현종 이전과 이후 기록에 편차가 큰데, 이 역시 참고할 만한 초기 기록이 소략

국악술성모(주), 167~168쪽), 객관직으로 진실성을 입증할 수 있는 충분한 근거를 토대로 추론을 제시하는 그의 방법론은 이병도의 방법론과 크게 다르지 않다고 생각된다.

하였던 방증이라고 한다. 아울러 그는 고려가 거란과의 단교를 선언하면서 "遂切交聘"하였다는 표현에 주목하여, 오히려 이 표현이 단교 전까지 양국 간에 교빙 관계가 실재하였음을 반증한다는 점을 지적하였다. 『요사』外記 高麗傳 天贊 3년(고려 태조 7, 924)에 고려가 來貢하였다는 기록도 단교 전 고려와 거란 간에 외교 관계가 성립되어 있었음을 보여주는 근거로 제시하였다.

그런데 對거란 관계에 주목한 연구자들 간에 『요사』 기록을 어디까지 신뢰할 것인가 하는 문제는 반드시 짚고 넘어가야 하는 쟁점이다. 그 내용이 소략한데다가 本紀와 外記, 屬國表의 고려 관련 기록이 일관성을 보이지 않고 인명이나 지명이 부정확한 경우가 많기 때문이다. 1980년대 중반 김위현은 『요사』 속 고려 관련 기록을 『고려사』와 하나하나 대조하여 거란 관계사 연구에 큰 기여를 하였다.[35] 그러나 강대량은 이미 「高麗初期의 對契丹關係」(上)에서 『요사』 본기와 외기 기록 간에 1년의 연대 착오가 벌어지고 있음을 지적하였다. 그에 따르면 이러한 착오는 『요사』 본기 편찬 중 연대를 충분히 고험하지 못하고 『거란국지』의 자료가 된 기록의 연대를 그대로 사용했던 데에서 기인한다고 한다. 결론적으로 강대량은 본기 기록보다는 외기의 기년이 맞는 것으로 추정하면서도,[36] 이러한 연대 착오가 『요사』가 전하는 고려 관련 기록 자체를 부인하는 논거가 되어서는 안 된다는 점을 힘주어 주장하였다.[37]

---

35) 金渭顯, 1985, 『遼金史硏究』, 裕豊出版社.
36) 본기의 기록을 믿지 않은 이유는 왕건이 즉위하기도 전인 거란 태조 9년에 고려가 入貢하였다는 기록이 이국외기에는 나타나지 않고 본기에서만 확인되기 때문이다. 이와 관련하여 김위현도 『요사』의 본기, 외기, 속국표 찬자가 각각 달랐으리라 추정하였다(金渭顯, 1985, 앞의 책, 80쪽).
37) 『요사』 기록에 대한 연구자들의 입장은 대략 다음과 같다. 강대량은 『요사』의 외기 부분만 인정하였고 이용범은 전체 『요사』 기록을 신뢰하지 않는다. 80~90년

4. 나오며 : 강대량이 남긴 과제

이상에서 『高麗初期의 對契丹關係』(上)의 연구사적 가치를 짚어 보았다. 이 논문은 강대량의 학문적 행로의 첫걸음에 해당하는데, 아쉽게도 완성된 한 편이 아니다. 이하에서는 이 논문의 (下)편에서 어떠한 논점이 제시되었을지, 더 나아가 而立의 강대량이 품고 있던 사학자로서의 꿈은 어떠한 것이었는지 추정해 봄으로써 고려시대 대외관계사 분야의 과제로 삼아 보고자 한다.

『高麗初期의 對契丹關係』(下)에 어떤 내용이 담겨 있었을 지에 대해서는 이 논문의 맨 앞쪽에 제시된 목차에서 약간의 실마리를 찾을 수 있다. 논고의 목차와 실제 내용 구성을 비교해 보자.

	논문 목차 상의 구성	실제 구성
一.	序言	序言
二.	契丹의 東方經略과 高麗의 西北面開拓	契丹의 東方經略과 高麗의 西北面開拓
三.	初期의 兩國間의 交聘問題	高麗와 契丹間의 交聘問題 一. 契丹의 渤海征服이 高麗의 북진정책에 一大暗影을 던지게 되었다는 것 二. 渤海遺民의 大量來投와 그들 來投民에 對한 宣撫政策이 必要하였다는 것 三. 交聘關係를 通하는 對契丹貿易이 對宋貿易에 比하야 不利하였다는 것 四. 塞外民族에 對한 意識的偏見이 高麗의 外交政策에 莫大한 影響을 던지게되었다는 것
四.	契丹聖宗의 女眞討伐과 高麗와의 關係	(미수록)

논문의 맨 앞장에 제시된 목차 중 4장 <거란 성종의 여진 정벌과 고

대 연구 성과에서는 본기의 기록을 수로 인성하고 그 외 기록은 착오로 보고 있다. 2000년대 이후에는 『요사』의 기록을 주변 자료와의 교차 검증을 통해 선별적으로 이용하고 있는 추세이다.

려와의 관계>가 본문에는 포함되지 않았다. 아마도 강대량이 구상한 전체 원고는 이 내용이 포함되어 있었으나, 여러 사정 상 4장과 결어가 차후 간행되는 것으로 계획되었으리라 짐작된다. 이 내용이『사해』2호에 수록되는 것으로 계획되었을 가능성이 없는 것은 아니지만, 강대량은 스스로 "本報 次號에『三國史記에 初見된 契丹記事의 批判』이라는 拙稿를 發表할 豫定이다."라고 미주에 밝혀 두었다.38) 그렇다면 아마도「高麗初期의 對契丹關係」(下)를 다른 학술지에 발표할 계획이 있었던 것은 아닌가 생각된다.

계속해서 하편의 내용을 추정해 보자. 강대량은 서두에서 고려 초기의 하한을 거란과의 전쟁이 일어난 성종 13년으로 분명히 제한하였으므로, 4장의 내용은 태조대 이후 성종 13년까지의 거란의 동북지역 경략과 송과의 관계, 거란－고려 전쟁 등을 담았으리라 추정된다. 발해 유민의 定安國과 여진과 송의 관계 및 거란의 여진 경략 과정에 대해서도 후술하겠다는 언급이 있으므로 거란의 동북지역 경략 과정 속에서 함께 다루어졌을 것이다. 또한 강대량의 집필 스타일 상, 전쟁 발발 전후의 거란 내부 상황과 전쟁 시 거란군의 진격 과정 및 고려의 대응에 대한 상세한 설명이 포함된 글이었을 것으로 추정된다.

이렇게 본다면 강대량이 1948년 즈음 구상하고 있던 장기적인 연구 방향을 짐작해 볼 수 있다. 거란과의 관계가 명확하게 드러나지 않는 고려 초기의 교빙 관계를 탐구하는 데에서부터 연구를 시작한 것을 보면 그는 거란과의 전쟁과 그 이후의 교빙 관계, 더 나아가 고려 왕조의 대외 관계사를 순차적으로 연구하여 정리하려는 계획을 세우고 있었던 것이 아닌가 생각된다.

---

38) 姜大良, 1948, 앞의 글, 61쪽 미주 1번.

아울러 본문 중에도 이후 발표되었음직한 논문에 대한 단서가 확인된다.

　契丹의 由來와 發展에 關하야는 他日 別稿로서 卑見을 陳述할 機會
가 있을 것이니, 詳論하기를 避하거니와[39]

　강대량은 거란의 유래와 발전을 별고로 계획하고 있었다. 고려 초기
거란과의 관계를 정리하면서 거란, 중국의 정세는 물론 발해 유민에 대
한 고려의 정책까지 깊이 있게 고찰하였음을 여러 차례 확인하였다. 이
러한 내용을 담은 논문을 준비하는 과정에서 거란 민족에 관한 별도의
논문이 작성될 수 있었으리라는 점은 충분히 짐작 가능하다.

　결과적으로 한국 현대사의 격변기를 거치면서 강대량의 연구적 관심
은 대외관계사의 측면에서는 후대로 이동하였고 주제사의 측면에서는
토지제도사로 옮겨갔다. 그러나 고려 왕조와 외부 정치체와의 대결 및
협력 관계에 대한 그의 관심은 논문으로 발표되지 않았을 뿐 계속해서
이어졌다. 1968년『思想界』에 실린「高麗人의 外壓克服」이라는 역사
에세이에서는 한국의 역사가 외압과 저항의 역사임을 천명하며, 이는 억
압을 끊고자 하는 민중의 노력과 함께 한국사를 이끌어 간 추진력이었
음을 역설하였다.[40] 강대량의 대외 관계사에 대한 열정이 고려 시대를
살았던 사람들에 대한 관심으로 확장되었음을 짐작하게 하는 언급이라
생각된다.

　이상에서 살펴보았듯이 강대량의 논고가 한국사학계에서 차지하는 의

---

39) 姜大良, 1948, 앞의 글, 20쪽 11행.
40) 姜晉哲, 1968,「高麗人의 外壓克服」,『思想界』1/9, 41쪽 "外壓과 이에 대한
　　抵抗은 항상 內部的 解放의 노력과 더불어 우리나라의 歷史를 이끌고나간 큰
　　추진력이 되었다."

미는 단순히 연구사적으로 처음 제출된 견해라는 데에 제한되지 않는다. 「高麗初期의 對契丹關係」(上)는 고려－거란 관계사 분야의 초기 저작임에도 불구하고, 고려 왕조가 추구하던 외교 정책의 본질과 구체적 실상을 제시하였다. 이 과정에서 주변 정치체의 역사와 동향, 상호 관계를 전체적인 맥락 속에서 조명하였으며, 자료의 한계로 인해 추론을 제시해야 하는 부분에서는 엄밀한 논리성과 개연성을 잃지 않았다. 특히 인상적인 것은 다소 긴 논문임에도 불구하고 독자 입장에서 필자와 함께 토론하고 있는 듯한 느낌을 갖게 하는 열정적인 문장이다. 『사해』 편집후기에서 편집진이 "煩肇보다 自身—讀이 第一"이라 하였듯이, 고려시대 연구자뿐 아니라 역사를 진지하게 연구하고자 하는 사람들에게는 一讀이 필수라고 생각된다. 거인의 시각을 넘어서는 첫 단계는 거인의 어깨에 올라타는 것에서부터 시작하기 때문이다.

〈논평〉
대외관계사 연구의 단절과 복원

朴 宗 基*

1970년대 발표한 대몽 항쟁사 연구는 고 강진철 교수(이하 강대량)의 대표적인 대외관계사 연구 성과로 알려져 있다. 고려왕조기 대외관계사 연구가 1970년대 본격적으로 이루어지면서 이 연구는 국내 연구자들에게 널리 읽히고 주목을 받았다.

반면에 오늘 발표자 이미지 선생(이하 발표자)께서 정리한 강대량의 「고려 초기 대 거란관계 연구」는 그동안 거의 알려져 있지 않은 논문으로서, 이번 학술회의를 계기로 처음 학계의 검토를 받게 되었다. 1948년 발표된 이 논문은 또한 고려시대 연구자 강대량이 우리 학계에 처음 발표한 논문이기도 하다.

뒤에 언급하겠지만 이 논문은 고려시기 대외관계사 연구의 시각과 방법론을 모범적으로 제시한 논문이다. 그러나 반세기가 지난 1990년대 후반에야 처음으로 주목받기 시작한다. 한마디로 고려시기 대외관계사 연구의 시각과 방법론이 제대로 조명받지 못하다 뒤늦게 조명을 받는, 그야말로 단절과 복원의 과정을 잘 보여주는 논문이다. 따라서 이 논문에서 구사된 연구방법론을 확인하고, 그 연원을 추적하는 것이 논평을 작성한 또 다른 목적이다.

* 국민대 한국역사학과 명예교수

발표자는 이 논문의 내용 소개와 연구사적 의미를 잘 정리해 주셨다. 나아가 이 논문이 실린 학회지『사해』와 발간 주체「조선사연구회」에 대하여 처음으로 정리, 소개하여, 논문은 물론 연구자 강대량을 이해하는데 훌륭한 길잡이가 되었다. 따라서 본인(이하 토론자)은 발표문 자체에 대한 질문은 생략하고, 발표자가 제기한 여러 문제점을 토대로 강대량의 논문에서 어떤 내용을 읽을 수 있으며, 그것이 오늘의 역사연구에서 던져준 의미가 무엇인가를 논평하는 것으로 토론에 대신하기로 한다.

I. 전통적인 연구 시각과 다원적인 국제질서

고려왕조기 대외관계사 연구를 지배해온 연구 시각과 방법은 두 가지이다. 이민족의 침략을 강조하고, 그로 인해 한국사의 자율적인 역사발전이 지체되었다는 타율적인 측면을 강조한 일제 식민사학자들의 연구와 이민족 침략에 대한 고려인의 저항과 항쟁을 강조하는 해방 이후 국내 연구자들의 연구이다. 아직까지도 영향력을 가지고 있는 후자의 연구 시각은 북진통일론, 국난극복, 민족주체성 확립 등 당시 학계 안팎을 감돌았던 정치이데올로기와 무관하지 않았다.

민주화 이후 이를 뛰어 넘는 참신한 연구가 제기되고 있지만, 새로운 방법론을 분명하게 제시하지 못하고 있다. 두 가지 연구방법론은 모두 그 서술내용이 상대국과의 교섭일지를 정리하는 수준에 머물고 있다. 왜 그럴까? 고려가 처한 국제 현실을 제대로 인식하고 이런 현실을 고려하지 않은 연구 시각과 방법론의 한계 때문이다. 수나라에 이은 당나라, 명나라에 이은 청나라 등 중원의 통일왕조와 1국 대 1국의 '단일한 외교질서'에 익숙했던 삼국 및 조선시기 대외관계 연구에 영향을 받았던 것은 아닐까?

그러나 고려가 처한 국제환경은 달랐다. 고려왕조기 내내 거란-송-고려, 송-금-고려, 송-원-고려, 원-명-고려 등 대륙의 여러 강국과 복잡한 외교관계를 맺은 이른바 '다원적인 국제질서'였다. 관계사 연구의 기본은 상대국의 존재를 전제로 두 나라 관계를 중심으로 정리하는 것이지만, 고려시기의 경우 더 나아가 두 나라는 물론 그를 둘러싼 여러 주변국의 동향, 국제환경, 지정학적 요인 등을 고려하여 접근해야 한다. 때문에 고려왕조기 대외 관계사 연구는 1국 대 1국의 관계를 뛰어넘는 새로운 시각과 방법론이 필요하다. 즉 객관적 관점의 확보이다. 당시 국제질서 속에서 국가 상호간 교섭의 필연적인 조건에 대한 객관적이고 엄밀한 검토, 그러한 교섭이 각각 자국의 역사발전에 끼친 여러 모습을 인과적으로 고찰하는 방법론이다. 또한 고려를 교섭의 중심에 두더라도 고려의 국내 상황은 물론 상대국과 주변국의 역사적 상황과 조건을 함께 고려하는 종합적인 고찰이 필요하다.

II. 강대량의 연구 방법론과 시각

강대량은 고려와 거란의 두 나라를 둘러싼 주변국과의 관계, 시대 상황 및 지정학적 사회경제적 조건 등 시간과 공간을 연구의 시야 속에 넣어 다양하면서도 종합적으로 관계사를 고찰했다. 그의 연구 방법론은 1국 대 1국의 단순한 시각과 방법론을 넘어서 있다. 발표자도 토론자와 같은 입장에서 강대량의 연구방법론을 다음과 같이 정리한 내용이 있다.

　　'거란 건국 당시 야율아보기 세력의 부상, 주변국과의 관계, 야율아보기의 칭제건원 이후 중원 경략에 대한 지향과 송 건국 이후의 정책 변화 등이 간결하지만 빠짐없이 언급되어 있다. 이 과정에서 거란이 발해를 공격하게 된 이유를 (중략) 구분하여 설명하였다. (중략) 강대량이 파악한 (발해 정복의) 보다 실질적인 이유는 다음과 같다. 거란 태조는 유목 국가에서 나아가 한층 강력한 국가를 건설하려 하였고, 이를 위해서는 농경 생산의 기초가 되는 농토를 획득할 필요가 있었다. 또한 최종 목표인 중원 경략을 위해 동쪽 전선의 우환인 발해를 제거하고 그로부터 얻어지는 전력 자원을 활용하고자 했다는 것이다.'(발표문 5~6쪽)

　　발표자는 강대량의 논문에서 고려와 거란 관계를 설명하기 위해 거란과 그 주변국 송과 발해와의 관계를 언급한 사실을 위와 같이 정리했다. 특히 강대량은 거란의 발해 정복이 고려와 거란 관계에 큰 영향을 끼쳤다고 했다. 즉 거란이 강력한 국가 건설을 위한 농토 획득, 중원 대륙을 진출하기 위한 안전판 및 전력 자원 확보를 위해 발해를 정복했다는 것이다. 강대량은 이 논문에서 거란의 건국과 발전 과정에서 발해 정복은 불가피한 것이었으며, 그것에 위기의식을 느낀 고려의 적극적인 북방개척이 두 나라(고려와 거란) 관계에 영향을 끼쳤다고 했다.

　　이러한 연구시각은 관계사 연구를 국가 간의 단순한 교섭 과정이 아니라 자국 및 주변국과의 역사를 정치 경제 사회의 여러 차원에서 종합적으로 정리하려는 방법론에 기초한 것이다. 해방 정국 당시 학계 수준을 감안할 때 그의 논문은 매우 높은 수준의 연구 방법론을 구사하고 있다.

　　이 논문에서 다른 또 다른 주요한 서술 부분은 거란의 고려 침략이다. 그 원인을 송나라의 건국과 영토 확장 과정에서 빚어진 거란과의 대립 갈등에서 찾았다. 발표자는 다음과 같이 정리했다.

'송 태조의 성공적인 남방 경략 과정, 뒤를 이은 태종의 北漢 경략 및 연운 16주를 두고 거란과 대립하던 송 태종의 북벌에 대해서도 3~4쪽에 걸쳐 상세히 설명해 두었다. 특히 거란이 고려를 공격하게 된 국제적인 원인을 거란-송의 대결에서 찾아 지목한 점은 시대를 관통하는 탁견이다. (중략) 송의 건국과 태조·태종의 영역 확장 과정에 대한 정리는 당시 동북아시아의 또 다른 축이었던 송의 시각에서 바라본 거란과의 대결 과정을 초학자도 잘 이해할 수 있도록 도와준다. 송 태종이 거란을 견제하기 위해 고려, 여진과 긴밀한 관계를 형성하려 함을 간파한 거란 성종 역시 송에 대한 기선 제압의 전단계로 고려 침범을 공격하게 되었다는 지적은 당시의 동북아시아 정세를 그야말로 국제적인 관점에서 바라봄으로써 거란과 고려 간 전쟁이 발발하게 된 상황적 배경을 거시적 시각에서 여실히 설명하고 있다.'(발표문 8쪽)

강대량은 거란의 고려 침입을 단순히 두 나라 사이의 관계로 국한하지 않고, 송과 거란과의 대결과정에서 빚어진 역학관계의 변화에서 찾았다. 즉 송이 고려와 여진과의 긴밀한 관계를 형성하려 하자, 거란이 이를 차단하여 송의 의도를 제압하려는 과정에서 고려 침략을 단행했다는 것이 강대량의 논지이다. 발표자는 이러한 연구시각을 '(고려와 거란의) 두 정치체가 처해 있던 공간적·시간적 배경 속에서 양국 관계에 직, 간접적으로 영향을 주었던 주변 정치체의 복합적인 역할을 때로는 대국적으로, 때로는 매우 미시적인 관점에서 정리하였다.'(발표문 4쪽)고 평가했다.

III. 강대량의 연구 방법론은 극복된 것일까?

이 논문의 작성 시점이 해방 직후라는 점을 고려하면 강대량의 연구 시각과 방법론은 당시 수준에서 매우 획기적이다. 발표자가 지적했듯이

'고려시대사와 관련한 논고에서 인용되어 본격적으로 활용되기 시작한 것은 1990년대 후반 이후'(발표문 3쪽)라고 하면서, 그의 연구가 학계에서 크게 활용되지 못한 점을 아쉬워했다. 즉 강대량의 방법론과 시각은 그의 논문 발표 후 거의 반세기간 단절되어 계승되지 않았던 것이다. 좀 더 일찍 주목하고 활용했다면 고려시기 대외관계사 연구는 훨씬 풍부한 성과를 거두었을 것이다.

　한편으로 강대량의 연구 시각과 방법론은 어디에서 연원하는 것일까? 토론자는 고 김상기 교수(이하 김 교수)의 연구에 주목하고자 한다. 김 교수는 고려-송-거란, 고려-송-여진으로 이어지는 10~12세기 동아시아 국제질서의 변동과 연계시켜 고려와 여러 주변 국가와의 교섭과정과 고려의 외교적 역할을 객관적으로 연구했다. 강대량의 연구 이전인 1930년대 김 교수는 이러한 시각과 방법론으로 삼국 및 고려시기 대외관계사에 관해 다음과 같은 논문을 발표했다.

　　　「고대의 무역형태와 나말의 해상 발전에 대하여」,『진단학보』1, 2집
　　　(1934, 1935년)
　　　「여송 무역 소고」,『진단학보』7집(1937년)
　　　「삼별초와 그의 난에 대하여」,『진단학보』9, 10집(1938, 1937년)
　　　　　　　　　　(『동방문화교류사 논고』을유문화사 1948년 재수록)

　식민지시기 고려 대외관계사 연구는 일본인을 제외하면 김 교수의 연구가 유일했다. 위 논문에서 고대 무역 형태와 장보고 중심의 해상 발전을 고찰하기 위해 김 교수는 국내 사료는 물론 중국 측 사료를 폭넓게 활용하고 있다. 또한 당시 일본과 중국의 역사를 폭넓게 고찰하여, 동아시아 역사 흐름 속에서 한국 고대의 무역과 그 발전 형태를 밝히고 있다.

단순한 관계사가 아니라 당시 동아시아 역사를 꿰뚫은 통찰력이 논문 속에 담겨 있다. 고려와 송과의 무역을 연구한 논문도 같은 방법론을 구사했다. 국내 정치사로 간주되던 삼별초 연구도 당시 고려와 몽골과의 관계사를 폭넓게 고찰하면서 문제에 접근했다. 관계사의 대상이 된 해당 주제를 밝히기 위해 폭넓게 사료를 활용하고, 해당 주제를 중심으로 상대국과 그 주변국의 역사와 그 변동을 종합적으로 고찰하려 했다. 일국 대 일국의 단순한 교섭일지를 정리하는 관계사 연구를 뛰어 넘어 상대국과 그 주변국의 역사까지 종합적으로 고찰했던 것이다.

1930년대 김 교수와 강대량 두 사람의 연구 사이에 어떤 연관성은 없었던 것일까? 강대량은 식민지 시기 김 교수의 연구방법론을 활용, 계승해 고려와 거란 관계사 연구를 진행한 것은 아닐까? 이에 대한 검토는 강대량의 논문은 물론 고려시기 대외관계사 연구 시각과 방법론을 새롭게 고찰하는데 도움을 얻게 될 것으로 생각된다.

김 교수는 같은 방법론으로 1950년대 고려시기 대외관계사 연구를 확장시켜 나갔다. 구체적으로 1959년 논문집『국사상의 제 문제』에 발표된 「고려전기의 해상활동과 문물의 교류」, 「여진관계의 시말과 윤관의 북정」, 「고려와 금 송과의 관계」(『동방사 논총』, 서울대 출판부, 1984(개정판) 재수록) 등을 발표했다. 어떻든 현재 연구자들이 강대량의 선진적인 연구방법론을 조명하여 적극적으로 활용하지 못한 것은 물론이거니와 지금의 시점에서 그의 연구방법론을 뛰어넘는 새로운 방법론이 제시되지 못한 것도 부인할 수 없다.

IV. 폭넓은 자료 섭렵과 활용, 민족과 국가 이데올로 기를 넘어서다

발표자는 토론자와 같이 강대량의 연구가 갖는 가장 큰 강점의 하나 로 폭넓은 자료의 활용과 시각을 들었다.

'강대량의 논지 전개 방식의 가장 큰 특징 중 하나는 철저히 사료에 근거하여 논리를 풀어간다는 점이다. 이를 위해 가장 기본적으로 요구되 는 것은 논지의 근거가 되는 사료의 수집과 그에 대한 면밀한 분석인데, 앞서 누차 지적하였듯이 강대량의 사료 수집력은 감탄할 만하다. 고려시 대 연구의 기본 사료인『고려사』뿐 아니라,『資治通鑑』,『五代史』,『契 丹國志』와『요사』를 두루 섭렵하였다. 특히『요사』는 本紀와 外記의 기 록은 물론 地理志, 食貨志, 列傳 등의 내용을 자유자재로 인용하며 적재 적소에서 제시하였다.『고려사』병지를 활용하면서는 병지에 누락된 鎭 의 이름을 세가 기록을 통해 보완하기도 하였다.'(발표문 10쪽)

전적으로 공감한다. 논문 작성이 시간을 다투는 속도전으로 흐르면서 새로운 자료의 발굴은 기대할 수 없게 되었다. 그렇더라도 있는 자료를 정밀하게 분석하고, 재해석해 새로운 사실을 이끌어 낼 정도로 실증의 차원에서 수준 높은 글들이 좀체 나타나지 않고 있다. 거기에다 이미 다 른 연구에서 활용된 자료를 고민 없이 자신이 직접 본 자료처럼 옮겨다 적는 일이 다반사이다. 발표자가 지적한대로 국내 역사서는 물론 외국 사서를 폭넓게 자유롭게 활용한 강대량의 글을 읽으면서, 토론자는 스스 로 부끄러움을 느낀다. 강대량의 연구를 통해 대외관계사 연구는 자국은 물론 상대국의 역사와 역사서를 폭넓게 섭렵해야 하는 다양하면서 열린 연구 시각과 방법론이 요구된다는 사실을 확인하게 된다.

한편으로 대외관계사 연구는 다른 어느 분야보다도 민족이나 국가 이
데올로기를 강요당하거나 스스로 그러한 유혹에 빠져 연구를 자행(恣行)
할 수 있는 연구 분야이다. 그런 점에서 신국가 건설이라는 과제를 안고
있던 해방정국의 복잡한 정세에도 불구하고 객관성을 유지하면서 새로
운 연구 시각과 방법론을 구사한 강대량의 연구는 실로 후세대 연구자
들에게 커다란 귀감이 된다. 이 논문은 30대 초반의 강대량이 쓴 자신의
최초 고려왕조사 연구 논문이지만, 이 한편의 간단한 논문 속에 고려시
대 1세대 연구자를 대표하는 학문 능력과 수준이 함축되어 있음을 확인
하게 된다.

전쟁에서 '민중'을 발견하다
―강진철의 대몽항쟁사 연구―

윤 용 혁*

1. 머리말

1977년 2월 필자는 '무인정권의 대몽항전 자세'라는 제목의 논문으로 석사학위를 받았다. 지도교수는 강진철 교수였으며, 몽골과의 전쟁에서 무인정권이 보여준 '정권 지키기'라는 정치적 측면을 본격 거론한 논문이다. 1972년에서 시작하여 1979년에 끝이 난 8년 '유신시대'의 한 가운데서 이루어진 고려 무인정권에 대한 비판이었다.

사실 대몽항전에서 무인정권이 끝까지 비타협적 입장을 견지하면서 '항전책'으로 일관한 데는 이 전쟁이 갖는 정치적 측면이 중요한 배경이 되었다. 나의 논문은 곧 '항전'을 주도한 무인정권에 대한 비판이었는데, 이 경우 제기되는 문제는 40여 년 여몽전쟁의 역사적 의미는 어디에서 찾을 수 있는가하는 것이었다. 그 키워드가 바로 '민중'이었고[1], 그 해답

---

* 윤용혁: 공주대학교 명예교수
대표논서: 1991, 『고려 대몽항쟁사 연구』, 일지사; 2011, 『여몽전쟁과 강화도성 연구』, 혜안
1) 강진철 선생(1917~1991)의 대몽항전사 연구를 검토하는 본고의 주제를 필자는

을 제시한 이가 강진철 선생이었다. 그의 글은 국사편찬위원회에서 간행한 『한국사』에 실려 있다.[2]

무인정권으로 고려시대사에 입문한 필자는 앞의 석사논문이 계기가 되어, 이후 여몽전쟁의 구체적 추이를 구체적으로 논증하는 작업을 진행하여 박사학위 논문에까지 이른다.[3] 그리고 이를 출발점으로 하여 후속적인 연구가 지금까지 40년 간 이어졌다.[4] 이러한 작업에서 강진철 선생의 '대몽항쟁사'는 시종 그 전체적 전망의 토대가 되었다.

본고에서는 이 '강진철의 대몽항쟁사' 자체를 논의함으로써 그것이 갖는 연구사적 의미를 정리하고자 한다.[5]

2. 근대사학에서의 대몽항쟁사 인식

13세기 몽골과의 전쟁은 말하자면 외세의 침입에 의한 국가와 왕조의

'전쟁에서 민중을 발견하다'로 제하였다. 선생 자신은 '민중'이라는 용어를 매우 제한적으로 사용하였고 본고의 발표와 심사 과정에서도 '민중'이라는 용어 사용의 자의성에 대한 논의가 있었던 것이 사실이다. 그러나 선생이 염두에 두고 있던 '항전의 주체'에 가장 근접한 단어는 역시 '민중'이었고, 이점에서 이를 대몽항쟁사의 키워드로 설정하는 것은 무리가 없다고 생각한다.

2) 강진철, 1974, 「몽고의 침입에 대한 항쟁」 『한국사』 7, 335~390쪽.

3) 윤용혁, 1991, 『고려 대몽항쟁사 연구』, 일지사.

4) 윤용혁, 2000, 『고려 삼별초의 대몽항쟁』, 일지사 ; 윤용혁, 2011, 『여몽전쟁과 강화도성 연구』, 혜안 ; 윤용혁, 2014, 『삼별초, 무인정권·몽골, 그리고 바다로의 역사』, 혜안.

5) 본고와 같은 취지와 관점에서 발표된 글로는 임형수·최은규, 2017, 「대몽항쟁 연구의 이정표 수립-'몽고의 침입에 대한 항쟁' 재조명」 『21세기에 바라보는 강진철의 고려시대 연구』(제7회 대학원생 콜로키움 자료집), BK21 PLUS 한국사학미래인재양성사업단 고려대학교 고려시대팀이 있다.

존립이 위협되는 사건의 하나이다. 수당의 침입이나 거란의 침입과 마찬가지로 전쟁의 경과는 전통시대에 있어서도 중요한 역사적 사실에 속한다. 가령 조선 문종대에 편찬된 『동국병감』은 이같은 침략 전쟁에 대한 대응이 현재적 의의와 의미를 가지고 있음을 말해주는 예이다. 『동국병감』에서는 삼국시대 이래 고려시대까지의 외세와의 항전의 역사를 37개 항목으로 나누어 정리하고 있는데, 그 가운데 1231년 이후의 여몽 간 전쟁에 대해서는 도합 6개 항이 배정되어 있다. 전통 역사학의 관점에서도 몽골과의 항쟁의 역사는 중요한 의의를 가지고 있는 것이다.

여몽전쟁에 있어서 전통사학에 대한 근대사학의 관점의 차이를 보여주는 가장 명확한 차이는 삼별초의 항전에 대한 평가이다. 앞서 언급한 『동국병감』에는 삼별초의 항전에 대해서는 전혀 언급되어 있지 않다. 『고려사』에서는 삼별초 항전을 '삼별초의 란', 즉 왕조에 대한 반란 사건의 하나로 파악하고 있다. 이같은 관점에 서게 되면, 삼별초의 항전은 외세 침입에 대한 항전으로서는 파악될 수가 없는 것이다. 결국 왕조사인가 국가사인가라고 하는 전통사학과 근대사학의 관점 차이가 여몽전쟁에 있어서는 '삼별초의 란'을 어떻게 평가하고 취급하는가에서 분명한 차이를 드러내고 있는 것이다.

이러한 점에서 생각하면 '삼별초의 란'을 대몽항쟁사의 중대한 사건으로 정리하고 평가한 1940년 경 김상기 선생의 학문적 업적은 매우 큰 의미를 갖는다. 그것은 식민지사학의 '몽고의 고려 침략사'를 '고려의 대몽항쟁사'로 자리 잡게 한 것이다.[6] 삼별초의 역사적 평가에 대해서는 현금 다양한 관점과 스펙트럼의 차가 있는 것은 사실이지만, 기본적으로는

---

6) 김상기, 1938,1939,1941, 「삼별초와 그의 란에 就하야」 1,2,3, 『진단학보』 9,10,13. 이 논문은 1948, 『동방문화교류사논고』, 을유문화사에 실려 있다.

김상기 선생의 학문적 토대 위에서 지금까지 논의가 진행되고 있다고 할 수 있을 것이다.[7] 이것이 근대사학에 있어서 대몽항쟁사 인식의 첫 번째 계기라 할 수 있다. 이러한 컨셉을 바탕으로 1960년대 초 김상기와 이병도에 의한 고려시대사 상설서의 출간에 의하여 대몽항쟁사는 한국 사에서 정착하였다. 김상기의 『고려시대사』(1961)와 이병도의 『(진단학 회) 한국사 중세편』(1961)이 그것이다.[8]

김상기의 『고려시대사』에서는 '제3장 후반기의 대외관계' 및 '제4장 대 원관계와 국내의 동태(상)'에서 관련 부분이 다음과 같이 정리되어 있다.[9]

제3장 후반기의 대외관계
　1. 거란유종의 침입과 최기의 여몽관계
　　1) 몽고의 발흥과 동방의 형세
　　2) 거란 유종의 침구
　2. 몽구와의 항쟁
　　1) 살리태(薩里台)의 침구와 강화천도
　　2) 당고(唐古)의 입구
　　3) 아모간(阿母간)의 입구
　　4) 야고(也古)의 입구
　　5) 차라대(車羅大)의 입구
　　6) 여몽의 화해
제4장 대원관계와 국내의 동태(상)
　1. 임연의 폐립과 최탄의 반부

---

7) 김상기 선생의 관련 연구에 대한 평가는 윤용혁, 2000, 「삼별초 대몽항전을 보는 여러 시각」, 『고려 삼별초의 대몽항쟁』, 일지사, 279~280쪽 참고.
8) 비슷한 시기, 멀리 네델란드에서 고려의 대몽항쟁사 전반을 정리한 논저가 간행 된 것은 퍽 이례적인 느낌이 있다. William E. Henthorn, 1963, *Korea: The Mongol Invasions*, E.J.Brill이 그것이다. 6.25 전쟁이라는 세계사적 사건이 한국역사에서 끊 임없이 이어졌던 전란의 역사에 대하여 관심을 갖도록 한 것으로 보인다.
9) 김상기, 1961, 『고려시대사』, 동국문화사 (『신편 고려시대사』, 서울대출판부, 1985)

　전체 7개절로 구성하되 동아 정세, 몽골 침입, 중간 정황, 삼별초 항전
이 1:1:1:1로 구성되어 있다. 김상기의 대몽항쟁사 정리는 살리태, 당고,
아모간, 야고, 차라대 등 몽고 침략군의 사령관(정동원수) 별로 나누어
정리한 것이 특징이다. 이 때문에 강화 천도 이전 1231년과 이후 1232년
의 침입도 '살리태(薩里台)의 침입'으로 묶여져 있다. 침략군 사령관의 이
름은 『고려사』와 『원사』(『신원사』) 등 중국 사서의 표기가 섞여 있다.
또한 전쟁 이외에 이 시기 여몽간의 외교적 관계, 혹은 정치적 추이 등
에서 소상하게 설명하고 있다. 말하자면 전투 자체에 대한 문제가 적극
적으로 부각되어 있지 않다. 한편 전쟁의 추이와 관련하여 이를 주도한
무인정권에 대해서도 평가적 견해는 거의 진술되고 있지 않다.

　김상기 선생은 1차 2차 등 차수의 구분을 하지 않고 몽골 침입군의 사
령관별로 5항목으로 나누었다. '살리태의 입구' '당고의 입구' '아모간의
입구' '야고의 입구' '차라대의 입구'와 같이 정리하였다. 말하자면 5회 침
입으로 정리한 셈이다.

　이병도에 의한 대몽항쟁사 서술은 『(진단학회) 한국사 중세편』에서
제5편 '몽구 및 변모기의 고려'라는 제목으로 들어가 있다.

3. 몽고의 발흥과 동아정세
4. 몽사 저고여의 암살사건과 제1회 몽구
5. 강화도 천도와 제2회 몽구
6. 제3회의 몽구와 친조문제
7. 최항 집정 이후의 몽구와 친조문제
8. 강도의 정변과 최탄의 몽고반부
9. 개경환도와 삼별초란

전체 7개절로 구성하되 동아 정세, 몽골 침입, 중간 정황, 삼별초 항전
이 1.5:3.5:1:1로 구성되어 있다. 몽고군의 침입은 '제1회, 제2회' 등으로
표시하였고, 강화천도 이후 1232년의 침입을 별도로 구분하여 '제2회' 침
입이라 하였다. 아모간의 침입은 생략하였고, 차라대의 침입은 3회로 구
분하였다. 결과적으로 몽고의 고려 침입은 7회로 정리되고 있다. 살례탑
의 침구를 1, 2회로, 3회 당고의 침략, 4회 야굴, 그리고 5~7회 차라대
침입을 3회로 나누어 정리한 것은 15세기 편찬되었던『동국병감』의 정
리를 그대로 반영한 것이다.10)

이병도의 서술에서는 고려 측의 치열한 항전에 대하여 큰 의미를 부
여하고 있음이 주목된다. 그 가운데 가장 주목된 전투는 1차 침입 때 박
서의 귀주 전투, 혹은 최춘명의 자주 전투이다. "귀주·자주의 전투는 저
옛날 안시성의 그것을 연상케 하는 영웅적 항전"이라 하였다.11) 또 "몽
고의 야만적이고 혹독한 침략에 대하여 끈기 있는 항쟁을 계속하여 온
고려인의 강렬한 민족의식은 우리 역사의 한 면을 빛나게 하고도 남음

---

10)『동국병감』에서는 서술상의 편의를 중심으로 1) 1231~1232년(살례탑의 침입) 2)
　　1236~1239년(당고의 침입) 3) 1247~1253년(야굴의 침입) 4) 1254~1255년(차라
　　대의 첫 번째 침입) 5) 1255~1256년(차라대의 두 번째 침입) 6) 1257~1259년(차
　　라대의 세 번째 침입)으로 정리하였다.
11) 이병도, 1961,『한국사(중세편)』진단학회 편. 을유문화사, 557쪽.

이 있는 것"[12)]이라 하였다. 또 고려의 장기적 저항이 가능했던 이유로서 강화도가 갖는 지리적 특성에 대해서도 주목하여 언급하고 있다. 그러한 가운데 전쟁을 주도한 무인정권에 대한 평가에서는 "강력한 무가정권을 중심으로 한 무인의 투쟁의식이 강렬하였던"[13)] 점이 장기 항전이 가능했던 배경의 하나라는 점을 부기함으로써 무인정권의 항전에 대한 긍정적 의견을 피력하고 있다. 대몽 장기 항전에 대한 적극적 평가와 그 배경으로서 무인정권의 역할을 긍정하는 이병도의 견해는 말하자면 대몽항쟁사에 대한 교과사적 견해를 대표하는 인식으로 자리 잡게 된다. 김상기 선생의 삼별초에 대한 재평가, 그리고 이병도 선생의 대몽항쟁사 정리는 말하자면 근대사학에 있어서 대몽항쟁사 인식의 첫 번째 계기로서의 학문적 의의를 갖는다.

3. 강진철의 대몽항쟁사 정리

근대사학에 있어서 대몽항쟁사 인식의 두 번째 중요한 계기는 강진철에 의하여 마련되었다. 이는 대몽항쟁이 갖는 한국사에서의 역사적 의미 설정에 바탕하여, 항전의 주체에 대한 명확한 인식을 정리한 것이라 할 수 있다.

강진철 선생의 대몽항쟁사는 1974년에 국사편찬위원회에서 간행된 『한국사』 제7권(무신정권과 대몽항쟁)에 실려 있다. 「1.몽고의 침입에 대한 항쟁」, 그리고 이 책의 「개요」에서이다. 「몽고의 침입에 대한 항쟁」의 목차는 다음과 같다.

---

12) 이병도, 위의 책, 580쪽
13) 이병도, 위의 책, 599쪽

1. 13세기 동아의 국제정세
2. 몽고의 침입
3. 정부의 임전태세와 항전의 주체
4. 강화 이후의 대몽관계
5. 삼별초의 항거

여기에서는 고려의 치열한 대몽항쟁이 잘 정리되어 있다. 몽골침입의 전개 과정은 도합 11회에 걸치는데, 30년에 걸치는 침입과정의 정리는 그동안 일정하지 않았다. 앞에서 언급한 바와 같이 김상기는 5회, 이병도는 아모간의 침입을 빼고 7회 등으로 정리하였다. 이에 대하여 강진철은 몽골군의 침입 상황 및 고려의 내부적 정세를 종합적으로 고려하여 전체를 6차 침입으로 구분하고 있다. 1차(1231~1232), 2차(1232), 3차(1235~1239), 4차(1247), 5차(1253), 6차(1254~1259)로 정리한 것이 그것이다. 이 문제는 이후에도 종종의 혼선과 이견이 있어온 것은 사실이지만[14], 필자도 이 시기 구분을 선택하였으며 현재로서는 가장 일반화된 시기구분이라 말할 수 있다.[15]

강진철의 대몽항쟁사에서는 박서의 귀주전투, 최춘명의 자주전투, 송문주의 죽주전투, 김윤후의 충주성전투 등 대표적 전투에 대한 예를 통하여 고려 군민(軍民)의 치열한 항전노력을 높이 평가하고 있다. 반면 최

---

14) 가령 주채혁은 1218년 몽고군의 최초 고려 입경을 제1차 침입으로 설정하였고 (1977, 「찰라와 살례탑」『강진철교수 화갑기념 한국사학논총』), 유재성은 1232년 강화천도를 경계로 천도 이전을 1차 침입, 천도 이후를 모두 2차 침입으로 묶어 정리한 바 있다.(유재성, 1988, 『대몽항쟁사』, 국방부 전사편찬위원회) 근년에는 강재광이 1231년과 1232년의 살례탑 침입을 묶어 제1차 침입으로 정리하고 있다. (2011, 『몽고 침입에 대한 최씨정권의 외교적 대응』, 경인문화사)
15) 임형수·최은규, 「대몽항쟁 연구의 이정표 수립－'몽고의 침입에 대한 항쟁' 재조명」, 12~15쪽 참조.

우의 강화천도에 대해서는 매우 비판적이다. 강화천도는 "일부 지배계급만이 그들의 안전을 확보하자는 것"이었다는 것 때문이다.16) 동시에 천도 이후 항전에 임하는 정부의 태도에 대해서도 비판적이었다. "졸렬하고 소극적이며 무책임" 하였다는 것이다. 당연한 귀결이지만, 전쟁을 주도한 최씨정권에 대하여도 비판적이었다. "최씨는 조국의 방위보다도 그들의 정권 유지에 더 집념하였다"는 것이다.17) 최씨가 1차 전쟁 종료 이후 자주성의 지휘관 최춘명을 죽이려한 것에 대해서는 '파렴치한 행동'이라는 강한 표현을 주저하지 않고 있다.

> 몽고의 침입 이전에도 우리나라는 강력한 외적의 침략을 받은 경험이 여러 번 있었다. 그때마다 우리 민족은 결사의 분투를 하여 외적의 침략을 물리쳤다. 수·당의 침략을 막아낸 고구려나 당의 침략적 야욕을 분쇄한 신라의 승리는 이 좋은 예로서 들 수 있다. (중략) 그러나 몽고의 침략을 당한 고려 정부의 항전 자세에는 이러난 늠름한 모습이 보이지 않는다. 무능하고 우유부단하고 소극적인 정부의 임전태세가 몽고 침략의 재화를 한층 더 참혹한 것으로 만들었다.18)

무인정권에 대한 강도 높은 부정적 평가라는 점에서 강진철의 대몽항전사는 앞의 김상기, 이병도와 인식의 차를 보이고 있다. 강진철에 있어서 대몽항전의 의의는 민중의 치열한 항전에 있었다. 노비와 농민, 혹은 향소부곡민들이야말로 진정한 항몽전쟁의 '주체'라는 것이다. "조국의 운명이 엄숙한 위기에 봉착하고 있을 때에 항전의 주체가 되어 생명을 바쳐 싸움터에 나선 것은 주로 농민과 천민들이었다."19) 말하자면 '민중 주

---

16) 강진철, 1974, 「몽고의 침입에 대한 항쟁」 『한국사』 7, 1974, 347쪽.
17) 강진철, 위의 글, 364쪽.
18) 강진철, 위의 글, 367쪽.
19) 위와 같음.

체론'으로 정리할 수 있는 것인데, 그러나 강진철 선생 자신은 '민중'이라
는 단어를 피하여, '농민과 천민' 등의 번잡한 용어를 쓰고 있다. 이것은
매우 의도적인 단어 선택일 것이다. 자칫 자신의 견해가 '인민 주체'론으
로 해석될 위험성을 경계했기 때문이라는 생각이다.

13세기 여몽전쟁에서 치열한 항전의 주체 문제를 제기한 것은 지금까
지의 논의와 크게 차별화된다. 대몽항전 주체에 대한 이같은 명확한 인
식은 김상기, 이병도의 첫 계기 조성에 이은 대몽항전 연구의 두 번째
계기에 해당한다.

4. 대몽항쟁 주체로서의 '민중'

강진철에 의하여 대몽항전의 주체로 부각된 민중은, 구체적으로는 '초
적', 노비, 부곡민, 소민, 그리고 일반 농민들이었다. 이같은 대몽항쟁의
특성을 입증하기 위하여 구체적인 역사적 사실을 제시하였다. 1231년 마
산, 관악산의 초적, 충주성의 노군·잡류별초, 1232년 처인부곡에서 김윤
후의 살례탑 사살, 1253년 충주성의 노비, 다인철소의 승전 등이 그것이
다. "이와 같이 일반 국민을 대표하는 농민과 천민들은 개전 초기부터
끝까지 전국 각처에서 시종 일관하여 과감한 항전을 전개하고 빛나는
전공을 세웠다."[20] 다만 강진철은 '민중'이라는 용어를 거의 사용하고 있
지 않다. 그 대신 노비, 부곡민, 소민, 농민, 천민 등 구체적인 지칭을 사
용하고 있다. 다른 원고에서는 '민병'이라는 용어를 사용하기도 한다.[21]
이는 자신의 논리가 자칫 '이념적' 잣대에 의하여 훼손될 수도 있다는 우

---

20) 강진철, 앞의 글, 371쪽.
21) 강진철·강만길·김정배, 1975, 『세계사에 비춘 한국의 역사』, 고려대 출판부, 124쪽.

려 때문이 아니었을까 추측된다.

대몽항쟁의 주체를 '민중'으로 설정하는 이같은 인식이 강진철에 의하여 처음 주창되었던 것은 아니다. '인민 항전'을 내세운 북한사학이 일찍이 이러한 논리적 기반 위에서 자료를 정리했기 때문이다. 북한에서는 일찍 김석형에 의하여 이같은 역사 인식이 제시된 바 있다.[22]

김석형에 의하면 고려의 대몽항전은 '인민 항전'으로서의 특성을 갖는다. 동시에 인민의 항전 역량은 시기에 따라 발전하였다. 그 발전의 내용을 김석형은 3단계로 구분한다. 제1단계는 1231년의 제1차 침략, 제2단계는 1232년 강화천도 이후 전개된 일련의 대몽항전, 그리고 3단계는 1270년에 봉기한 삼별초의 항전을 지칭한다. 제1단계는 지배계급과의 협력에 의한 인민항전, 제2단계는 인민들만의 힘에 의한 침략군에 대한 항전, 그리고 3단계는 인민들이 외래 침략자 뿐만 아니라 이에 연합된 국내의 정권에 대하여 저항하였다는 것이 그것이다. 김석형에 의하여 제시된 이같은 대몽항전의 기본 틀을 토대로 하여 대몽항쟁사를 구체적으로 정리한 것이 김재홍의 『원 침략자를 반대한 고려 인민의 투쟁』(1963) 이었다.[23]

김재홍은 대몽항쟁사 관련 사료를 세밀히 검토하여 지금까지 알려져 있지 않은 항전 사례를 다수 발굴하였다.[24] 또 항쟁이 농민과 같은 민중적 기반에 입각하여 전개되었다는 가설을 실증적으로 입론하였다. 가령

---

22) 김석형의 초기 논문에 「몽고 침략에 대한 인민의 항전」(1949, 『역사제문제』)이라는 제목의 논문이 있고 1955년에 간행된 김석형 역주 『동국병감』에 그 개요가 해설로서 정리되어 있다. 김석형 역주, 1955, 『동국병감』, 386~400쪽.

23) 대몽항전사에 대한 북한의 인식과 논의에 대해서는, 윤용혁, 2000, 「북한사학의 대몽항쟁사 연구와 서술」, 『고려 삼별초의 대몽항쟁』에 의하여 서술함.

24) 1232년 廣州城(남한산성) 전투, 1253년 春州城(봉의산성) 전투 등이 그 대표적 예이다.

살례탑이 사살된 처인성 전투의 경우에서도 그것이 부곡민의 역할이 배경이 되었음을 분명히 하였다. 이에 의하여 대몽항전의 민중적 특성을 분명히 짚어낸 것이다.[25] 다만 북한 사학은 '인민 항전'의 특성을 특히 대몽항전의 사례에 의하여 입론하기 위하여 논의의 보폭을 과도하게 넓히고 있다는 점에서 실증의 선을 벗어나는 우를 범하고 있는 것도 사실이다.

그런데 여기에서의 문제의 요점은 강진철의 민중 주체론이 이같은 북한사학의 견해에 영향을 받은 것인가 하는 점이다. 필자는 이에 대하여는 일단 부정적이다. 우선 대몽항전의 중요한 특성이 민중 항전이라는 것은 특별한 아이디어를 제공 받지 않더라도 자료 자체를 진지하게 읽으면 쉽게 파악되는 사항이기 때문이다. 가령 일찍 손진태에 있어서도 대몽항쟁의 민중적 특성이 언급되고 있는 것이 그 예이다. '노예들의 애국심'이라는 제목으로 노비들의 적극적 항전 참여를 주목한 것이 그것이다.[26] 구체적으로는 1231년 마산 초적의 참전, 1231년의 충주성 전투와 1254년 충주산성 전투에서 노비들의 참전과 같은 사례를 들고 있다.[27] 둘째는 이념적 대결이 극심했던 당시에 북한사학의 성과를 접하는 것이

25) 김재홍의 괄목할 업적에도 불구하고 논증의 실제에서는 사료의 오독, 혹은 '인민 항전'을 강조하는데 집착한 나머지 지나친 억측 등도 포함되어 있다. 1232년 '개경성 전투' 문제, 혹은 1238년 황룡사탑의 소실이 몽고병에 의한 것이라는 사료의 진실성을 부정하고 '다른 원인'을 제기한 것, 1247년 아모간의 침입에 대해 이를 침략이라기보다는 일부 몽고귀족의 '사적 약탈행위'로 파악한 것 등이 그 예이다. 이에 대한 상세한 내용은 윤용혁, 앞의 「북한사학의 대몽항쟁사 연구와 서술」, 27~31쪽 참조.

26) 손진태, 1949, 『국사대요』, 을유문화사, 145~146쪽.

27) 최근 필자는 1231년 몽골의 침입으로부터 1281년 여몽연합군의 2차 일본 침입까지의 일련의 사건 전개를 '50년 전란'으로 표현하고 있는데, 손진태는 삼별초 항전까지를 '몽고(원) 민족과의 40년 전쟁'이라는 용어로 정리하고 있는 점이 흥미롭다. 손진태, 위의 책, 128쪽 참조.

가능하지 않았다는 점 때문이다. 더욱이 강진철은 당시로서는 드물게 중세 사회경제사를 전공하는 학자로서 '이념적' 잣대에 의하여 이미 심각한 개인적 피해에 시달린 경험을 일찍 가지고 있었다.[28] 그러므로 그가 북한에서 간행되는 자료에 의도적으로 접근하고 여기에서 얻은 아이디어로 연구를 진행하였으리라는 것은 상상하기 어렵다.

앞에서도 언급한 바와 같이 고려 대몽항전의 중요한 특징이 농민, 노비 등 지방민의 적극적 항전 대열에의 참여였다. 이같은 특성이 사회경제사를 전공하여 중세의 토지제도, 토지를 매개로 한 소유자와 경작자 문제 등에 대한 깊은 천착을 해온 연구자의 눈에 들어오지 않았을 리가 없는 것이다.[29] 때문에 강진철의 민중 주체론은 북한의 '인민 항전론'과도 일정한 차이가 있다는 점을 발견하게 된다. 대몽항전에는 당연히 정규군 혹은 관직자들의 역할도 있었던 것이며 이점에서 박서, 최춘명, 송문주 등의 전투 사례에 대해서도 강조하여 서술하고 있다. 강진철은 민

---

28) 1946년 이후 서울대에 몸담아 조교수에 이르렀던 강진철 교수는 6.25가 일어나면서 교수직을 사직하는 등 풍비박산이 된다. 그 자초지종에 대해서는 끝내 함구할 정도로 매우 충격적인 경험이었다. 다음과 같은 글에 의하여 극한의 상황을 짐작할 수 있을 뿐이다. "6.25 동란의 화염 속에서 고초를 겪지 아니한 사람이 한국 사람치고 어디에 있을까마는 내가 체험한 수난·곤욕·액운은 단위의 자리 수가 하나 다른 것이었다. (중략) 활자니 인쇄물이니 하는 것과는 물론이오, 가족과도 오래 격리된 생활을 해야 했다. 살아야 한다는 것에 회의를 느끼고, 생존 그 자체가 부담스럽기만 했다."(강진철, 1988, 「학창시절과 연구생활을 되돌아보며」, 『한국사시민강좌』3, 154쪽) 그가 생활에 가까스로 다시 복귀하게 된 것은 전쟁이 끝난 후 1954년 동아대학교에 취직됨으로써였다.

29) 중세 토지소유에 대한 강진철의 연구 성과가 집중적으로 생산되는 것은 대체로 1980년대의 일이다.(강진철, 1989, 『한국 중세 토지소유 연구』, 일조각 참조) 이 것은 대몽항전에 대한 논의보다 뒤의 일이지만, 대몽항전에서 민중 주체론을 제기하였을 때 그가 이미 중세 사회경제사의 실제에 깊은 지식을 가지고 있었다는 것은 의심의 여지가 없다.

중 주체론을 제안하기는 하였지만, 다양한 계층의 항전 참여에 대하여
균형 있게 언급함으로써 '계급론'으로 흐르지 않고 있는 것이다.

대몽항전과 관련한 무인정권에 대한 평가에 있어서도 강진철의 역사
인식은 북한사학과 분명한 대조를 보이고 있다. 앞에서 언급한 바와 같
이 대몽항전에 있어서 최씨정권의 역할에 대하여 강진철은 매우 비판적
입장을 견지하고 있다. 아울러 최씨정권에 의하여 단행된 강화천도에 대
해서도 부정적 견해를 피력하였다. 이점에 있어서 북한사학의 경우와는
대조를 이룬다.

북한사학의 초기에 대몽항쟁사에서의 무인정권의 역할에 대한 비판론
이 있었던 것은 사실이다.[30] 그러나 대몽항쟁사가 구체적으로 정리되면
서 무인정권의 역할은 긍정적 입장으로 확정되었다. 김재홍은 김석형이
제시한 무인정권의 강화천도에 대한 부정적 평가를 '잘못된 견해'라고
일축하면서, 당시 상황에서는 "가장 합리적 조치"였다고 결론지었다.[31]
김재홍에 의하여 정리된 이같은 입장은 강화천도가 "당시 인민들의 투
쟁 기세와 요구를 일정하게 반영한 것"으로 평가하는 등, 이후에도 대체
로 일관되게 유지되었다.[32] 북한 사학에 비하여 한국의 사학계는 천도
문제 혹은 최씨정권에 대한 비판적 입장이 보다 주류적 견해로 자리 잡
은 느낌이 있다.

---

30) 김석형은 최씨 정권의 강화천도와 항전결의가 권력 유지를 위한 방편이었다고
    보고, 강화천도를 포함한 최씨정권의 정치적 조치를 "비열하고도 교활한 태도"라
    고 비난하였다. 김석형 역주, 1955, 『동국병감』, 390쪽 참조.
31) "최씨를 위시한 고려 봉건정부의 강화도에로의 천도정책은 당시에 조성된 주객
    관적 정세에 적응해서 취해진 최씨로서는 가장 합리적인 조치였으며 몽고 침략
    자를 반대하는 거족적인 항전에 일정한 의의가 있는 대책이었다고 인정된다."(김
    재홍, 1963, 『원 침략자를 반대한 고려 인민의 투쟁』, 48쪽)
32) 이에 대해서는 윤용혁, 앞의 「북한사학의 대몽항쟁사 연구와 서술」, 24~25쪽 참조.

필자의 의견으로서는 대몽항쟁사에 있어서 강화천도의 평가 문제는 양면성이 있다. 즉 평가자의 주관이 크게 작용하는 문제라는 것이다. 김상기, 이병도와 같은 선학과는 달리 강진철에 있어서 강화천도 혹은 최씨정권에 대한 평가가 특별히 비판적이었던 이유는 무엇일까. 그것은 이 시기, 1970년대의 정권에 대한 비판 의식이 일정하게 영향을 준 것은 아닐까 필자는 생각한다. 5.16에 의하여 성립한 박정희 정권이 1972년 '10월 유신'으로 장기집권에 의한 독재정권의 길을 선택하였을 때, 그것은 역사 속의 '무인정권'에 비견되었다. 역사 속의 '무인정권'에 대한 강한 비판은 곧 현재의 '무인정권'에 대한 강한 비난의 의미를 갖는 것으로 필자는 해석한다. 동시에 그것은 강진철 자신이 제기한 항몽의 주체론과 논리적으로 잘 부합하는 것이기도 하였다.

대몽항쟁사에 대한 인식과 서술에 있어서 강진철이 일부 북한사학의 견해와 상통하는 점이 있는 것은 사실이다. 그러나 이는 자료의 실증적 검토를 통한 귀납적 결론에 의한 것이었고 중세의 토지 제도를 전공한 강진철이 도달한 자연스러운 학문적 귀결이었다. 이 때문에 대몽항쟁사 인식의 실제에 있어서는 북한사학과 분명한 차이점이 확인되는 것이다.

5. 삼별초에 대한 인식과 역사적 평가

대몽항쟁사 정리에 있어서 클라이막스는 1270년부터 햇수로 4년에 걸치는 삼별초 항전에 대한 평가이다. 삼별초 항전에 대한 재평가와 재인식은 근대사학의 초기에 거둔 중요한 역사학적 성과라고 평가할만하다. 이러한 점에서 필자는 앞에서 이를 진전된 대몽항쟁사 연구의 '첫 번째 계기'로 평가한 바 있다. 이후 삼별초에 대한 평가는 이 첫 번째 계기에 기본적으로 바탕하고 있기는 하지만, 하나의 흐름으로 일관되고 있지는 않다. 이러한 점에서 삼별초에 대한 역사적 평가는 우리시대 역사 인식을 가름짓는 하나의 바로미터로서의 역할을 하고 있는 듯한 느낌이 있을 정도이다.

삼별초에 대한 재평가는 근대사학 초기 김상기 선생의 업적이었다. '삼별초 란'이라는 정치적 반란 사건을 대외 항쟁의 극적 사건으로 재평가한 것인데, 이는 묘청의 란에 대한 재평가에서 얻은 아이디어이지 않았을까 추측한다.33) 이러한 연구의 터전 위에서 이병도는 삼별초의 항쟁이 "고려 무인의 전통적 기백을 드러낸 것"이라 평가하였다.34) 그럼에도 불구하고 이병도는 삼별초군을 '반란군'으로 지칭하는 등 그 역사적 의미를 부각하는 데에 성공적이지 못하였다. 강진철은 삼별초에 대하여 '반란'이라는 용어 대신 '봉기'라는 용어를 선택하였다. 강화도에서 진도로, 다시 제주도를 거점으로 4년간에 걸쳐 끝까지 항전을 전개한 삼별초에 대하여 강진철은, "민족의 자유와 자주와 독립을 위하여 무기를 들고 일어난 것이 삼별초의 봉기였다"35)고 그 의미를 정리한다.

삼별초는 원래 최씨정권에 의하여 조직되고 무인정권의 권력 유지에 핵심적 기반이 되었던 군사력이었다. 따라서 무인정권에 대하여 비판적 입장에 서게 되면. 자연 삼별초의 존재에 대해서도 비판적 입장을 견지

---

33) "묘청 정중부의 난은 내부적 운동에 지나지 못하였으나 삼별초 난은 복잡한 내부 사정 이외에 외부 압력에 대한 일종의 반발운동이었다. 그리고 그의 결과에 있어서도 내부에 끼친 영향보다도 국내에 뻗어드는 外力의 消長에 지대한 관계를 가진 것이다."(김상기, 1948, 「삼별초와 그의 亂에 대하여」,『동방문화교류사논고』, 을유문화사, 91쪽)
34) 이병도, 1961,『한국사(중세편)』진단학회 편. 을유문화사, 598쪽.
35) 강진철, 1974, 「몽고의 침입에 대한 항쟁」『한국사』7, 388쪽.

하게 될 공산이 높다. 이 때문에 무인정권을 비판하면서 삼별초의 역할을 적극적으로 평가하기 위해서는 일정한 논리의 정립이 요구된다. 강진철은 바로 이 점에서, 두 가지 점을 끌어낸다. 첫째는 삼별초가 당시에 반몽골, 반정부의 기치를 명확히 하였다는 점이다. 당시의 왕권과 정부는 이미 몽골에 복속한 예속정부였기 때문에 이들은 하나의 세력이라 할 만하다. 둘째는 삼별초의 봉기가 '민중'의 지지와 '호응'을 배경으로 하였다는 점이다. 그 증거로 당시에 삼별초에 호응하여 일어난 일련의 민란을 들고 있다. 경상도 밀성(밀양), 개경의 관노, 대부도의 민란 등이 그것이다. 그리고 이 시기의 민란은 몽골에 대한 항전과도 그대로 일치하는 민중의 움직임이라고 파악하였다.36)

강진철에 있어서 삼별초는 몽골과 고려정부의 이중적 압력에 저항한 자주 세력이었다. 비록 그 행동이 성공하지는 못하였지만, 그들의 생각과 목표점이 구체화된 사건이라는 점에서 의미를 부여 하였다.37) 삼별초에 대한 이같은 적극적 평가는 김상기 선생의 업적에 기초한 것은 사실이지만, 단순 사실의 나열에 그쳤던 이병도에 비할 때에 크게 진보한 입론이었다. 더욱이 '민중의 지지와 호응'이라는 점에서 삼별초의 역사적 의미를 부각한 것은 매우 진보적 견해였다고 할 수 있다. 지금에 있어서 삼별초에 대한 시각과 평가는 다양한 스펙트럼을 보이고 있지만, 근대사학에서 이룩한 삼별초 연구의 역사적 성과를 가장 논리적으로 개념화하고 진일보한 견해를 제시한 것이 강진철이라는 사실을 주목하게 된다.

'민중의 지지와 호응'에서 삼별초 항전의 역사적 의의를 확인한 강진

---

36) 강진철, 위의 글, 388~389쪽. ; 강진철·강만길·김정배, 1975, 『세계사에 비춘 한국의 역사』, 고려대 출판부, 125쪽.
37) 강진철, 앞의 「몽고의 침입에 대한 항쟁」, 389~390쪽. ; 강진철·강만길·김정배, 위의 책, 86쪽.

철의 입론은 결론적으로는 북한사학의 주장과 상통하는 점이 있는 것이 사실이다. 그러나 강진철은 이를 어디까지나 사실의 틀 안에서 설명하는 것에 그침으로써 자칫 '계급론'으로 흐를 수 있는 여지를 배제하였다.[38] 그리고 이에 의하여 '인민항전론'과의 일정한 차별성이 확보되고 있다. 역사학자로서 시종 추구했던 치열한 실증적 관점을 대몽항쟁사 연구에서도 그는 충실히 보수(保守) 하였다는 생각이다.

6. 맺음말

근대사학에서 재평가된 고려시대사의 한 주제가 대몽항쟁사이다. 그 첫 번째 계기를 삼별초에 대한 재평가에 의하여 1940년대 초 김상기 선생이 만들었고, 그 두 번째 계기를 만든 것은 1970년대 초 강진철 선생이었다. 그 '두 번째 계기'를 간단하게 표현하면, 몽골과의 전쟁에서 '민중'을 발견한 일이었다.

'이념'이라는 진영을 구축하여 끊임없는 '내전'을 치러왔던 것이 한국 현대사의 한 측면이다. 이념 과잉의 시대에 우리에게 더욱 필요한 것은 실재 사실의 진면이 무엇인가 하는 점을 진지하게 들여다보려는 노력일 것이다. 이러한 점에서 역사적 사실에 대한 실증적 접근은 여전히 역사학의 가장 기초적 작업으로서의 중요한 의미를 가지고 있다는 것이 필자의 생각이다. 강진철 선생은 사회경제사의 연구 분야를 평생 천착한 대표적 학자이지만, 그의 역사 정신은 사실 자체에 직접 대면하고자하는 '실증'에 기초하고 있었다. 그리고 바로 이 점은 본고에서 확인한 바와

---

38) 이정신, 2000, 「삼별초의 항쟁」 『내일을 여는 역사』 2, 신서원, 72~85쪽 참조.

같이 대몽항쟁사 연구에서도 일관되고 있다.

강진철 선생이 제안한 몽골 침입에 대한 시기 구분은 지금으로서는 가장 유효한 틀로서 받아들여지고 있다. 대몽항쟁 항전의 주체로서 노비, 향소부곡민, 농민과 같은 민중들을 부각한 것, 삼별초 봉기의 역사적 의의를 민중의 반몽, 반정부 항전에서 찾은 견해는 지금도 가장 설득력 있는 해석으로 인정되고 있다. 필자가 석사 논문 이후 40년 간 진행해온 대몽항쟁사 연구도 기본적으로는 강진철 선생의 이러한 입론의 토대 위에서 진행해온 작업이었다고 할 수 있다. 그의 대몽항전 민중주체론은 북한사학의 '인민 항전론'과는 구별되는, 사실에 대한 객관적 파악에 의한 결론이었다. 강진철의 연구가 여전히 우리 시대에 생명력을 가지고 있는 것은, 무엇보다 사실에 대한 정확한 이해를 토대로 한 그의 역사적 통찰 때문이었다.

〈논평〉

'강진철의 대몽항쟁사 연구'에 대한
평가와 비평을 중심으로

김 병 인*

발표자는 강진철 선생의 대몽항쟁사에 대한 논의를 "몽골과의 전쟁에서 무인정권이 보여준 '정권 지키기'라는 정치적 측면을 본격적으로 거론한 연구"라고 전제한 다음, 이 주제에 대한 자신의 연구 궤적[1]을 연결시켜 설명하였다. 특히 이와 관련하여 '유신시대의 경험과 민중의 발견이라는 시대상황'으로부터 출발한 자신의 석사논문은 스스로에게 의미 있는 작업이었다고 고백하였다. 그리고 결론적으로 강진철 선생의 대몽항쟁사 연구에 대해서, "항전의 주체로서 노비, 향소부곡민, 농민과 같은 민중들을 부각한 것, 삼별초 봉기의 역사적 의의를 민중의 반몽·반정부 항전에서 찾은 견해는 지금도 가장 설득력 있는 해석으로 인정되고 있다"는 점을 들어 긍정적으로 평가하였다. 이와 같은 발표자의 평가와 소회에 대해서 전적으로 동의하지만, 토론의 지평을 넓히기 위해 몇 가지 문제에 대해서 의견을 개진함으로써 토론의 소임을 다할까 한다.

이번 학술발표는 두 가지 맥락에서 전개되었다고 생각한다. 하나는

---

* 전남대 사학과 교수
1) 『고려 대몽항쟁사 연구』(일지사, 1991), 『고려 삼별초의 대몽항쟁』(일지사, 2000), 『여몽전쟁과 강화도성 연구』(혜안, 2011), 『삼별초, 무인정권·몽골, 그리고 바다로의 역사』(혜안, 2014).

'故 강진철 선생 탄신 100주년 기념학술대회' 차원에서 '21세기에 재조명하는 강진철 선생의 고려시대사 연구'에 대한 회고와 전망이라는 지점이다. 이는 강진철 선생의 고려시대사 연구성과를 '고려 초기 대거란 관계를 다시 보다', '전쟁에서 민중을 발견하다', '부병제로 고려사회의 해명을 시도하다', '토지소유의 강제성을 폭로하다', '고려의 역사발전 단계를 논하다'라는 관점에서 집약하여 파악하는 방식으로 진행되었다. 그렇다면 '전쟁에서 민중을 발견하다'는 주제 하의 본 발표 내용과 형식이, 과연 강진철 선생의 고려시대사 연구성과에 대한 평가로서 적절하느냐의 문제를 확인해야 할 것이다. 그럼에도 불구하고 오늘 토론에서 이 문제는 논외로 하겠다. 토론자가 불비한 탓에 강진철 선생의 고려시대사 연구 전체를 꿰뚫어 볼 수 있는 식견과 능력이 없기 때문이다.

다른 하나는 강진철 선생의 연구분야 중 대몽항쟁사 관련 연구성과를 '전쟁에서 민중을 발견하다'는 시각으로 평가하는 것이 과연 타당하느냐의 문제이다. 여기에는 전쟁과 민중이라는 단순한 연결 구도가 아니라, '삼별초의 난' 혹은 '삼별초의 항쟁'으로 불린 사건에 대한 평가에 있어서 '민중'을 개입시킬 수 있느냐의 문제가 포함되어 있다. 이를 살피기 위해서는 발표자의 표현에 입각하여 '민중이라는 단어를 피하여 농민과 천민 등의 번잡한 용어를 사용한' 의도를 파악해야 할 것이다. 즉, 강진철 선생의 연구 여정에서 '민중'이라는 개념이 어떻게 형성되었으며, 아울러 어떠한 함의를 지니고 있는지 살펴보아야 한다는 것이다. 또한 '삼별초 난', '삼별초 항쟁'의 주체의 성격과 추진 과정 속에서 '민중'을 발견하는 것이 가능한가, 그렇다면 그것은 어떠한 의미를 갖는 것인가에 대해서도 묻고 답해야 할 것이다. 본 토론은 이 두 가지 질문에 대한 응답을 중심으로 이루어질 것이다.

먼저 강진철 선생의 연구 歷程, 역사 인식, 고려시대사 연구성과 속에서 '민중'이라는 개념이 차지하는 위상과 함의를 살펴보도록 하겠다. 필자의 수준에서, 강진철 선생과 역사학과의 연결고리에 있어서 무엇이 중요한 것인지 분명하게 파악하기는 어렵다. 다만 "역사연구의 모든 노력은 시대구분에 귀착한다.", "역사를 사유하는 것은 시대구분을 하는 것이다."는 표현으로 보아,[2] '시대구분'의 중요성을 강조한 것으로 판단된다. 이러한 생각의 발단은 백남운의 역사학이 아니었나 싶다.

> 우리나라의 역사를 세계사적인 시야에서 합법칙적으로 인식하려는 노력과 시도는 이미 30여 년 전부터 이루어져 왔다. 역사를 법칙에 맞추어 인식한다는 입장을 취하여 우리나라의 역사를 세계사적인 시각에서 시대구분한 최초의 학자는 백남운(白南雲)씨인데. (중략) 여러 많은 결함을 지니고 있음에도 불구하고 우리가 『朝鮮封建社會經濟史』(上)에 대하여 아직 그 '古典'的 業績으로서의 學術的 價値를 그 나름대로 評價하지 않을 수 없는 것은 그 開拓의 功勞는 물론이려니와 著者인 白이 당시 판을 치고 있던 日帝官學者들의 植民地史觀, 韓國史의 宿命的 停滯論과 정면으로 對決하여 무엇보다도 韓國社會를 '發展'하는 歷史의 運動體로 理解하고 그의 著述을 통하여 '發展'의 諸契機를 具體的·實證的으로 파악하려고 노력한 점에 있다.[3]

백남운의 역사학에 대한 長短과 功過를 설명하고 있는 위 인용문 속에는 백남운의 역사학을 줄곧 비판하거나 반대해 온 당대 역사학자들과는 결이 다른 평가가 내재되어 있음을 알 수 있다. 특히 "여러 많은 결함을 지니고 있음에도 불구하고 우리가 『朝鮮封建社會經濟史』(上)에 대하여 아직 그 '古典'的 業績으로서의 學術的 價値를 그 나름대로 評價하지

---

2) 강진철, 「한국사의 시대구분문제에 대하여」, 『역사학보』 31, 1966, 161쪽.
3) 강진철, 「中世史」, 『진단학보』 57, 1984, 15~16쪽.

않을 수 없다"는 평가는 솔직하다고 말하지 않을 수 없다. 아울러 이와 같은 평가의 근저에는 백남운이 '한국사회를 발전하는 역사 운동체'로 이해했다는 점에 대한 긍정과 동조가 작동한 것으로 여겨진다. 즉, 강진철 선생의 역사학에 대한 기본 인식은 '발전하는 역사운동체'라는 명제가 자리잡고 있지 않나 생각된다. 이에 '운동체'의 능동적 주역이 필요하였을 것인 바, 이를 농민 혹은 민중으로 표현하였거나 인식하였을 가능성이 크다. 이러한 차원에서 강진철 선생이 대몽항쟁의 주역으로 '민중'이라는 존재를 부각시킨 것은, 자신의 역사인식에 자리잡고 있는 '발전하는 역사공동체'의 동력의 주체를 상정한 사례로 보인다.

그렇다면 '발전하는 역사공동체'로서 한국사에 대한 인식이 구체적으로 어떠한 과정 속에서 체득 혹은 내재화 되어갔는지 살펴보아야 할 것이다. 강진철 선생은 「학창시절과 연구생활을 되돌아보며」(『한국사시민강좌』 3, 1988)라는 글에서, 자신의 인생과 학문 여정을 솔직 담백하게 정리한 바 있다. 그 속에 우선 '발전하는 역사공동체'의 주체이자 동력으로 '민중'이라는 개념을 어떻게 상정해 나갔는지 검토해보도록 하겠다.

光州學生運動이 일어나던 해(1929)에 당시 中央高普에 재학 중이던 仲兄이 학생운동의 주모의 한 사람으로 지목되어 경찰에 구속되었다가 곧, 西大門감옥으로 넘어갔다. (중략) 내 나이 14살. 보통학교 6학년 여름 방학 직전의 일이다. 어머니와 伯兄은 거의 매일 변호사 사무실과 서대문 감옥에 출입하는 것이 일과처럼 되어 있었다. '面會'니, '差入'이니, '私食'이니 하는 색다르고 특수한 용어를 이때 처음 알게 되었다. 이러한 가정 분위기 속에서 나는 막연하지만 뭔가, '民族' 내지는 '民族운동'이라는 것에 대하여 내 나름대로의 관심을 갖게 되었다(강진철, 「학창시절과 연구생활을 되돌아보며」, 『한국사시민강좌』 3, 1988, 141쪽).

강진철 선생은 1929년에 발생한 광주학생독립운동에 연루되어 옥살이를 하게 된 仲兄과 가족의 고통을 겪으면서, "막연하지만 뭔가, '民族' 내지는 '民族운동'이라는 것에 대하여 나름대로의 관심을 갖게 되었다."고 술회하였다. 14세의 어린 나이에 '감옥'이라는 특수 환경과의 만남 속에서 막연하지만 '민족' 내지 '민족운동'에 대한 관심을 갖게 되었다는 것이다.

이와 같은 강진철 선생의 '막연한 관심'은 이후 일본 유학생활을 통해 '(지식인으로서 기성의 권위에 대한) 보다 구체적인 반발'로 발전하게 된다.

> 수신 과목의 교과서가 福澤諭吉의 전기였다는 사실 그 자체가 벌써 파격적이었다. 수신 교과서로 쓴 福澤傳記 안에는 "封建時代의 身分制度는 나에게는 父母의 원수나 같은 것이다", "天은 사람 위에 사람을 두지 않고 사람 아래 사람을 두지 않는다"라는 유명한 구절이 있었다. 강의 첫날, 담당교사는 이 구절이 어떤 의미를 갖는 것인지 그 내용부터 먼저 해설해 주었다. 일본 前近代社會의 封建制度 ―특히 自由競爭과 사람의 후천적 능력을 무시하는 봉건적 신분제도가 얼마나 고약망측스럽고 불합리한 것 인가를 그는 열을 올려 강조하였다. 강의를 듣고보니 봉건제도, 신분제도가 무엇이 어떻게 나쁜 것인지, 대략 짐작이 가는 듯 했다. 간혹 福澤이라는 인물을 너무 우상시하는 것에 대해서는 반발을 느끼기도 했으나, 나는 이 수신 과목을 통해서 신분제도와 같은 사회문제에 대해서 눈을 뜨는 기회를 얻게 되었다. 淸·日戰爭 때에 脫亞論을 주장하여 침략전쟁과 朝鮮 진출에 동조한, 福澤이라는 인물의 또 하나의 다른 측면에 관해서 알게 된 것은 훨씬 뒤의 일이다(143쪽).

강진철 선생은 당대 영웅으로 칭송받고 있던 후쿠자와 유키치(福澤諭吉)의 전기를 학습하면서 신분제도에 대한 전향적인 식견에 동조하면서도 그에 대한 우상화에 반발하는 모습을 보인다. 아울러 이후 전공학과의 선택에 있어서 출세할 수 있는 장래성보다는 스페인내전에 대한 관심으로부터 출발하여 파시즘체제에 대한 비판, 세계사의 흐름에 대한 관심에 도달하면서 소위 '역사인식'을 갖기에 이른다.

전공학과를 선택할 때에는 소위 세속적인 장래성의 문제같은 것을 다소라도 고려하는 것이 상식인데, 나는 그런 문제에 크게 신경을 써 본 일이 없다. 비교적 살만한 집에서 넉넉히 성장했기 때문인지, 대학을 졸업하고 나서는 출세를 하거나, 크게 돈벌이를 해야겠다는 욕망을 가져본 일은 없었다. 하물며 日帝의 앞장이가 되는 관리노릇을 하는 것은 꿈에도 생각해 본 일이 없었다. 사학과를 택한 어느 정도의 간접적이고 소극적인 동기가 된 것이 있었다면, 아마 스페인의 內戰과 약간의 관련이 있었을는지 알 수 없다. 내가 예과 2년 때(1936)에 人民戰線派와 國民戰綠派가 서로 싸우는 스페인 動亂이 일어났다. 이 동란은 민주주의 세력과 파시즘 세력의 대결이라는 형태로 나타나서 제2차 세계대전의 전초전 구실을 하였는데, 우리가 학부에의 진학문제를 결정해야 할 무렵에는 한창 사태가 절정에 도달해 있었다. (중략) 이때에는 일본의 형세도 크게 파시즘의 방향으로 기울어져 있었고, 中日관계도 바로 개전의 전야에 있었다. 이러한 시국에 대한 지식인들의 반발·저항이라고 생각되지만, 젊은 교수들은 거의 빠짐없이 인민전선파의 편을 드는 발언을 했다. 학생들도 자연인민전선파에 성원을 보내는 입장에 섰다. 나도 모르게 제2차 세계대전 직전의 세계사의 흐름에 대해서 어떤 특별한 관심을 갖게 되었다. 요즘 흔히 말하는 역사의식 같은 것이 내 머리 속에서 뿌리를 내리게 된 것은 아마 이 해가 처음이 아닌가 싶다(144~145쪽).

그리고 당시 지식인이라면 한번쯤 관심을 가졌을 맑스사상에 대한 독서와 학습을 이어갔다.

내가 마르크스에 관해서 다소라도 관심을 갖고 지식을 얻게 된 것은 小泉塾長의 강의를 통해서였다. 神田의 古書店에서 高畠素之 역 『資本論』한 질을 4円 50전인가 5円을 주고 사들인 것은 이 무렵의 일이다,

그런 反共主義者의 세미나 敎室에서 野呂榮太郎·野板參三 같은 일본 사회주의 운동의 지도자가 배출된 것은 매우 풍자적인 이야기다(148쪽).

이러한 유학생활의 경험이 친일행각으로 빠지거나 평범한 소시민으로 전락되는 쪽으로 연결되었을 가능성은 그렇게 크지 않았을 것이다.

天津은 華北의 경제중심지라 각종 전쟁에 관한 정보가 수시로 흘러들어 왔다. 京津地區의 바로 외곽지대에서 한국인의 光復軍과 일본군이 전투를 벌이고 있다는 소문도 들리고, 심지어는 일본군의 탈출병이 '民族解放軍'을 조직해서 저희들끼리 서로 싸우고 있다는 소문도 나돌았다. 나는 본래 위인이 광복군에 뛰어들 만한 담력이 있는 사람은 못되지만, 日本人 회사에서 구차스럽게 밥벌이나 하는 꼴이 무언가 떳떳하지 못하다는 회의와 죄책감 같은 것을 느끼게 되었다. 더 이상 회사에 남아 있기가 싫어졌다. 그때까지 총각이었던 나는 결혼을 한다는 이유로 해방 첫해에 서울로 되돌아 왔다. 해방되던 해 정월에 결혼을 하고 다시 華北으로는 가지 않았다. 해방 당시 나는 고향인 郡北에서 막걸리나 마시고 책이나 읽는 생활을 하고 있었다(150쪽).

결국 '광복군에 뛰어들 만한 담력이 있는 사람은 못되지만, 日本人 회사에서 구차스럽게 밥벌이나 하는 꼴이 무언가 떳떳하지 못하다는 회의와 죄책감' 때문에 낙향을 결심하게 된다. 이후 강진철 선생은 유학생활 자신의 학문활동을 통해 얻어진 '발전하는 역사운동체', '민족', '민족운동'에 대한 개념을 어떻게 하면 역사 연구를 통해 통찰할 수 있을까 고민하게 된다. 그리고 '신분제도의 모순', '파시즘체제 비판', '맑스사상에 대한 관심' 등은 이후 학문 활동에 두드러지게 나타나지는 않지만, 의식의 근저에서 끊임없이 영향을 끼쳤을 것은 쉽게 짐작된다.

　담당과목의 관계도 있고 해서 이 무렵에 내가 주로 공부한 것은 高麗
時代의 대외관계에 관한 것이었다. 「高麗 초기의 對契丹關係」라는 변변
치 못한 글을 쓸 때만 해도 나의 학문적 관심의 중요한 분야는 韓半島를
둘러싼 국제관계의 작용에 관한 문제였다. 당시 나는 우리나라의 대외적
국제관계의 계기, 특히 대륙국가로부터 받은 압력과 이에 대한 저항이,
한국사가 전개되는 과정에서 한국사를 이끌어 나간 가장 큰 원동력의 구
실을 한 것이며, 이에 대한 연구야말로 한국사 연구에 있어 가장 기본적
인 과제가 되는 것이라고 생각했다. 그런데 공부를 해 나가는 사이에 생
각이 점점 달라져서 내가 설정한 연구의 지표에 차차 회의를 느끼게 되
었다. 한국사의 요인의 이해를 위한 가장 중요한 기본과제는, 외세에서
유래하는 수동적 탐구가 아니라, 한국 社會의 내부에 자생하는 어떤 내
재적인 요인의 구명에 있는 것이 아닐까 하는 생각이 막연하게 머리에
떠올랐다. 물론 어떤 확실한 방법론적인 안목을 가진 단계에서의 발상은
아니다(153쪽).

　이후 강진철 선생이 관심을 갖는 연구분야에 대한 흐름은 고려시대
대외관계사에서 한국사회의 내재적 (발전)요인으로 변하게 된다. 이것은
단순한 변화가 아니라 한국사를 이끌어 나간 원동력을 찾는 과정에서
나타난 자연스런 움직임이었다. 이는 '발전하는 역사운동체'로서 한국사
를 이해하는 문제에 천착한 결과라 하겠다. 대외적 국제관계에 의해 우
리 역사가 움직여갔다는 생각에서, 이제 수동적 탐구가 아닌 '한국 社會
의 내부에 자생하는 어떤 내재적인 요인의 구명'으로 옮겨간 것이다. 이
는 늘 '막연하게 머리에 떠올랐다'라는 표현으로 설명되었지만, 실제로는
'인식과 존재라는 당대적 삶에 대한 치열한 고민'의 결과였을 것으로 여
겨진다. 이러한 연구 방향에 대한 고민은 궁극적으로 고려사회라는 공동
체의 구성인리에 대한 관심으로 옮겨갔으며, 마침내 『高麗土地制度史硏
究』라는 대작으로 결실을 맺게 된다.

자본주의 사회의 비밀을 파헤치는 열쇠가 상품과 화폐(유통)에 있는 것이라면, 자본주의에 선행하는 前近代社會의 본질을 해명해 주는 것은 土地와 共同體에 관한 문제라고 해야 할 것이다. 토지와 공동체의 문제는 이와 같이 불가분리의 표리관계에 있음에도 불구하고 과거에 나는 토지문제를 주로 제도사적인 측면에서만 다루어 靜態的인 관찰에 시종한 느낌이 짙다. (중략) 이런 의미에서 나는 앞으로 공동체에 관한 공부를 더 축척해서 토지 문제에 관한 지금까지의 연구를 더 보완해야 하겠다는 생각을 하고 있다. 한 마디로 공동체라 해도 그 개념은 원시사회로부터 中世 말기에 이르기까지 여러 형태 여러 단계의 것이 있다. 토지의 문제와 가장 관련이 깊은 것은 토지의 '共同所有'의 문제겠는데, 이에 관한 자료는 山林, 澤梁의 공유에 관한 것을 제외하고는 참고할 만한 문헌 자료는 그리 많지가 않다. (중략) 나의 졸저를 포함해서 지금까지 나와 있는 田柴科 제도나 고려 전기의 토지문제에 관한 연구 업적을 보면, 이러한 공동체의 문제에 관한 배려는 거의 없거나 혹은 매우 희박하다. 앞으로 나는 힘이 닿는 대로, 이런 시야에서 공동체에 관한 문제와 씨름을 해 보고 싶다. (중략) 공동체의 문제가 어느 정도 해명이 되면, 武人政權治下의 大土地 경영 ―農莊의 확대 같은 문제도 공동체 내부의 모순의 지양이라는 관점에서 좀더 새로운 이해의 방법을 얻어 낼 수가 있지 않을까 생각한다. 앞으로 젊은 연구자들도 이런 문제에 많은 관심을 가져주었으면 하는 것이 나의 소망이다(165~166쪽).

지금까지 강진철 선생의 학문 여정이 시대상황에 맞춰 어떻게 변화되어 왔는지, 그 지향은 무엇이었는지 살펴보았다. 이제 이러한 과정에서 이번 토론의 중심에 서 있는 '민중'이라는 개념이 어떻게 등장하는지 검토해보도록 하자.[4] 강진철 선생의 고려시대사에 대한 전체적인 조망과

---

4) 강진철 선생의 대몽항쟁사 연구에 나타난 '민중'과 관련된 구체적 내용은 오늘 발표자의 언급과 임형수·최은규의 「대몽항쟁 연구의 이정표 수립―'몽고의 침입에 대한 항쟁' 재조명」(『21세기에 바라보는 강진철의 고려시대 연구』, 제7회 대학원생 콜로키움 자료집, BK21 PLUS 한국사학미래인재양성사업단 고려대학교 고려시대팀, 2017)을 참고하기 바람.

자신의 견해는 「中世史」(『진단학보』 57, 1984)에 잘 나타나 있다. 여기에 등장하는 '발전하는 역사운동체'의 동력으로 이해될 수 있는 '여러 존재'에 대한 표현들을 살펴보면 다음과 같다.

○ 中央政府의 權力機關에 배치된 官僚는 다시 말할 필요도 없이 全國에 거주하는 民衆들, 주로 농민들을 통치 지배하기 위한 人的 組織이었다. 고려 왕조의 지방 통치구조는 흔히 郡縣制度라 불렸다(26쪽).

○ 地方의 統治·行政의 末端을 담당하여 직접 民衆을 支配하는 要員인 鄕吏에 관한 연구는 양적으로 퍽 빈약한 셈이다(27쪽).

○ 姜晋哲은 戰亂의 경과와 侵略에 抗戰한 民衆의 鬪爭을 개괄적으로 요약하면서, 對蒙抗爭의 主體가 政府의 官軍이 아니라 民衆들이었다는 점을 강조하였다(30쪽).

○ 2. 民衆의 負擔 : 經濟史 硏究의 分野에서 가장 重要한 課題의 하나는 民衆들의 負擔 즉 收取體系에 관한 문제인데 意外에도 이 方面에 대한 硏究가 매우 부진한 상태에 있다. (중략) 民衆들이 부담한 稅項目은 대체로 三稅 즉 租·庸·調와 常搖·雜貢 등으로 大別하는 것이 『高麗史』 기타의 일반적 先例로 되어 있으나 여기에서는 租稅·貢賦·搖役으로 나누어 考察하기로 한다. 收取樣式의 문제는 당시의 農民 그리고 社會의 歷史的 性格을 理解함에 있어 不可缺의 作業인데 이러한 意識에서 '租稅'의 문제에 처음 손을 댄 것이 姜晋哲이었다(45쪽).

○ 村落에서 생활하는 사람들 즉 農村의 住民들이 일종의 血緣的인 人間集團이냐 아니냐의 문제도 꼭 한번은 짚고 넘어가야 할 重要한 문제다(36쪽).

○ 따라서 村落에 거주하는 農民들의 대부분은 白丁으로 보아야 하겠다(36~37쪽).

○ 公田制(國有制)說이 克服되는 과정에서 民田이 農民, 주로 自立小農民들의 私有地와 같은 性格의 土地였다는 사실이 밝혀진 것은 매우 큰 硏究의 成果라고 볼 수 있다(39쪽).

이상에서 살펴본 바와 같이 강진철 선생의 고려시대의 보편적인 사람에 대한 표현은 '민중들'과 '농민들'로 대별된다. 우선 민중(들)은 '전국에 거주하는 민중들', '향리의 지배 대상으로서 민중', '침략에 항거한 민중', '수취담당자로서의 민중'으로 설명되고 있다. 다음으로 농민(들)은 '(촌락에서 생활하는) 농촌의 주민으로서 농민', '백정으로 불린 촌락에 거주하는 농민', '(민전을 소유한) 자립소농민으로서 농민' 등으로 묘사되었다. '침략에 항거한 민중'을 제외한 다른 '민중'과 '농민'은 농촌이나 촌락에 거주하면서 수취를 담당하는 피지배자를 의미한다. 그렇다면 강진철 선생은 정치사, 경제사, 사회사 등의 입장에서 관료를 제외한 보통의 사람들을 '농민(들)'이라고 불렀거나 인식하였음을 알 수 있다.

여기에서 특이한 점은 '침략에 항거한 민중'에 대한 개념이다. 즉, 일반적인 피지배자에 대한 표현으로서 민중이나 농민과 달리, 침략에 항거한 주체로서, 高麗라는 역사운동체의 동력으로서 '민중'을 인식하고 있다는 점이다. 이는 기왕에 언급한 강진철 선생의 역사인식에 비추어 본다면 그리 놀라운 일은 아니다. 고려시대 사회경제사 연구에 있어서 농촌이나 촌락에 거주하는 수취부담자·피지배자로서 농민·민중과 달리, 역사운동체의 주체적 동력은 이전의 민중과는 다른 '민중'으로 인식하고자 했던 것이다. 이에 고려의 대몽항쟁사 연구에서 거론된 <전쟁에서 '민중'을 발견하다>는 시각은 정당하다고 이해된다.

다만 여기에서 발견된 '민중'이 삼별초의 창설배경, 실질적 지배방식, 운영 형태, 역할과 기능 등에 비추어 볼 때, 진정 '발전하는 역사운동체'의 주체적 동력인가 하는 문제는 별도의 논의를 거쳐야 할 것이다. 왜냐하면 이후 대몽항쟁사 연구에서 "삼별초는 '민중봉기의 진압'과 몽고의 침략을 방어 분쇄하기 위해서 조직된 특수부대였다"고 평가하고 있기 때문이다.5) 물론 "삼별초의 처음 설치 목적은 최씨정권의 보위 즉 농민·천민의 봉기를 진압하고 몽고의 침략을 저지하려는데 있었다. 그런데 삼별초 중에서 집권자의 정치적 야욕이나 실권자의 쿠데타에 이용된 자는 소수에 불과하였고, 그 대부분은 항상 대몽항쟁의 대열에 투입되었다. 이 과정에서 민족적 저항정신의 소유자로서 성장할 수 있었던 것이다. 이러한 차원에서 참담한 전화에 시달리고 있었던 전국 군현민들의 전폭적인 지지와 협조 속에 삼별초 정부를 수립할 수 있었다"는 결론이 뒤이어지기는 하지만,6) '대몽항쟁에서 발견된 민중'과 '민중봉기를 진압한 민중'은 동일한 역사주체가 될 수 없다. 이는 역사서술에 있어서 '민중'이라는 용어가 자의적으로 사용된다는 측면을 의미하기도 하지만, 개별적 역사연구자들 스스로도 자신만의 '민중' 개념이 있었다는 뜻이기도 하다. 다만 이 자리에서는 (1) 국권 상실 이후에 태어나 13세에 광주학생독립운동 발발, 이에 연루되어 투옥된 仲兄의 옥바라지 과정을 통해서 민족, 민족운동 정신이 싹트고, (2) 백남운의 역사학을 통해 '발전하는 역사운동체'에 대한 확신을 갖게 되고, (3) 일본 유학시절 파시즘에 반대하는 세계정신의 흐름을 파악하고, (4) 일본 식민통치 하의 안락한 생활을 거부하는 민족적 삶을 견지하고, (5) 역사인식의 필요성을 깨닫고, (6) 우리 역사의 내재적 발전원리를 찾고자 했던 어느 역사학자가 자신의 학문세계 특히 한국사 그리고 고려시대사를 통해 어떻게 당대인으로서 '존재와 인식'의 문제를 치열하게 고민하고, 이를 학문적 성과에 녹여 내왔는가 하는 점에 주목하여 논의를 전개했다.

역사학자 특히 한국사를 연구하는 우리들에게 '지금 여기'라는 화두는

---

5) 김윤곤, 「별초군의 조직」, 『한국사 18 - 고려 무신정권』, 국사편찬위원회, 탐구당, 2013, 193쪽.

6) 김윤곤, 위의 글, 196쪽.

여전히 중요하다. 이를 지식인으로서 자신의 삶 속에, 그리고 자신의 연구 주제 속에 어떻게 담아낼 것인 하는 문제는 그렇게 녹록하지 않다. 때문에 우리보다 앞서 우리와 같은, 아니 우리보다 어려운 조건에서 더 치열하게 고뇌하고 당대의 삶을 헤쳐나간 강진철 선생과 같은 역사학자의 궤적을 되새겨보는 작업은 충분한 의미가 있다고 여겨진다. 이것이야말로 진정한 '讀書尙友'의 정신이 아닌가 싶다.

부병제로 고려사회의 해명을 시도하다

김 난 옥*

1. 머리말

고려사회의 성격에 대한 해명은 다양한 관점과 방법론의 적용을 통해 이루어질 수 있다. 이를 위한 필수적인 주제 중의 하나가 바로 兵制이다. 전근대사회의 병제는 단순히 군대가 어떻게 구성, 조직되었는가 하는 제도사적인 내용을 확인하는 데 머무는 것이 아니라, 토지나 신분과 같은 사회구조와 유기적으로 연관되어 있기 때문이다.

兵制가 고려사회를 해명하기 위한 핵심 주제인 만큼 축적된 연구성과 역시 적지 않다. 주지하다시피 고려시대 兵制 이해의 관건은 中央軍 즉 京軍의 실체를 밝히는 데 달려있다. 대체로 고려시대 경군의 성격은 府兵制說과 軍班氏族說의 논쟁을 거쳐 양자의 문제점을 보완하여 二元的 構成으로 바라보는 소위 '二元的構成論'으로 발전하였다.

이 글에서는 우선 강진철의 부병제가 담고 있는 구체적인 내용을 소개한 후, 이와 관련된 논의가 확대·재생산되면서 병제에 대한 이해가 심화되는 과정에 대해 간략하게 고찰할 것이다. 마지막으로 부병제 논의를

---

* 고려대 한국사연구소 연구교수

통해 고려사회를 어떻게 바라보고 어떠한 방식으로 이해하려 했는지에 대해 가늠해보고자 한다.

2. 부병제론의 내용

강진철에 의하면 고려의 병제는 府兵制에1) 입각하였으며, 부병제는 성종을 거쳐 현종에 이르는 시기에 완성되어 기본조직인 2軍 6衛가 설치되었다. 고려의 부병제는 군인이 본질적으로 농민이었다는 점에서 기본적으로는 唐의 부병제와 그 성격이 비슷한 것이었다. 다만 당의 부병제는 국가적인 均田農民을 대상으로 하여 租·庸·調의 면제를 조건으로 부병을 확보하였으나, 고려는 균전제가 실시되지 않았으므로 府兵을 확보하기 위해 별도로 군인전을 설치하였다.

군인이 給田의 대상으로 등장하는 것은 穆宗 元年(998) 이후의 일이다. 改定田柴科에서 馬軍은 17科 23結, 步軍은 18科 20結을 받았고,2) 更定田柴科에서 마군이 15科 25결, 役·步軍이 16科 22결, 監門軍이 17科 20결을 받았다.3) 여기에서 마군·보군·역군·감문군 등은 府兵一般과 같다.

군인전 지급규정에 의하면 군인은 최저 20결의 「給田」을 국가로부터 받게 되어 있었다. 2군 6위의 45領에 규정대로 每領 1,000명씩 배치되어 있었다면 非番兵을 제외해도 上番兵만 45,000명이다. 부병의 병력이 규

---

1) 「2. 부병제론의 내용」은 '姜晉哲, 1980, 『高麗土地制度史研究』, 고려대학교 출판부, 131~134쪽에 의거해 강진철의 견해를 그대로 정리한 것이므로 별도로 전거를 제시하지 않았다. 또한 해당 학설의 타당성 여부에 대해서도 여기에서는 일단 논외로 하였다.
2) 『高麗史』 권78, 食貨1 田制 田柴科 穆宗 원년 12월.
3) 『고려사』 권78, 식화1 전제 전시과 文宗 30년.

정한 定員대로 확보되지 않았을 것이므로 약 30,000명으로 잡아도 지급되는 군인전의 총액은 50만결을 초과하게 된다. 따라서 이기백의 지적대로 군인전의 급전액은 병종에 따라 最上限이 25결에서 20결로 제한되어 있었다는 것을 뜻한다.

대개 군인전은 定額에서 훨씬 미달되었으므로, 군인의 생활은 매우 곤궁하였다. 「諸衛軍人家貧而名田不足者頗衆」은[4] 軍戶가 빈한하여 名田 즉 자영경작지 民田이 군인전의 定足額에 미달하는 자가 많다는 뜻이다. 군인전을 형성하는 모체가 되는 토지는 원래 군인들이 농민으로서 「소유」해오던 그들의 민전이며, 「免稅」를 조건으로 민전 위에 군인전을 설정하여 「支給」이라는 擬制的인 형식절차를 취한 것이다.

고려의 병제에 대해서는 『高麗圖經』에 자세한 기록이 남아 있다.[5] 이에 의하면 고려의 民은 16세 이상이면 군역에 충당되며, 병제의 편성은 六軍上衛와 餘軍으로 大別된다. 『고려도경』에서 「有警則執兵赴敵 任事則執役服勞 事已則復歸田畝」하는 餘軍은 병농일치의 부병제를 연상케 하며, 「迭分番以守」는 지방농민의 교대입역을 의미한다. 『宋史』에 의하면 경군은 上番의 立役期와 非番의 休閑期로 구분되어 있는데, 「有警則執兵赴敵 任事則執役服勞 事已則復歸田畝」하는 주어는 『고려도경』의 餘軍과는 달리 六軍·三衛로 되어 있다.[6]

---

4) 『고려사』권1, 兵1 兵制, "靖宗二年七月 制 諸衛軍人家貧而名田不足者頗衆 今邊境征戍未息 不可不恤 其令戶部 分公田加給".
5) 『高麗圖經』권11, 仗衛, "其制 民十六以上充軍役 其六軍上衛 常留官府 餘軍 皆給田受業 有警則執兵赴敵 任事則執役服勞 事已則復歸田畝 偶合前古鄕民之制 … 其留衛王城 常三萬人 迭分番以守".
6) 『宋史』권487, 列傳246 外國3 高麗, 國無私田 民計口授業 十八以上則充軍 六軍三衛常留官府 三歲以選戍西北 半歲而更 有警則執兵 任事則服勞 事已復歸農畝".

주현군의 保勝·精勇은 경군의 非番休閑兵이며,「有警則執兵 任事則服勞 事已復歸農畝」하는 병사이다. 『고려도경』의 餘軍은 지방의 주현군과 村留二三品軍이 합쳐진 것으로, 수적으로는 촌류이삼품군이 우세하다. 따라서 餘軍의 基幹은 非番·在鄉의 보승·정용군이므로, 王府侍衛의 경군과 여군은 완전히 분리되는 별개가 아니다. 경군의 보승·정용 38,000명의 兵貝數와 주현군 보승·정용 28,355명의 차이는 규정상의 정원수와 현실적으로 확보된 실제상의 兵貝數의 차이이다. 『고려도경』에 나오는 侍衛兵(京軍)의 3만명 정도가 實兵貝數에 가깝다. 경군은 보승이, 주현군은 정용이 많은 비율상의 문제는, 兩者 사료의 연대 차이에 기인하는 것이며, 주현군 보승(步軍)의 격감은 군인전의 침탈 등으로 인한 빈약한 군호의 몰락과 관계가 있을 것이며, 정용(馬軍)의 증가는 비교적 부호한 군호가 대우가 더 좋은 정용을 희망한 결과로 추리된다.

한편 軍戶는 (종전의 3家 1戶 軍戶說 폐기) 행정호가 아니라 단일의 자연호에 의하여 편성되었으며,「田丁連立」에[7] 의해 군인전이 授受되는 군인이 부병이다. 개경에서 군역에 복무하는 2군 6위의 군인은 특별한 경우를 제외하면 가족과 서로 別居하였다. 비번의 휴한병은 비번기에 가족과 더불어 고향에서 농경에 종사하였다. 이기백은 주현군의 보승·정용을 望軍丁人에 비정하였는데, 경군 38령의 보승·정용에만 연결하는 것이 나을 것이다. 諸衛軍士[8] 역시 부병으로 해석된다.

---

7) 『고려사』 권81, 병1 병제 공민왕, "五年六月 下教曰 … 一國家以田十七結爲一足丁 給軍一丁 古者田賦之遺法也 凡軍戶素所連立 爲人所奪者 許陳告還給".
8) 『고려사』 권81, 병1 병제 문종, "四年十月 都兵馬使王寵之奏 傳曰 安不忘危 又曰 無恃敵之不來 恃吾有備 故國家每當仲秋 召會東南班貝吏於郊外 教習射御 而況諸衛軍士 國之爪牙 宜於農隙 教金鼓旌旗坐作之節 又馬軍皆不練習 請先選先鋒馬兵 每一隊給馬甲十副 俾習馳逐 仍令御史臺兵部六衛掌其教閱 從之".

군인전은 대체로 군호가 본래 소유해오던 민전을 모체로 설정되었고, 군호의 토지 소유가 근소해서 군호로서 구실을 하기 어려울 경우에 국가에 의해 일정 면적의 公田이 加給되었다. 군인전은 극소수의 부호를 제외하고는 足丁(定額)에서 훨씬 미달하는 액수이며, 군인전의 부족문제는 公田加給의 조처에 의해서 완전히 해결되지 못하였다. 군인전이 군호의 소유민전 위에 설정되었을 경우에는 自耕無租의 형식이었고, 공전 즉 타인의 민전 위에 편성된 군인영업전의 경우에는 수확량의 1/4에 해당하는 租를 군호에게 부담하였다.

군호에서 壯丁이 군역에 복무중인 경우에 군호의 경작노동력을 보충해주는 것이 주로 養戶였으며,9) 군인전의 경작은 군인가족과 이들을 돕는 양호의 노동력에 의하여 실현되었다. 양호는 국가로부터 課役減免의 혜택을 조건으로 군호의 경작에 助力하였으며, 군인전의 경영이 부실에 빠져 파탄에 이른 원인은 양호에 대해 국가가 과역감면의 약속을 제대로 이행하지 않았을 뿐만 아니라 이들을 특권층인 宮院·朝家의 토지경작에 강제로 동원하였기 때문으로 추측된다.

군인 공급의 모체가 되는 「軍班氏族」의10) 기원은 후삼국시대의 호족들 특히 왕건과 그에 협력한 호족들의 예하 군인－私兵－에 결부시키는 설명은 충분히 합리적인데, 이러한 계보적인 요건 이외에 경제적인 요건도 감안되었을 것이다. 즉, 군호를 설정할 경우 군역을 부담할 수 있는 충분한 경제적 기반을 갖춘 家戶－富農을 먼저 선정의 대상으로 삼는

---

9) 『고려사』 권81, 병1 병제 문종, "二十七年三月 命州鎭入居軍人 例給本貫養戶二人" ; 『고려사』 권79, 식화2 農桑, "睿宗三年二月 制 近來州縣官 秖以宮院朝家田 令人耕種 其軍人田雖膏腴之壤 不用心勸稼 亦不令養戶輸粮 因此軍人飢寒逃散 自今先以軍人田各定佃戶 勸稼輸粮之事 所可委曲奏裁".

10) 『고려사』 권18, 세가 문종 18년 5월, "辛未 兵部奏 軍班氏族 成籍旣久 蠹損朽爛 由此軍額不明 請依舊式 改成帳籍 從之".

원칙이 참작되었을 것이다. 그러나 이러한 부농은 경군 병력의 수요에 비해 훨씬 적은 것이며, 부농도 군호에의 지정을 기피하였을 것이다.

군반씨족에 편성된 군대―경군―에 결원이 생기면 選軍給田의[11] 원칙에 따라서 양반이나 백정의 자제를 군인으로 뽑아서 결원을 보충하였다. 군인전은 전정연립의 원칙에 따라 자손, 친족에게 遞傳·相續되는 것으로, 이 과정을 통해 군역이 세습화되었다.

지급되는 군인전은 原額에 훨씬 미달하는 실정인 반면 군인이 그 반대급부로 自辦해야 하는 衣·糧·器械의 부담은[12] 에누리 없이 무거웠다. 군인의 대우가 이처럼 열악하였기 때문에 만성적인 군역의 기피·도산이 상습화되었다. 군인의 사회적 계층신분을 오로지 국가로부터 토지가 지급된다는 이유만으로 향리나 吏屬에 견주어 국가의 관료체계의 말단에 포함시킬 수 없다. 군인은 「賤役」의 부담자였으므로 비록 말단이어도 국가권력을 집행하는 특권적인 위치에 있었던 향리와 다르다. 따라서 군인은 향리·이속과 같이 「중간계층」으로 볼 수 없다.

---

11) 『고려사』 권81, 병1 병제 靖宗, "十一年五月 揭榜云 … 今國家大平 人物如古 宜令一領 各補一二百名 京中五部坊里 除各司從公令史主事記官有蔭品官子 有役賤口外 其餘兩班及內外白丁人子 十五歲以上五十歲以下 選出充補 令 選軍別監 依前田丁連立".

12) 『고려사』 권78, 식화1 전제 녹과전 우왕 14년(창왕 즉위년), "七月 大司憲趙浚 等上書曰 … 兵者所以衛王室備邊虞者也 國家割膏腴之地 以祿四十二都府 甲士十萬餘人 其衣糧器械 皆從田出 故國無養兵之費 祖宗之法 卽三代藏兵 於農之遺意也".

3. 경군 성격 논의의 확산

앞에서 설명한 바와 같이 강진철의 부병제설은 병농일치의 원칙에 의거해 일반 농민이 경군으로 번상한다는 것이다. 반면 '특정한 신분'인 軍班 또는 군반씨족이 경군을 구성하고 그 役을 세습한다는 입장이 군반씨족제설이며, 고려의 병제를 군반제로 파악한 대표적인 학자가 이기백이다. 그에 의하면 군반씨족의 적에 올라 경군을 형성한 군인은 세습적으로 군인직을 이어가는 전문적 군인이었다. 경군을 형성한 군반 혹은 군반씨족의 직접적인 기원은 대체로 왕건과 그에 협력한 호족들의 예하 군인으로서, 이들의 근본은 대부분 농민이었지만 오랫동안 통일전쟁에 종사하여 군적에 등록되어 군역을 세습하게 되면서 일종의 특수한 신분층을 이루게 되었다.[13] 또한 군인은 지급받은 토지를 수조지로서 소유하여 군인전의 경작자인 양호에 대해 수조권을 행사하였다.[14]

이후 부병제설과 군반제설을 둘러싸고 다양한 견해가 제기되었는데, 대체로 두 개의 학설이 절충된 경군의 二元的構成論으로 정리되었다.[15] 여기에서는 복잡·다양한 이원적구성론의 타당성에 대해 검증하는 데 초점을 두기보다는 경군 성격에 대한 논의가 어떻게 확산되고 발전되었는지를 주요 쟁점을 중심으로 간략하게 검토하고자 한다.

---

13) 李基白, 1968, 『高麗兵制史研究』, 일조각, 285쪽.
14) 이기백, 1960, 앞의 책, 103~105쪽
15) 京軍의 二元的構成論와 관련된 여러 견해에 대해서는 洪承基의 논문에(1994, 「高麗初期 京軍의 二元的構成論에 대하여」, 『李基白先生古稀紀念韓國史學論叢[上]』, 일조각) 잘 정리되어 있다.

1) 군인수와 군인전

2군 6위의 경군은 45領으로 兵員數는 45,000명이므로,16) 이들을 전시
과 제도상의 군인전 지급대상자로 이해한다면 부병제설이든 군반씨족설
이든 군인전의 부족을 설명하기 어렵기는 마찬가지이다.17)

군인전 부족문제는 경군의 이원적구성론이 제기되면서 군인전 지급대
상이 제한적이었다는 방식으로 해결이 시도되었다. 홍원기는 2군 6위 내
에 給田되는 자와 그렇지 못한 자가 있으며, 전시과 군인전은 親衛軍에
게만 지급되었다고 하였다. 그리고 태조 이래의 親衛軍과 侍衛軍이 동

---

16) 京軍의 '실제'수에 대해서는 다양한 의견이 제기되었다. 이기백은 경군의 규모를
45,000명으로(이기백, 1968, 앞의 책, 51쪽 및 210쪽), 강진철은 3만명 내외로 파
악하였다. 이에 대해 鄭景鉉은 개경의 인구는 2만호 정도이고 군대 행군의 문제
나 옛 사람들의 숫자에 대한 부정확한 관념, 고려와 후백제의 전투에 동원된 병
력수를 감안하면 중앙군의 수는 6~7천명을 넘지 못했을 것으로 보고 있다(鄭景
鉉, 1992,『高麗前期 二軍六衛制硏究』, 서울대 박사학위논문, 21~34쪽). 이에
대해 홍승기는 京都 10만호는(『고려사절요』권16, 고종 19년 6월, "崔瑀會宰樞
於其第 議遷都 時國家昇平旣久 京都戶至十萬 金碧相望 人情安土重遷 然畏
瑀 無敢發一言者") 개성부의 都城 안과 京畿의 호수를 합한 수로 파악하였다.
아울러 수도권의 인구수와 중앙군 수의 상관관계에 대해서도 부정적인 견해를
피력하였다(홍승기, 1994, 앞의 논문, 529~534쪽). 참고로 개경의 10만호, 50萬
口說이 재확인되기도 하였다(朴龍雲, 1996,「開京의 戶口」,『고려시대 開京 연
구』, 일지사).
17) 이기백은 전시과의 군인전 지급 규정 자체를 의심할 필요가 없으나, 규정은 있으
나 애당초 이를 실시할 의사가 없었던지 그렇지 않으면 최고액을 규정한 것 뿐이
라고 하였다(이기백, 1968, 앞의 책, 158쪽). 강진철은 부병의 병력을 약 3만명 정
도로 잡고 그들에게 지급되는 군인전은 1足丁=17결로 계산하여 총액이 50만결
을 초과한다고 하였다(강진철, 1980, 앞의 책, 112쪽). 참고로 경군 모두에게 군인
전이 주어졌던 것이 아니라 향촌사회에서 한인, 향리로 존재했던 자들이 군인으
로 선임되었을 때 주어졌던 토지가 군인전이었다는 견해도 있다(馬宗樂, 1990,
「高麗時代의 軍人과 軍人田」,『백산학보』36, 27쪽).

일하며 시위군이 2軍으로서 軍籍者에 해당하는 군반씨족이라고 하였
다.[18] 구체적으로 2군의 3령 및 6衛 중에서 임무가 중요한 役領·常領·
海領 각 1령 및 감문위 1령에게 군인전이 지급되었다고 하였다. 결론적
으로 군인전을 지급받은 이들 군인이 군반씨족이고 나머지 6위의 보승·
정용 38령은 번상농민으로 구성되었다는 견해이다.[19]

중앙군을 京軍과 外軍의 이원적 구성으로 이해한 정경현은 2군 6위
중에서 개경 거주의 전업적·세습적 군인들 즉 경군은 전시과에 의해 수
조권의 형태로 토지를 지급받았으며, 南道의 보승군과 정용군으로 구성
된 外軍 즉 자영농민으로 구성된 번상입역 군인들은 입역기간 중 養戶
를 지급받았다고 하였다.[20]

---

18) 洪元基, 1990, 「高麗 二軍·六衛制의 性格」, 『한국사연구』 68, 33~38쪽 및
   51~55쪽. 이에 의하면 고려 정부 휘하의 군대는 왕실 직속의 시위군과 호족들의
   영향하에 있다가 새로이 국가권력의 통제하에 편입된 私兵이 혼재하였는데, 성
   종대에 이르러 왕의 친위군을 2군이라는 제도로 확립했다. 또한 성종 7년의 軍籍
   者 鄕里放還은(『고려사』 권3, 세가 성종 7년 10월, "是年正月 宋帝親耕籍田大
   赦 改元端拱 百官內外並加恩 遂遣端等來 冊王 仍諭赦旨 王旣受冊 赦絞罪
   以下 文班從仕年深者改服 武班年老無子孫 自癸卯年錄軍籍者 皆放還鄕里
   兩班並加恩) 시위군의 향리방환이며, 이 군적자가 바로 시위군이며 군반씨족이
   라는 견해이다.
19) 홍원기는 군반씨족의 범주에 들어가지 않는 6위의 군인에게도 군인전이 주어졌
   으며, 이 군인전은 민전 위에 설정된 토지로 파악하였다. 6위군은 軍役 入役時
   복무를 대가로 본래 소유의 민전에 대한 과세면제와 養戶를 통한 경작노동을 제
   공받는, 병농일치에 의해 번상하는 농민층이었다. 따라서 名田이 부족하여 국가
   에서 公田을 지급하여 軍役 비용을 보조해주는 대상이 되는 '諸衛軍人'은 2군과
   는 별개였다(홍원기, 1990, 앞의 논문, 62~68쪽). 이에 대한 비판에 대해서는 홍
   승기, 1994, 앞의 논문, 541~549쪽 참조.
20) 鄭景鉉, 1993, 「高麗前期의 保勝軍과 精勇軍」, 『한국사연구』 81, 55~59쪽. 이
   에 의하면 전시과상의 군인전을 받는 군인들은 보승군과 정용군을 제외한, 즉 2
   군의 3領과 금오위의 役領, 천우위의 常領과 海領, 감문위의 1領이다. 그리고
   수조지로서 군인전을 받는 중앙군이 京軍이며, 38령에 해당하는 外軍은 정용군

이인철 역시 군반씨족의 장적에 등재된 전업적 군인인 2군과 6위의 군인 및 번상중인 보승·정용군에게 군인전이 지급되었다고 하였다. 다만 各領의 실제 군인수를 1,000명이 아니라 400명으로 간주하고 실질적인 군인전의 총액을 약 30만결로 추정하였다.[21] 이처럼 군인전의 지급 대상 범위가 좁혀지면서 군인전 부족 문제는 어느 정도 해결된 것으로 보인다. 하지만 경군의 '복합적인' 구성에 대해서는 정용·보승군의 실체에 대한 공감대가 형성되어야 할 것이다.

2) 정용군과 보승군

부병제설의 입장에서는 경군의 보승·정용이 주현군의 보승·정용이 번상한 것으로 이해하는 반면, 군반씨족제설의 입장에서는 이들 상호간의 번상관계에 대해 부정적이다. 부병제설에서는 경군과 주현군의 番上관계를 인정하고 있으므로 각각의 정용·보승을 동일한 군인으로 파악한다. 강진철은 보승·정용은 각각 보군과 마군이며, 경군의 보승·정용은 定員이고, 주현군의 그것은 현실적으로 확보가능한 兵員으로 보았다. 현

과 보승군으로 구성되었다.

21) 李仁哲, 2009, 「고려전기 경군의 구성과 군인전의 지급대상」, 『한국 고·중세 사회경제사 연구』, 백산자료원, 204~226쪽. 이인철은 6위 各領의 실제 군인수가 400명이어서 실질적인 경군의 총 인원은 18,000명이며, 지방에 비번인 군인은 27,000명과 합하면 45,000명이라고 하였다. 갱정전시과에 의하면 전업적 군인 즉 2군과 천우위의 상령과 해령 각 1령, 감문위 1령, 금오위 역령 1령에 지급된 군인전은 55,800결이다. 또한 번상한 주현군에게 17결의 토지가 지급되어 총 결수는 258,000결이므로, 모두 합하면 군인전은 약 30만결에 달한다. 하지만 번상한 보승·정용군에게 족정 17결이 아니라 반정으로 지급되었다면 실제 군인전의 총 지급액은 대략 17만결이 된다고 주장하였다.

실적으로 확보한 경군 45령의 총수는 3만명 정도인데 보승·정용만 계산하면 약 27,000명이다. 이는 非番在鄕의 보승·정용군이 28,000여명이라는 숫자와 모순이 없다고 본 것이다. 아울러 경군과 주현군의 보승·정용은 2교대제로 편성되어 1조는 번상입역하고 나머지 1조는 비번휴한하였을 것으로 파악하였다.[22] 하지만 시기가 서로 다른 사료로 군반씨족제설의 보승·정용에 대한 해석을 비판했다는 문제점과 2교대로 유지된다면 주현군이 경군의 반수밖에 되지 않는다는 점이 지적되었다.[23] 이우성 역시 주현에 있는 보승·정용이 중앙으로 번상하면 6위의 보승·정용이 되므로 一品軍을 제외한 보승·정용이 부병제의 원칙에 의해 경군과 직결된다고 하였다.[24]

이기백은 보승·정용을 보군·마군의 구별로 이해하면서, 6위의 보승과 정용이 경군의 핵심이 되는 전투부대였던 것과 마찬가지로 주현군의 보승과 정용도 軍隊다운 軍隊였다고 하였다. 하지만 주현군 소속의 보승군과 정용군이 중앙으로 번상하여 6위의 보승·정용이 된다면 주현군 소속 군인이 원칙적으로 경군보다 많거나 최소한 같아야 하는데도 불구하고 오히려 너무 적기 때문에 이것만 가지고 주현군을 부병제의 원칙으로 경군과 연결할 수는 없다는 견해를[25] 피력하였다. 하지만 이렇게 볼 경

---

22) 강진철, 1980, 앞의 책, 122~124쪽. 앞서 언급한 바와 같이 강진철은 양자를 동질적인 존재로 파악하면서 경군 38령과 주현군 보승·정용의 차이는 각각의 내용을 전하는 史料 사이에 개재하는 오랜 연대의 차이에 기인하는 것으로 추정하였다.
23) 홍승기, 1994, 앞의 논문, 555~556쪽 참조.
24) 李佑成, 1965,「高麗의 永業田」,『역사학보』28 ; 1991,『韓國中世社會硏究』, 일조각, 21~22쪽. 이에 의하면 양계를 제외한 대부분의 주현에 보승·정용·一品 세 갈래의 병종이 있는데, 보승·정용은 중앙군(경군)이고 일품군은 향리가 통솔하는 지방군(주현군)이다. 또한 일품군의 주된 임무는 工役에 있으며, 府兵인 경군에게 군인영업전이 지급된 것과는 달리 일품군 이하에게는 군인영업전이 주어지지 않았다고 하였다.

우에 주현군에서 보병인 보승이 기병인 정용의 절반이 채 안되는 불합리한 상황을 이해하기 힘들다.26)

경군을 이원적구성으로 이해하는 입장에서도 정용군과 보승군의 실체를 파악하려는 시도가 지속되었다. 정경현은 보승·정용군을 중앙군의 농민번상병으로 파악하였다. 하지만 양자의 차별적인 부분도 지적하였다. 즉, 농민번상병이라는 점은 동일하지만 보승군은 향촌사회에서 사회적 또는 경제적으로 비교적 지위가 높은 富戶 출신이며, 정용군은 일반 농민 중에 특출한 신체적 조건을 지닌 자들로 구성되었다는 것이다.27) 이혜옥은 군인전에 대한 문제만으로 경군의 존재형태를 완전히 파악하기 어렵다는 관점에서 軍種에 따른 役에 주목하였다. 그리하여 정용군은 出征·防守를 고유로 하는 전투부대로, 보승군은 扈駕·儀衛 등을 주요 임무로 하는 시위군으로 파악하였다.28) 이처럼 여러 가지 방법으로 정용·보승군의 실체를 해명하여 왔으나, 중앙과 지방에 편제된 보승·정용의 지휘체계 및 번상,29) 다른 병종과의 비교분석이 추가적으로 필요하다

---

25) 이기백, 1968, 앞의 책, 72쪽 및 209~210쪽.

26) 이에 대해 경군의 기병은 주로 전투에 치중한 데 비해 주현군의 그것은 사육의 일에 더 치중했다고 보기도 한다. 즉, 경군의 기병은 적은 수로도 족하였지만 주현군의 기병은 말의 사육 때문에 늘 인원을 더 많이 확보하고 있어야 할 것이라는(홍승기, 1994, 앞의 논문, 552쪽) 판단에서였다. 하지만 말의 사육을 전담하는 군인을 '기병'으로 간주할 수 있는지 의문의 여지가 있다.

27) 정경현, 1992, 앞의 논문, 139~141쪽.

28) 이혜옥, 1993, 「고려전기의 軍役制 - 保勝·精勇을 중심으로 - 」, 『국사관논총』 46, 6~11쪽. 또한 경군이 병종의 구분없이 모두 扈駕나 내외의 力役에 동원되고, 官船 제작 등의 역사에 보승, 정용의 구별없이 모두 참여하는 기록이 나타나기도 하지만, 이러한 상황은 어디까지나 전쟁과 같은 비상시나 또는 本役을 지는 여가에 동원되는 것을 의미하는 것이지 상례적인 것은 아니라고 하였다.

29) 주현군의 보승·정용이 경군으로 번상되었다 하더라도 이러한 번상 방식이 언제까지 지속되었는지도 문제이다. 홍원기는 6위의 번상에 의한 고려 병제가 최소한 인종 14년까지 존속한 것으로 보았다(홍원기, 1990, 앞의 논문, 73쪽 주132).

고 생각한다.

3) 選軍

선군은 군인직을 자손 혹은 친족이 계승하지 못하여 결원이 생기는 경우에 壯勇한 자를 선발하여 보충하는 제도이다.[30] 즉, 軍戶連立이 불가능할 때 새로 군호를 세우는 일이었는데, 선군의 대상은 하급양반과 백정에까지 이르렀다. 선군제도는 경군이 군반씨족만으로 구성되지 않았다는 반증이 될 수 있다. 이기백은 선군의 대상자 중 양반은 사실상 중요한 구실을 하지 못했으므로 보통 白丁과 閑人 그중에서도 백정이 가장 중요한 대상자라고 하였다. 하지만 선군은 어디까지나 군인의 補闕을 위한 것에 지나지 않았다고 하면서, 이들은 정규군의 基幹이 되는 부병은 아니라고 하였다.[31]

선군의 대상이 법제적으로는 6품 이하 양반 및 백정의 子였지만, 실제

---

30) 選軍을 주관하는 기관이 언제부터 설치되었는지는 불분명하다. 다만 選軍別監의 존재는 靖宗 7년부터 나타나며, 선군기관은 靖宗 때부터 고려말기까지 일시적인 폐지를 제외하고는 계속 존속하였다(張東翼, 1986, 「高麗前期의 選軍 – 京軍構成의 이해를 위한 一試論 –」『高麗史의 諸問題』, 448~450쪽). 선군의 업무를 관장하던 관부의 명칭도 선군으로 파악되기도 한다(이기백, 1968, 앞의 책, 110쪽).

31) 이기백, 앞의 책, 121~123쪽 참조. 여기에서 그는 「閑人이나 白丁은 필요에 따라 徵發 補充되는 豫備役的인 인적 자원으로서 가장 보충의 대상이 될 만한 자질을 갖춘 계층이라고 할지언정 이미 정규군의 基幹이 되는 府兵은 아닌 것이다」라는 견해를(千寬宇, 1958, 「閑人考」,『사회과학』 2, 23쪽) 올바른 결론이라며 지지하였다. 아울러 고려의 선군제는 募兵制의 원칙에 서 있었으나 현실적으로 본인의 의사가 무시되는 강제징발이 행해졌으며, 이러한 제도는 송의 禁軍制와 비슷하다고 하였다.

로는 이들 뿐만 아니라 조종묘예, 공신자손, 5품 이상 양반의 자제, 향리
와 有役賤口까지 포함되었다. 이에 대해 장동익은 경군의 구성은 양반
자제, 향리, 군반씨족 등에 의한 특정군인과 주현군의 보승·정용 등에
의한 부경시위군의 이원적 구성이었다고 파악하였다.[32]

한편 6위 병력의 실체를 파악하기 위해서는 靖宗代의 榜에 등장하는
正軍訪丁人一千과 望軍丁人六百에[33] 대한 검토가 필요하다. 정군방정
인은 정군으로 採訪된 정인으로, 망군정인에 대해서는 6위군으로 예정
된 또는 될 것을 희망하는 丁人으로 해석하여 편제상으로는 있지만 실
제는 주현군의 보승·정용으로 보는 견해가 있다.[34] 이와는 달리 望字의
의미는 上位의 뜻이므로 望軍은 氏族·家風·才行을 바탕으로 특별히 선
발된 특정군인 즉 望軍丁人으로 파악되기도 한다.[35] 또한 정군방정인
천명 가운데 400명이 正軍으로 복무하는 군인이고, 나머지 망정군인
600명은 편제상으로만 경군에 소속된 주현군으로 이해되기도 한다.[36]
하지만 망군정인의 해석은 바로 앞에서 언급한 靖宗代의 동일한 榜文에
나오는 '丁人所爲賤役'과 연계되어야 한다. 왜냐하면 정인과 군인이 같
은 의미인지, 여기에서의 賤役이 '苦役'인지 아니면 '賤人의 役'인지에 대
한 명확한 해석이 이루어져야 군인의 계층 내지 신분에 대한 해명이 가
능해질 수 있기 때문이다.

---

32) 장동익, 1986, 앞의 논문, 475~478쪽 참조.
33) 『고려사』 권81, 병1 병제 靖宗, "十一年五月 揭榜云 國家之制 近仗及諸衛 每
領設護軍一 中郎將二 郎將五 別將五 散員五 伍尉二十 隊正四十正 軍訪丁
人一千 望軍丁人六百 凡扈駕內外力役 無不爲之 比經禍亂 丁人多闕 丁人所
爲賤役 使祿官六十代之 因此領役艱苦 爭相求避 伍尉隊正等未能當之 若有
國家力役 乃以秋役軍品從五部坊里各戶刷出 以致搔擾".
34) 이기백, 1968, 앞의 책, 91쪽
35) 장동익, 1986, 앞의 논문, 472~477쪽.
36) 이인철, 2009, 앞의 책, 204~209쪽.

4. 맺음말에 대신하여—부병제론의 현재적 의미

강진철의 부병제 논의는 고려가 兵農一致 사회라는 전제에서 출발한다. 그렇지만 이미 언급한 바와 같이 군인전의 지급은 受給者의 본래적인 소유지에 대한 擬制的 지급의 형식에 불과하였으며, 定額에서도 훨씬 미달하여 군인의 생활은 매우 곤궁하였다.37) 또한 이미 12세기 후반 이래 부병제는 무너지기 시작하였으며, 주요 원인은 전시과체제의 붕괴와 농장의 성립에 있었다. 부병제는 부병들에게 주는 군인전을 물질적 기반으로 삼아 그 위에 성립하고 있었는데 부병에게 주어야 할 군인전이 권력자들에게 침탈을 당하게 되면서 부병제가 무너지기 시작했다는 것이다.38)

부병제의 핵심 요소라 할 수 있는 강진철의 '병농일치' 혹은 '軍民一致'에 대해 이기백은 다른 정의를 내리고 있다. 병농일치의 원칙이 중앙군에 적용되어야만 부병제라 할 수 있으며, 농민의 일부가 어떠한 형태로든 군역을 부담한다고 해서 이를 부병제라고 할 수는 없다는 것이다. 또한 군인의 토지를 경작하는 농민이기 위해서는 국가로부터 토지의 급여가 필요하고, 그 필연적인 결과로 그들은 수도에 교대로 번상하여야 한다고 하였다.39) 하지만 그 역시 군반제가 고려시기 내내 운영된 군제로 파악하지 않았으며, 무신란을 고려 군반제의 종착점으로 인식하였다. 다시 말하면 무신정권하에서 고려의 公兵은 무너지고 武人의 私兵이 발달하면서 새로운 군인층이 탄생하였으므로 초기 병제의 관념으로는 이해할 수 없게 되었다는 입장이다. 특히 外患으로 많은 군대가 필요하게 되면서 상비군을 갖지 못한 고려는 그 때마다 농민을 동원할 수밖에 없

---

37) 강진철, 1966, 앞의 논문, 113~115쪽.
38) 강진철, 1966, 앞의 논문, 134쪽 ; 1992,『韓國社會의 歷史像』, 일지사, 290쪽.
39) 이기백, 1968, 앞의 책, 272~273쪽.

었고, 그리하여 점차 國民皆兵·兵農一致의 원칙에 입각한 병제의 재편성이 불가피하게 되었다고 하였다.[40]

따라서 전시과체제가 무너지면서 부병제가 붕괴되었다고 본 강진철이나 무신란을 경계로 군반제가 유지될 수 없었다고 본 이기백 모두 부병제나 군반제나 고려후기에는 적용할 수 없다고 파악한 점에서는 일치한다. 고려시기 내내 부병제에 입각한 경군 제도가 운영된 것이 아니라면, 고려후기 부병제가 무너지면서 군제의 형식과 내용이 어떻게 변화되었는지 규명되어야 한다. 결국 고려전기와 후기 병제의 계통이 어떻게 이어지고 혹은 단절되는가 하는 병제의 시기적 동질성과 차별성을 밝혀야 하는 과제가 남겨진 셈이다.

경군의 성격은 군인의 출신 혹은 신분문제와 불가분의 관계에 놓여 있다. 앞서 살펴본 바와 같이 부병제설에 따르면 경군은 농민이지만, 군반제설에 의하면 군인은 군반씨족이라는 특수한 계층에 한정된다. 그런데 자세히 살펴보면 부병제에서 '전문 군인'을 경군에서 배제한 것도 아니었다. 강진철은 군반씨족의 기원을 왕건과 그에 협력한 호족들의 隷下 군인에 결부시킨 이기백의 견해가 합리적인 면이 있다고 긍정하였다. 거기에 더하여 군반씨족의 형성에는 이러한 系譜的인 요건 이외에 경제적인 요건, 즉 군역을 부담할 수 있는 경제적 기반을 또 다른 요건으로 제시하였다. 아울러 군인전은 전정연립의 원칙에 따라 자손, 친족에게 遞傳·相續되면서 군역이 세습화되었다고 이해하였다.[41] 하지만 군반씨족이 받은 군인전과 농민이 부병으로서 받은 토지는 어떤 차이가 있는지 '출신이 다른' 양자는 역할에서 어떤 차이가 있는지 명확하게 드러내지

---

40) 이기백, 1968, 앞의 책, 296~297쪽.
41) 강진철, 1980, 앞의 책, 132~134쪽.

못했다. 아울러 경군 구성의 다양성을 고려한 바탕 위에서 군인과 무반, 군반의 '신분적 지위'에 대해 분석함으로써 고려 군제의 성격을 밝히기 위한 연구도 필요하다고 생각한다.

한편 오영선은 성종 이전에는 군사집단으로서 군반씨족만이 제도화되어 있어서 군인층이 곧 군반씨족을 의미하는 경우가 있었지만, 이후로는 고려정부에서 농민들을 번상시켜 府兵으로 시위케하는 부병제를 실시하려 하면서 군인층이 군반씨족과 농민 출신의 부병으로 이원화되었다는 의견을 제기하였다.[42] 경군의 보승·정용만이 부병이라는 견해와 일맥상통한다고 할 수 있다. 단일하지 않은 군인 출신의 문제는 고려후기 다양한 軍種의 군인의 성격과 함께 고찰된다면 좋은 성과를 거둘 수 있으리라 기대된다.

이처럼 부병의 범위를 제한하는 방식과 아울러 府兵이라는 용어 자체에 초점을 맞추어 군인의 성격을 해명하기도 하였다. 그 중 하나가 당의 부병은 지방 折衝府의 병사를 의미하므로 『고려사』에 나타나는 부병을 꼭 唐의 그것과 일치시킬 필요는 없지만, 지방군이 번상하여 중앙군을 이루었기 때문에 부병이라는 용어를 사용했다는 견해이다.[43]

또한 軍人·軍士·軍卒은 부병과 농민병 모두와 관련된 용어이고, 士·武士·壯士·衛士·將士 등의 용어는 대체로 5품 이하 무관인 부병을 지

---

42) 吳英善, 1992, 「高麗前期 軍人層의 構成과 圍宿軍의 性格」, 『한국사론』 28, 80~84쪽.

43) 金塘澤, 1983, 「高麗 초기 地方軍의 形成과 構造—州縣軍의 性格」, 『高麗軍制史』, 육군본부, 112~113쪽. 따라서 부병제설의 한계점에도 불구하고 「고려 太祖가 三韓을 통일하고 비로소 六衛를 두었는데, 衛에는 38領이 있고 領은 각 1천인이었으니 상하가 서로 닌결되고 體統이 서로 이어져서 거의 唐의 府衛之制와 같았다」는(『고려사』 권81, 병1 서문, "高麗太祖統一三韓 始置六衛 衛有三十八領 領各千人 上下相維 體統相屬 庶幾乎唐府衛之制矣") 기사가 주는 의미를 다시 되새겨볼 필요가 있다.

칭하는 용어로 파악하기도 한다. 2군 6위는 부병과 농민병으로 구성되었는데, 부병은 5품 이하로부터 品外의 隊正까지 무관들에 대한 호칭이며, 부병은 개경에 상주하면서 군무에 종사하였는데 京軍, 中軍, 內軍 등으로도 칭해졌다는44) 주장이다. 군인과 관련된 용어를 이처럼 구별하여 파악할 수 있을지는 의문이나, 부병 용어 자체에 대한 정의가 반드시 요구된다는 점에서는 시사하는 바가 적지 않다.

주현군이 중앙의 통제를 받느냐의 여부도 군제의 실체를 밝히는 중요한 단서가 된다. 이에 대해서는 상반된 견해가 제시되어 있는데, 각각의 주장이 보다 설득력을 얻기 위해서는 고려시기 향촌사회의 실상과 밀접한 관계 속에서 재검토되어야 할 필요가 있다. 그간의 향촌사회에 대한 많은 연구성과를 충분히 반영하여, 이러한 '지역적인' 혹은 '자율적인' 향촌사회와 지방군의 통솔 내지 통제가 어떻게 변화되었는지 밝혀져야 할 것이다.

강진철의 부병제 논의는 여러 가지 한계점에도 불구하고 병제와 관련된 활발한 연구로 이어지는 계기가 되었다는 점에서 의미가 있다. 하지만 무엇보다 이러한 '부병제설'은 단순히 軍制라는 하나의 측면에서 고려를 이해하려고 한 것이 아니라, 전체적인 사회구조 속에서 당시대를 조망하였다는 연구방법론상에서 더욱 가치 있다고 생각한다. 전시과체제의 확립과 운영 그리고 붕괴, 국가의 수취체제 뿐만 아니라 고려시대의 생산력발전단계를 함께 고려하면서 京軍에 대해 분석한 것이다. 따라서 비록 세부적인 부분에 대한 오류가 있음에도 불구하고, 군제를 개별적인 주제가 아닌 고려시대 사회구조를 해명하기 위한 담론으로 제기했

---

44) 金鍾洙, 2000, 「高麗時期 府兵制의 運營과 그 原則」, 『역사교육』 73, 71~80쪽 참조.

다고 판단된다. 더불어 강진철의 부병제 논의의 저변에 깔린 농민에 대한 인식에 유의할 필요가 있다. 그에 의하면 농민은 군인의 역할도 병행하면서 항상적 토지 부족 속에서 시달리면서 곤궁한 삶을 이어갔다. 이러한 인식은 토지소유관계상[45] 고려사회가 아직 '고대적인' 단계에 머물러 있다는 입장에서 비롯된 측면도 없지 않다. 하지만 고려사회의 주역인 농민이 부병제가 유지되고 있는 고려전기에서조차 곤궁한 상태를 면하지 못하다가 전시과체제가 무너지면서 더욱 몰락하게 되는 역사적 사실에 대한 분석인 동시에 그의 '민'에 대한 '애정 어린' 인식을 잘 보여준다고 생각한다.

---

45) 강진철은 전시과체제의 토지지배관계 뿐 아니라 군인전을 포함한 농민 일반의 토지소유관계도 지극히 미숙했다는 입장이었다. 또한 노비가 자녀에게 균분상속된 것과는 달리 농민의 토지를 의미하는 田丁은 적장자에게 단독상속되었다고 파악하였다(강진철, 1966, 앞의 논문). 하지만 이후 田丁의 嫡長子相續에 근거를 두고 농민 일반의 토지소유관계를 집단적 소유제라고 이해한 것은 적당치 못하였다고 자신의 견해를 수정하였다. 이에 의하면 군인과 같은 職役 부담자에 대해 국가가 수조지를 분급한 것은 주로 養兵之費를 확보하기 위한 재정적 요청에 의한 것이었는데, 재정적 목적을 위해서 설정된 田丁에 관해서는 국가가 당연히 그 상속 형태를 규제할 필요가 있었다 하지만 농민적 토지소유 일반에 대해서까지 군이 국가에 이에 간여할 필요는 없었으며, 본인들의 자유의사나 그 의사가 표시된 文券·文契 등에 의하여 상속 문제가 처리되면 충분히 그것으로써 족하였다는 것이다(강진철, 1992, 앞의 책, 32쪽 및 52~53쪽의 補6).

<논평>

고려전기 부병제론의 의의와 한계

채 웅 석*

Ⅰ.

1960년대에 내재적 발전론을 제시하면서 식민사관에 대한 비판이 본격적으로 전개되어, 한국사의 전개를 타율이 아닌 자율, 정체가 아닌 발전의 과정으로서 파악하게 되었다. 내재적 발전론은 조선후기 사회변동과 자본주의 맹아 발생 연구를 중심으로 하여 민족 역사·문화의 주체적 역량을 강조하는 연구로 확대되었다. 전근대사 연구에서 토지국유제론을 극복하고 토지의 사적 소유권의 존재를 증명하는 연구도 그 일환이었다.[1] 강진철 선생은 일제 관학자들의 정체성론을 직접적으로 비판하는 논문도 썼으며,[2] 토지지배관계나 생산력을 바탕으로 하는 사회구성체론적 시각을 갖고 고려시대사를 연구하면서 발전의 내재적 요인들을 규명하였다. 그리고 외세의 침략에 대한 저항과 저항주체로서 민중에 대하여 주목한 것도 한국사를 자율적 발전과정으로 이해하는 역사인식과

---

* 가톨릭대 인문학부 국사학전공 교수

1) 金仁杰, 1997「1960, 70년대 '內在的 發展論'과 韓國史學」,『韓國史 認識과 歷史 理論』; 이영호, 2011「'내재적 발전론' 역사인식의 궤적과 전망」,『韓國史研究』152

2) 姜晋哲, 1986「日帝 官學者가 본 韓國史의 停滯性과 그 理論 — 특히 封建制度 缺如論과 關聯시켜」,『韓國史學』7; 1993「停滯性理論 批判」,『韓國史市民講座』1

관련된 것이었다.

강선생은 전근대사회에서 지배적인 생산은 농업이고 토지는 부의 포괄적 기반이며 농민은 생산층을 대표하는 것으로 보고 토지지배관계야말로 역사의 운동을 결정하는 가장 중요한 요인이라고 파악하였다.[3] 그리하여 고려전기 지대와 지세의 차이, 공전과 사전의 구분과 그 토지지배의 실체, 고려후기 농장의 확대와 지배형태 등을 집중적으로 연구하였다.

병제사 연구와 부병제론의 제시도 그렇게 토지지배관계를 연구한 문제의식에서 벗어난 것이 아니었다. 강선생은 농민의 토지소유에 대하여 큰 관심을 가졌고, 군인의 신분과 군인전문제도 그와 연관하여 연구하였던 과정에 대하여 다음과 같이 술회하였다. "『고려사』의 식화지를 읽다 보니 나의 관심은 토지문제에 집중되었는데, 가장 중요한 핵심으로 지목되는 농민의 토지소유에 관해서는 전혀 윤곽이 잡히지 않았다. 민전이라는 지목이 농민의 토지 소유와 깊은 관계가 있어 보이기는 하나, 민전이 토지 수급의 대상이 되었다는 기록은 전시과 법규 안에서는 보이지 않는다. 전시과법에 의해서 토지를 지급 받은 계층 중에서 농민과 가장 근사해 보이는 신분을 찾아보니 그것은 府兵이었다. 그래서 나는 부병들에게 지급된 군인전의 실태를 깊이 분석해 나가면 농민 일반의 토지소유 문제가 어느 정도 밝혀질 것이라는 전망을 세우고 군인전에 대한 공부를 진행하고 있던 중이었다."[4]

강선생이 고려시대 토지제도와 농업경영, 수취제도와 군사제도 등에 대한 연구의 초석을 놓았고 이론과 사료 구사 등에서 정확하고 탄탄한 성과를 발표하였기 때문에, 토론자가 처음 연구자의 길을 걷던 초기에

---

3) 姜晋哲, 1980『高麗土地制度史研究』, 머리말의 2쪽
4) 강진철, 1988「學窓時節과 研究生活을 되돌아보며」『韓國史市民講座』3, 157쪽

강선생의 저작들을 열심히 구해서 읽었던 기억이 생생하다. 연구가 많이 진척된 오늘날의 입장에서는 차율수조나 혈연공동체 촌락설 인정 등에서 아쉬운 점들이 없지 않지만, 역사 발전의 내재적 요인들을 규명하고자 한 의도와 토지제도 내지 사회경제사 연구의 초석을 마련하고 그것을 토대로 역사를 총체적으로 이해하고자 한 연구방법 등은 여전히 중요한 지침이 된다.

II.

이번 김난옥교수의 논문은 강선생의 府兵制論을 소개하고, 그것을 바탕으로 이후 학계에서 병제 연구가 진척된 내용과 앞으로 연구되어야 할 과제들을 살폈다. 이 논문을 통하여, 강선생이 부병제의 본질을 兵農一致의 원칙으로 파악하고 그에 따라 군인의 신분, 군인전의 실체와 경영형태를 고찰하였던 점과 함께, 군반제설과의 쟁점, 이후 이원적 구성설 제기로 이어진 연구사의 맥락 등을 잘 이해할 수 있었다.

또한 강선생의 부병제설이 단순히 병제라는 측면에서 고려를 이해하려고 한 것이 아니라 전체적인 사회구조 속에서 당시대를 조망하여 연구방법론 상에서 더욱 가치가 있고 농민에 대한 애정 어린 인식을 기반으로 한 것이라는 점 등을 강조하였다. 그럼으로써 강선생의 부병제론의 의의와 학문방법론 등을 잘 적시하였다.

이 논문의 내용에 이의가 없으며, 몇 가지 사족을 붙여 토론에 대신하려고 한다.

Ⅲ.

강진철 선생을 비롯하여 고려시대를 연구한 선배 학자들의 학문적 업적과 그분들 사이의 논쟁은 고려시대에 대한 이해에 그치지 않고 한국사 전체에 대한 이해와 관련되어 중요한 의미를 갖고 있다. 소유권과 수조율 논쟁, 부병제와 군반제 논쟁, 귀족제와 관료제 논쟁, 시대구분 논쟁 등이 대표적이다. 오늘날 학문적 논쟁이 약하고 고려시대사 연구자들의 활동이 상대적으로 침체된 상황에서 강진철 선생의 연구활동과 성과들을 재검토하는 작업은 큰 의미가 있다.

그리고 특히 이기백 선생과 진행한 고려병제사 논쟁 과정에서 보여준 학문 자세는 지금도 학계의 귀감이 된다. 「고려초기의 군인전」(1963)과 『고려토지제도사연구』(1980)의 내용을 비교해보면, 두 분이 논쟁하면서 상대방의 학설이 타당하면 자설을 수정 보완하면서 발전시킨 것을 잘 살필 수 있다. 예를 들어, 강선생은 처음에 3家1戶의 군호설을 제기하였다가, 전정연립을 고려하여 군호는 행정호가 아니라 단일의 자연호에 의하여 편성되는 것으로 바꾸었다. 또한 군반씨족의 존재의 중요성을 인정하여, 경군의 군역은 전체 농민층을 대상으로 파악한 것은 아니며 원칙적으로 군반씨족이라는 특수층의 丁人을 대상으로 편성되었다고 보았는데, 군반씨족이 어떤 계층의 집단인지 잘 알 수 없다고 하면서 그 기원을 왕건과 그에 협력인 호족들의 예하 군인―사병―에 결부시켜 설명한 이기백 선생의 견해가 합리적인 측면이 있다고 수용하였다. 그리고 상대방의 견해에 동의할 수 없는 부분에 대해서는 분명하게 언급하여 두었다. 고려시대사 연구에서 논쟁이 별로 이슈가 되지 않는 오늘날 강선생 세대에서 고려시대사를 연구하신 분들이 한국사학계 전체를 리드하는 학문적 논쟁을 이끈 것에 새삼 주목해본다.

IV.

　강선생의 견해에서 가장 쟁점이 되는 것은 군인전을 포함한 토지소유
관계의 미성숙성과 경군의 신분에 대한 문제이다. 1960년대에 연구를 시
작하여 차율 수조를 인정하였고, 그에 따라 농민들의 토지소유가 미숙하
여 아직 계층 미분화 상태의 자가경영농민으로 존재하면서 다분히 혈연
적 공동체적 유대에 속박되어 있었다고 하였으며, 고려후기에 사적 토지
소유가 진전되고 농민들의 계층분화가 진전되어갔다고 파악하였다. 그
에 따라 한국사의 시대구분상 고려후기를 고대에서 중세로 전환하는 시
기로 보는 학설을 제시하였다.

　먼저 강선생의 견해에 따르면, 군인전(名田) 즉 田丁은 노비 등의 보
통재산과는 달리 자녀들에게 균분상속되는 것이 아니라 적정자에게만
단독 상속되는 것을 원칙으로 하고 그럴 경우 상속 받지 못하는 차자 이
하는 토지에서 이탈되어 생계에 위협받을 법한데 혼란의 흔적이 보이지
않은 것은 적장자로서 대표되는 토지의 단체적, 집단적 소유라는 旗田巍
의 견해가 나올 정도로 토지 소유관계가 미숙하였기 때문이라고 파악하
였다. 민전도 적장자단독상속되었다는 견해는 강선생이 뒤에 철회하고
분할상속이 행해졌다고 파악하였지만, 농민적 토지소유는 그 私有의 정
도가 퍽 미약하였다는 견해를 유지하였다.5) 그렇지만 근대적 토지소유
와 다른 전통사회의 토지 '소유'의 실체에 대해서는 여전히 모호한 채 남

---

5) 강진철, 1980 앞의 책, 185~188쪽; 1989『韓國中世土地所有研究』, 379~380쪽

아 있더라도, 토지소유의 미성숙성이라는 결론은 실증에 바탕을 둔 것이라고 보기 힘들고, 1980년대 중반이후 1/10조율이 일반화 되다시피 한 현재로서는 극복의 대상이 된 느낌이 든다.

또한 이와 관련하여 군반씨족을 촌락, 그것도 혈연적 집단이 거주하는 공동체와 연결시켜 파악한 점도 현재 학계의 고려시대 친속제도나 촌락 사회 연구 성과에 비추어 재고할 필요가 있다. 강선생은 전근대사회의 본질을 해명하는 키워드가 토지와 공동체라고 파악하였다. 그리고 양자가 불가분리의 표리관계임에도 불구하고 강선생 본인은 토지문제를 주로 제도사적인 측면에서만 다루어 정태적인 관찰에 시종한 느낌이 있다고 아쉬움을 표시하였다.[6] 그의 고려시대 농민적 토지소유와 공동체 인식은 신라 촌락문서와 土姓·村姓 연구에 주로 기반하였다. 신라 촌락문서의 작성 연대를 8세기 중엽~9세기 초엽으로 보고 거기에 반영된 토지소유형태를 촌으로 단위로 한 공동소유와 烟을 단위로 한 개별점유(농업공동체?)의 단계로 보고, 그런 상태가 고려전기까지 이어진다고 파악하였다. 그리고 토성·촌성을 근거로 당시의 촌락을 혈연적 동족집단으로 파악하는 견해를 수용하였다.[7] 강선생은 말년까지 고려시대 농민적 토지소유의 발전 수준과 공동체에 대한 연구가 부족한 것을 안타까워 하면서 그 연구에 미련을 갖고 있었다. 그런데 촌락문서에 대한 내용은 논외로 치더라도, 신라말기의 광범한 농민 유망, 총계적 또는 非單系的인 친속조직, 향도와 같은 향촌조직 등에 대한 연구가 최근에 진척되었고, 그 결과 고려전기 촌락의 혈연적 동족집단설이나 농민의 토지소유에 대한 강한 공동체적 규정성 등은 인정하기 어렵게 되었다.

---

6) 강진철, 1988 앞의 글, 164~166쪽
7) 姜晋哲, 1981「농민과 촌락」『한국사』5, 국사편찬위원회, 299~305쪽

V.

다음으로 강선생은 군인전을 형성하는 모태가 되는 토지는 원래 군인들이 자가경영농민으로서 소유해 오던 민전이고, 면세를 조건으로 이 민전 위에 군인전을 설정하여 지급이라는 의제적 형식절차를 취하였을 뿐이며, 소유지가 근소한 빈약한 군호에 대해서는 공전을 가급하는 경우(1/4租)도 일부 있었다고 파악하였다.

그런데 민전은 자녀균분상속이 이루어지지만 군인전은 전정연립원칙에 의하여 계승되었기 때문에, 그렇게 되면 군인전은 2~3대 후에 타인의 민전을 상당부분 포함하게 되어 더이상 소유해오던 민전, 自耕無租라는 양상은 큰 의미가 없고 수조지로서의 의미가 부각되는 것이 아닐까? 다시 말하여 처음에 군인전제도를 시행하면서 군인전을 자가경영농민의 면조지로서 고안했는가, 아니면 자가경영 여부를 불문하고 수조지로서 고안했는가 하는 문제는, 군반씨족의 문제와 더불어, 군인의 신분, 군인전의 양태와 관련하여 중요한 지표가 될 것으로 보인다.

자신의 소유지 위에 분급한다고 하더라도 그가 꼭 일반농민 신분일 필요는 없을 것이다. 고려 말 과전법에서 유향품관들에 대해 居京侍衛 의무를 부여하면서 군전을 지급했던 것과 비교해 볼 수도 있겠다. 강선생이 백정과 정호의 구분을 검토하면서 성종 9년 9월 효행표창기사의 "白丁給公田爲丁戶" 기사를 인용하였는데,[8] 그처럼 백정에게 공전을 지급하여 정호로 삼는 조치가 포상의 일환이었고 또 군반씨족으로서 군역이 세습되는 것이었다면 백정과 정호 사이에 신분계층적 차이를 인정할 수 있었지 않았을까? 문제는 이원적 구성설이 제기한 문제의식처럼 부

---

8) 姜晋哲, 1980 앞의 책, 354쪽

병제와 군반제의 어느 한쪽으로 고정적으로 파악하는 데에서 시야가 좁
아진 것이 아닐까?

토지소유의 강제성을 폭로함
-강진철, 『고려토지제도사연구』를 또 다시 읽으며

윤 한 택*

1. 들어가며

유일하게 분단국가가 대치하고 있는 21세기 17년의 한반도에도 어김없이 봄은 왔다. 사드 배치 문제로 주변이 시끄럽지만, 내부에서는 촛불혁명이 조용히 타오르고 있다. 남오 선생님이 태어나신 지 꼭 한 세기를 맞았고, 너무나 아쉬웠던 20세기 70여년의 온 영혼을 담은 저서와 함께 묻어 드린 지도 벌써 한 세대가 다 되어간다.

돌이켜보면, 선생님은 오신 해도 행운의 시기였고, 가신 해도 행운의 시기였으니, 참으로 행운아이셨다. 비록 나라 잃은 식민지 동토에서였지만, 제국주의에 대한 식민지 민족해방전쟁의 구원군이 등장하던 그 역사적인 해에 그 백성의 새싹으로 오셨으니 이 아니 행운이었겠는가.

그런데다가, 이 구원군이 역사의 지평선 너머로 사라지던 바로 그 순간에 그 해를 타고 같이 가셨으니, 이 또한 무슨 행운이었을까. 모두가 넋을 잃고 우두망찰하던 그 지경을 뒤로 하고 손을 흔드시던 그 모습이

* 인하대 고조선연구소 연구교수

야속하기만 하다. 선생님께선 행운이셨을지 모르지만 우리들에겐 차라리 형벌이었다. 그리하여, 해결할 수 있는 문제만을 제기한다는 인류에 대한 선언 위에 굳게 서셨던 선생님과의 이별을 행운이라고 부르는 이 망발은 차라리 바로 그 앞으로 전개될 미지의 세계를 스스로 개척해야할 우리들의 천형이란 두려움에서 나온 하소연임을 용서하시리라.

선생님이 매몰차게 가신 뒤 허둥대며 헤매 온 뒷골목을 모질게 되돌아본다. 포스트모던의 바다는 분주했지만, 파산한 타이타닉호마냥 해체되고 말 호화 여객선만 간간이 떠돌 뿐 진정 마음 기댈 한 점 기착지조차 영 기약이 없었다. 오리엔탈리즘, 옥시덴탈리즘으로 이어져 온 동양고전의 산맥 또한 넘고 넘어서도 기술을 증오하고 야만으로 회귀하며 끝없이 내몰려온 그 곳엔 허황한 인문주의 거리의 초라한 모습만 가득하였다.

이제 또 다시 조용히 눈을 감고 선생님의 그림자를 조심조심 더듬어본다. 선생님은 생전에 문득 당신을 '혁명동이'라고 말씀하신 적이 있다. 러시아혁명과 같은 해에 태어나셨다는 뜻이었다. 굳이 선생님이 이 해에 우연의 일치처럼 오지 않았다고 하더라도, 사실 20세기의 역사에서 이 사건이 그 시대 성격을 특징짓는 큰 분수령이었다고 보아도 좋을 듯하다. 이런 역사의 맥락에서 선생님의 전체 생애를 되돌아볼 때, 그 획기는 제2차 세계대전과 이에 이은 한국전쟁이 아니었을까 한다.

이렇게 보면, 제2차 세계대전과 한국전쟁을 획기로 하여 선생님의 생애도 크게 두 시기로 나누어 볼 수 있을 것 같다. 혁명동이란 인식이 일제의 식민지란 역사적 현실 앞에서 민족해방의 자의식을 실현시키고자했던 선생님의 학문 활동을 발진시켰을 것이고, 이리하여 한국 역사상 동아시아에서의 자주국가의 모델로 보였던 고려시대사에 착안하게 한 첫 단계가 되었을 터이다. 그리하여 그 연구 주제를 또한 해방, 분단으로 이어진 이 획기에 국제 관계 속에서의 단순한 자주성의 확인인 대외관계사에서 내재적 발전론을 추동하는 토지제도사로 심화시키는 전기를 이루었다고 『고려토지제도사연구』(이하 『연구』) 서문에서 고백하신 것은 자연스런 귀결이었다.

이제 선생님의 문제의식을 이어 한 걸음 더 나아가기 위해서 외람되게도 숨 가빴던 선생님의 시대, 20세기를 단순히 당위가 되어버린 역사적 사실로만 관조하지 않고 그 강제성을 폭로하며, 이를 다시 선차적인 현실 존재로 생생한 진실로써 옹호하기를 거부해서는 아니 될 것이다. 그렇지만 선생님의 역사 시대 절반을 공유하여 화석화되어버린 책임의 절반을 나누어 짊어지고 있는 '한국전쟁동이'인 나로서 그 소명을 절반의 절반이나마 달성할 수 있을지 매우 걱정스럽다.

2. 또 다시 소유의 지평에 서서
― '세계사의 기본법칙'(이하 '법칙')의 행방

『연구』에서 밝히고자 했던 한국사회 내재적 발전론의 준거는 당시까지의 세계사 이해에서 다수 연구자들의 지지를 암묵적으로 받고 있던 '법칙'가설이었다고 해도 큰 잘못은 없을 것이라고 생각한다. 그런데 이 가설은 선생님이 가신 이후 역사 시대의 변화를 반영해서 어디로 가고 있는가?

그런 노력의 일환을 개략석으로 그 추세로 살피면, 내가 서두에서 잠시 언급했던 바와 같이 먼저 크게 포스트모더니즘과 옥시덴탈리즘을 거론해 볼 수 있을 것 같다. 전자는 기존 가설의 토대 결정론을 해체하는 적극적 역할을 수행하였지만, 어떤 다른 대안도 새롭게 제시하지 못하였다. 후자는 사물 이해의 물질적 편향을 반추하고 물질문명 비판의 일단을 풍미하였지만, 기술 경시와 복고주의 경향으로 회귀하고 말았다.

이 난제를 풀어 갈 도구는 사회과학과 인문학에서는 의외이지만 지극히 당연하게도 물질에 대한 구체적인 실험 장소인 자연과학, 그 중에서도 물리학과 생물학에서 그 단서가 주어졌다고 볼 수밖에 없다. 이미 러시아 혁명이 있었던 직후인 20세기의 20년대에 하이젠베르크의 불확정성의 원리, 닐스 보어의 양자 이론 등이 그 단초를 이루었고, 근년에 가까워지면서는 인간을 신경복합체로 규정한 프란시스 크릭의 '놀라운 가설' 등이 이를 이어 왔다. 그리하여 인류는 현재 자신의 손에서 잠시도 떼어 놓을 수 없는 스마트 폰의 존재 속에 신경망처럼 짜여 있고, 알파고로 상징되는 신경기계(neural machine)의 인터페이서(interfacer)로서의 신경인간(neural sapience)으로 진화해가고 있다.

세계를 구성하는 물질의 기본 단위는 이제 원자(atom)에서 양자(quantum)로 이행하였고, 이에 따라 인간, 사회, 자연의 연관을 이해하는 기존의 결정론적 법칙은 비결정론적 원리로 전화하였다. 이에 따라 '법칙'의 기초 범주를 이루는 소유의 지평으로 또 다시 되돌아 가볼 필요가 생기게 되었다.

소유는 유기체적 자연과 비유기체적 자연과 개체와의 관계이다. 원자, 결정론 시대의 소유양식은 개체의 결정자로서의 원자인 물질이 입자로만 구성되어 있었으므로, 비유기체적 자연이 결정적 존재, 토대로 되고, 유기체적 자연으로서의 사회가 의식, 상부구조로 되는 존재-의식, 토대-상부구조로 짜여져 있었다. 이 구도는 양자, 비결정론 시대에 이르러, 개체의 비결정자로서의 양자인 물질이 파동방정식에 의해 확률로 파악됨으로써 비유기체적 자연이 비결정적 존재(Sein)로 재정의되고, 유기체적 자연이 당위(Sollen)로 재정의되어 존재-당위로 짜여지는 인식론적 전환을 이루게 되었다.

포스트모던니즘, 옥시덴탈리즘도 이 양자 역학의 진화 구도에서 동반된 인식론의 전환 모색 과정에서 이해될 수 있다. 그들이 무기로 삼았던 해체, 대안으로 모색했던 동양 사상 등이, 다름 아닌 결정론으로부터 비결정론으로, 원자로부터 양자로의 이행 과정의 현상들이었던 셈이다. 즉 이 과정에서 기존 결정자인 존재, 토대가, 그 반영자에 불과했던 의식, 상부구조에 처음에는 상대적 독립성을 양여하고, 곧 이어 상호 조화하는 지위를 대폭 부여하며 그 결정자로서의 구도를 붙들려고 안간힘을 썼지만, 종국에는 해체되고, 복고되는 과도적 시기를 거치고 말았던 것이다.

이렇게 소유의 지평이 그 내포자인 결정·물리 존재와 외연자인 반영 의식이란 관계로부터 이 둘을 포괄하는 비결정·의식 존재와 그 전화 형태인 결정 당위의 관계로 전환함에 따라 기존의 생산양식도 단순한 생산수단의 결합 관계로부터 신경기계와 신경인간의 계면(interface)으로 전화하게 된 것으로 볼 수 있다. 이에 따라 인류 역사의 계기적 발전 과정인 사회구성체의 '법칙'도 원시공동체, 고대 노예제, 중세 봉건제, 근대 자본제, 현대 사회주의라는 구도로부터 단속적 전화과정의 주재자로서의 범신, 다신, 일신, 물신, 신경의 시대라는 세계사의 확률 원리(이하 '원리')로 재구성되어 온 것으로 볼 수 있지 않을까 한다. 그리고 각 단계 주재자는 비결정자 존재의 전화 형태로서의 결정자 당위인 신과 우상으로 작동하면서 그 소명을 다하고, 궁극적으로 비결정자·의식자 존재인 신경으로 회복되는 과정을 밟게 되는 것으로 보인다. 결국 결정'법칙'의 향방은 비결정'원리'를 지향하고 있었다고 볼 수밖에 없다.

이러한 생산양식, 사회구성의 전환은 그 발전의 동력 측면에서도, 원자의 운동인 대립면의 통일로서의 '모순'으로부터 양자의 운동인 배타-평행을 속성으로 하는 '상보'로의 전환을 동반하였고, 이에 따라 실천양식도 계급투쟁에서 신경회복으로 전환시켰다.

원자로부터 양자로의 물질적 세계관의 진화에 따라 그 근저에 가로놓여 있는 가치 표현은 투하된 등량의 시간으로서의 '노동력의 지출인 노동'에서 그 비결정적 시간인 이 찰나(Jetztseit)로서의 알맹이인 노동력 자체로 심화되었다. 또 이를 기반으로 하여 이루어지는 잉여가치의 생산과 실현을 둘러싼 교통-재생산 양식의 내용도 대중신통력, 당위를 포괄하는 비결정성, 역동성이 확대되고 강화되었다.

그러므로 원자 시대에 발전의 동력을 내부에서 끌어오던 내재적 발전론의 프레임도 변화가 불가피하게 되었다. 양자 시대로 진입하면서 물질은 오직 그 파동의 계면에서만 포착되므로 이런 상황에서 그 발전 동력을 끌어내기 위해서는 그 비결정자·의식자인 존재의 선차성을 옹호하고 그 존재의 전화 형태인 결정자 당위가 작동하는 원리와 그 강제성을 폭로하는 '영역으로부터 경계로'의 프레임의 전화가 필요하게 된 것이다. 이곳에서 잉여가치의 지양과 노동력의 회복을 통해 '자유로운 개인의 연합체'를 지향하는 역사 연구자의 현재적 역할이 주어질 것이다. 바로 필연의 왕국에서 자유의 왕국으로 가는 그 길 말이다.

3. 『연구』 수행 시대의 새 지평 — 일신, 물신, 당위

선생님이 평생 붙들고 씨름하시던 소유의 지평에 또 다시 서는 것이 이렇게 지난하니, 가신 뒤의 빈 공간이 얼마나 큰 지를 새삼스럽게 느끼지 않을 수 없다. 이제 허우적거리며 겨우 손 내민 새 지평에 서서 선생님이 고투하시던 20세기를 되돌아 볼 차례이다.

먼저 선생님 탄생의 전사를 규정한 일본제국주의의 식민지 사회구성으로서의 식민지 반봉건에 대한 새로운 지평 모색 문제이다. 노동력의 상품화, 상품 소유는 이중의 의미에서의 자유를 전제로 한다. 기존 봉건적 신분의 구속으로부터의 해방과 일체의 생산수단으로부터의 분리가 그것이다. 그러므로 이 자유는 또 다시 일체의 생산수단에의 필연적 예속을 의미하기도 했다. 물신으로부터 소외되는 존재이다. 그리고 그 전사는 신분의 신화 형태로서의 일신인 하늘, 그 우상으로서의 대리자인 왕토로부터 소외되는 존재이다. 그러나 그 존재는 새 지평에서는 더 이상 결정적·물리적 존재가 아니라 비결정적·의식적 존재이다.

조선총독부의 토지조사사업 과정에서는 이런 역사적 규정이 철저하게 무시되었다. 전통 조선 사회에서 토지는 국유였고, 정체된 미개 상태가 상시적으로 지속되었다고 간주되었다. 이 지점이 선생님이 넘어서서야 했던 첫 고개였다. 『연구』에서 수행된 분투에도 불구하고, 이 탐험의 길에 나서는 나침판이 당시로서는 너무 경직되어 있었다. 봉건제란 결정론의 칼로써 왕토의 실체를 해부하는 데는 한계가 있었다고 보인다.

두 번째 고개는 러시아 혁명 이후에 나타났다. 이른바 제국주의, 사회주의라는 진영 모순의 등장이다. 식민지 민족해방의 당면 과제가 긴급했고 그 구원자로 사회주의가 등장하였으므로, 물신의 한 축으로 이 구원자를 재구성할 지평은 아직 보일 수 없었던 시대였다.

'원리'의 새 지평에 서서야 근대는 물신론의 시대도 새롭게 조명될 수 있게 되었다. 아담 스미스에 의해서 간파된 노동가치설이 다름 아닌 물신론이었으며, 이것은, 곧 존 스튜아드 밀의 객관론과 알프레드 마샬의 주관론으로 분화되었다. 주관론은 이후 멩가·제본스·왈라스 등의 오스트리아학파에 의해 한계이론으로 발전하였고, 객관론은 마르크스의 자본론으로 발전하였다. 러시아 혁명 이후 등장한 진영 모순은 다름 아닌 주관 대 객관 물신론의 계승·발전이었다. 이들은 각각 물신론의 주관·객관 양 측면에서 내부 운동 원리인 존재와 당위의 대립과 통일, 즉 모순을 통하여 자기 진영을 확대하며 경쟁해 왔다. 이른바 진영 모순이다.

선생님도 식민지 민족해방전쟁이 수행되던 이 두 번째 고개에서 자본주의와 사회주의를 역사 발전의 다른 단계로 설정한 시대의 한계를 초월할 수는 없었다. 그것이 주관적 물신론과 객관적 물신론이었음을 파악하는 것은 '원리'의 신 지평에 와서나 가능한 일이었기 때문이다.

선생님이 넘으셔야 했던 마지막 세 번째 고개는 제 2차 세계대전과 이에 이은 한국전쟁, 그렇게 얽혀왔던 냉전의 장막이었다. 흔히 말하는 해방과 분단의 시절이다. 두 번째 고개에서 함께 하던 연구자들이 남북으로 갈라지는 상황에서 내재적 발전론을 추구하던 동료들의 다수가 북쪽을 택한 뒤, 남쪽을 지키며 당신을 독보적 존재 내지는 일인자로 자부하셨을 흔적이 '南喦'라는 호에 찍혀 있는 게 아닌지 모르겠다. 하지만 이 단계에서는 이전 두 번째 고개에서 그나마 작동하고 있던 존재-당위 조정 프레임인 진영모순마저 이른바 냉전이란 용어가 지칭하듯 급속하게 냉각하며 그 작동을 멈추었다. 역사 발전의 전망인 신경회복의 진로는 지체되었고, 존재로부터 분리된 물신의 당위가 지루한 우회로를 엄호하고 있었다. 객관의 피안에서는 사상투쟁이, 그 극한으로서의 '주체'가, 주관의 차안에서는 법률만능의 법신이, 그 비호를 받는 황금만능의 표현으로서의 '대박'이 버젓하게 거리를 활보하였다. 『연구』의 분위기도

이런 시대 상황의 비수를 피해갈 수 없었음은 당연하다. 주관물신론의
꼬리말이다.

4. 『연구』 대상 시대의 새 지평
─가치, 잉여가치, 경제외적 강제의 향방

『연구』는 토지소유의 강제성을 존재의 선언인 실증자료로 폭로한 고
난의 묵시록이다. 역사 발전의 중심 원리인 잉여가치론을 중심에 튼튼하
게 배치하고, 형식적·법률적 소유권으로 실체를 비켜가던 형이상학·관
념론에 오염되지 않기 위해 사투해 온 양심 선언서이기도 하다. 그러므
로, 이것이 단순한 과거 사료의 집적으로 전락하지 않고, 잉여가치의 지
양, 노동력의 회복을 통해 자유로운 개인의 연합체를 지향하는 실천의
교과서가 된 이유이기도 하다.

이런 견지에서 볼 때, 『연구』의 성과는 '법칙'의 이론적 배경을 이루는
가치, 잉여가치, 경제외적 강제의 범주로 재구성해 보는 것이 필요할 듯
하다. 먼저 가치 범주부터 끌어 와 보겠다. 가치 생산의 주체인 직접 생
산자 농민에 대해 가장 많은 부분을 할애하고 있음이 확인된다. 민전, 농
민의 부담, 토지국유제론 비판, 균전제 시행 여부, 농민의 성격 논의 등
이 이에 해당된다. 그리고 그 운동 양식과 관련해서는 소유, 경영, 수취
의 제 과정에서 두루 살펴보고 있다.

이 각 과정에서 수행된 자료의 채록, 배치, 해명의 배후에는 『연구』
수행의 역사 시기인 세 고개의 흔적이 고스란히 담겨 있다. 첫 번째 고
개에서 일본제국주의에 의해 조선사회 정체론의 근거로 전개되었던 토
지국유제설의 왜곡에 대한 강한 비판이 근저에 깔려 있다. 『연구』 대상

시대의 가치 창조자인 직접생산자 농민의 토지에 대한 사적 소유권을 그 매매, 상속 등의 실증 자료를 통해 입증하였다.

아울러 가치론의 분석틀을 기반으로 한 동 시대의 유물사관론자들조차 지대=조세 일치론을 매개로 하여 가치 창조 주체로서의 직접생산자 농민의 지위를 입증하기를 우회하고 아시아적 특수성으로서의 국가적 토지소유론으로 회귀한 학설도 소개하고 있다. 이 아시아적·국가적 봉건제론에 대한 선생님의 비판적 관점이 부분적으로 투영된 것으로 보인다. 이 현상은 다분히『연구』수행의 두 번째 고개에서의 진영 모순 이해에 대한 시대적 한계와 관련되는 것으로 생각된다. 즉 노동력과 생산수단의 결합 관계에서 동일한 구성을 가지고 있는 자본주의와 사회주의를 발전 단계가 다른 체제로 간주하던 당시 세계사의 인식 때문에, 그 선행 체제인 봉건제에 대한 이해도 불철저해졌던 상황이 반영되었던 것이다.

아시아적생산양식 논쟁으로 불렸고, 이의 해소를 위해 이어졌던 노예제·농노제 논쟁을 거쳐 북한에서는 조기 봉건제설로 귀결된 과정도 이와 연관된다. 노예제와 농노제를 생산양식인 노동력과 생산수단의 결합 관계에 의해서가 아니라 그 기준이 인간이냐 토지냐에 의해 규정되는 수취양식에 따라 구분함으로써 발전 단계가 다른 체제를 동일 체제의 다른 기준에 의한 제도로 속류화시켜 버린 결과라고 할 수 있기 때문이다.

이와 연관된 두 번째 고개에서의 시대적 한계의 흔적이『연구』에서도 배어 있다. 사적소유지인 민전의 소유자로서의 농민이 미분화된 공동체적 가족노동력에 의한 소농경영을 수행하였고, 이들에 대한 국가의 부담은 가혹하였으며, 따라서 미숙한 '노예제'적 상태에 머물러 있을 수밖에 없었다고 하신 것이 그것이다. 즉, 민전은 매매·상속이 이루어지는 사적

소유지였지만, 미분화된 공동체적 소농경영과 가혹한 국가의 부담 때문에 소유 분해를 통한 지주제로의 전환이 억제되었다고 주장하였다. 또 이런 이해를 예의 수취 기준인 인간과 토지의 차이에 연계시켜 설명함으로써 내재적 발전의 역사적 근거를 제공하려던 의도를 퇴색시키기도 하였다.

다른 한편, 여기서 그 미숙성의 주요 근거로 제시된 가혹한 국가의 부담에 의한 소유 분해의 억제라는 프레임은 『연구』의 세 번째 고개에서 마주쳤던, 냉전 체제에서의 국가에 의한 우회로의 엄호라는 시대 상황과 이에 대한 강한 비판이 교착되어 반영된 것으로도 보인다. 실제 『연구』 대상 시대에서 이루어진 가혹한 국가 부담은 봉건적 소유 관계의 일환으로서 그들의 몰락을 재촉하여 소유 분해를 촉진시키는 결과로 작용했다고 볼 수 있다.

가치 창조자인 직접생산자 농민의 토지에 대한 사적 소유 실증은 가치 측면에서 『연구』가 가진 내재적 발전론의 역사적 실천으로서 중요한 의미를 가지지만, 그 완성에 이르렀다고 보기는 어렵다. 그 소유, 경영, 수취 측면에서의 불일치와 노예-농노, 인간-토지라는 속류적 유형화를 극복하기 위해 필자는 '전정연립'에 대한 이해를 그 기반에 세울 것을 제안하였다. 공전-사전, 가문-국가의 상호 연관으로 전화-재전화되는 원리야말로 사적·자본제적 소유로부터 사적·봉건적 소유를 질적으로 구분 짓고 그 계기적 발전을 설명할 수 있기 때문이다. 그것은 소유의 새 지평의 '원리'에서는 일신-물신의 계기적 이해에 맞닿아 있다. 미처 선생님이 계실 때 상재하여 질정 받지 못한 것이 못내 죄스러울 따름이다.

다음으로 잉여가치의 범주에서 『연구』의 성과를 살펴보겠다. 이에는 사유론에 근거한 사전, 공전의 실증, 사전과 공전의 차율수조 해명, 전결제의 문제 등에서 강건하게 터잡은 지대의 존재에 대한 선언이 빛난다. 실제 지대, 조세를 실체로 하는 소유권, 수조권 이원론에서 보이듯, 『연구』배경의 1, 2, 3 고개에서 초래된 시대적 한계를 벗어날 수는 없었지만, 이 지점은 그 중심에서 한시도 양보한 적이 없었다. 형식적·법률적 소유권론에 현혹되어 민전의 사적 소유권 위에 1/10 조율을 고집하던 풍조와 애써 거리를 유지한 것이 그 현저한 예이다. 사적소유를 바탕으로 한 지대 창출의 선언이 '한정 유기지', '무기영대지' 따위의 조야한 조어로 역사적 실체를 굴곡시킨 것과 비교할 수 있을까. 그러나 그런 시대적 한계에 따른 오염은 피하기 어려운 것이어서, 끊임없이 스스로 검열하며 '고대적', '노예제적', '공동체적', '미숙한'이란 규정을 만지작거리셨다. 그렇지만 그것은 어디까지나 소유 분해를 통한 지주제, 잉여가치의 작동을 전제로 하는 역사의 내재적 발전을 옹호하기 위한 것이었다.

경제외적 강제 범주에서도 『연구』는 가치, 잉여가치와 연관하여 실증한 농민에 대한 국가의 가혹한 수탈, 지대와 구분되는 조세의 차율화 등에서 그 내재적 발전의 기제로서의 모습을 보여주고 있다. 이 범주도 물론 『연구』 배경의 고개에서 마주친 역사적 한계로부터 자유롭지 못하다. 이 부분도 '원리'의 새 지평에 서서 존재와 당위의 작동 원리로 보정해 나갈 수 있었으면 한다.

5. 나가며-경계의 역사로 소유의 지평을 넓히며

선생님은 식민지로부터 해방, 분단의 극복을 위한 존재의 선언을 동아 시아 국제 관계론으로부터 내재적 발전론으로 심화시켜 가셨다. 그 고난 의 묵시록, 양심 선언 이후 역사적 과제는 여전한데 또 한 세대가 무심 히 흘러가고 있다. 선생님이 안 계신 그 빈 공간은 갈수록 커져가기만 한다.

그 동안 세계에서는 작지 않은 변화가 있었다. 무엇보다 세계를 구성 하는 물질의 기본 단위가 원자에서 양자로 전화하였고, 이를 바탕으로 한 문명 전환의 움직임은 우리의 일상생활 깊숙이 다가 왔다. 그리고 그 것은 결정론으로부터 비결정론으로의 세계관의 전환을 초래하였다.

원자의 내부에서 동력으로 작동하던 대립면의 통일로서의 '모순의 법 칙'은 파동함수의 확률로 경계에서 포착되는 양자의 배타-평행을 내용 으로 하는 '상보의 원리'로 발전·전화하였다. 영역의 역사에서 경계의 역 사로 소유의 지평이 확대된 것이다. 이에 따라 실천 양식도 계급투쟁에 서 신경회복으로 이행하여, 당위의 강제성을 폭로하고 존재의 선차성을 옹호하는 것이 일반적 원리로 자리잡아가고 있다. 바야흐로 기존 모순 법칙에 갇혀 있던 잉여가치를 지양하고 노동력을 회복하여, 상보 원리가 작동하는 자유로운 개인의 연합체를 지향하는 길로 들어가는 인류 역사 의 새로운 단계로의 교차로에 섰다.

오늘 『연구』를 또 다시 읽는 뜻은, 확대된 소유의 지평에 서서 경계를 넘나드는 '이 찰나'에 회복된 노동력인 '대중신통력'을 따라 존재를 선언 하고자 하는 까닭이다. 선생님의 『연구』가 국제 관계에서 내재적 발전 으로 달려갔는데, 필자는 그 반대로 토지제도 연구에서 국경사 연구로,

내적 동인에서 경계의 망으로 이행하게 된 역사적 배경을 밝혀 동의를
구하고자 하는 뜻이기도 하다.

〈논평〉
미래의 '토지소유론'을 위하여
姜晉哲 著『高麗土地制度史研究』를 다시 읽는다.

金 琪 燮*

Ⅰ.

한국사학계는 해방 후 60·70년대 한국사회의 산업화를 거치면서 내재적 발전론에 입각하여 식민사학의 정체성론을 극복하고자 하였다. 이러한 한국사학계의 노력 속에 강진철 선생의 연구는 토지사유론에 기초하여 식민사학의 토지국유론을 정면에서 비판하고 내재적 발전론의 맥을 계승하면서 고려토지제도사 연구를 심화시켜 나갔다. 그러나 근래 포스트모더니즘의 물결 속에 한국사학계의 굳건한 뿌리였던 내재적 발전론에 대한 비판이 심화되고 내재적 발전론의 주요한 축이었던 토지사유론에 대한 도전 역시 만만치 않게 제기되고 있다. 이처럼 한국사학계를 둘러싼 지형의 변화와 도전에 직면하여 한국사학계 역시 다시 한번 지난 과거를 되돌아 보고 논리적 비약과 한계에 대한 반성과 아울러 새로운 변화에 적극적으로 대응해가야 할 것이다.

한국 전근대 사회의 토지소유의 실체를 어떻게 파악할 것인가 하는 문제는 그동안 한국사학계가 고민해온 가상 기본적인 문제 가운데 하나

* 金琪燮, 부산대학교 인문대학 사학과 교수

이다. 지난 과거 우리는 내재적 발전론의 논리에 기초하여 근대적 소유
가 확립되기 전 단계의 토지소유의 실체를 밝히기 위해 노력해왔다. 그
결과 서구와는 다른 동양사회 토지소유구조의 특징을 찾아내고 서구적
근대와는 다른 경험을 가지고 있는 전근대 한국사회의 농민적 토지소유
의 굳건한 뿌리를 찾아내고자 하였다.

　이러한 상황에서 윤한택의 문제 제기는 매우 의미가 있다고 본다. 그
는 서구적 근대를 의식한 내재적 발전론이 아니라 우리 역사 속에 내재
해 있던 발전의 동력을 소유론적 측면에서 찾아내야 한다고 보고 강진
철 선생의 『高麗土地制度史硏究』의 연구사적 의미를 검토하였다. 그런
점에서 강진철 선생과 윤한택의 문제의식은 '미래의 소유론'을 위한 디
딤돌이 될 것이며, 향후 '소유론'의 확장에 기여할 것이다.

　　　　　Ⅱ.

　강진철 선생은 그의 저서 『高麗土地制度史硏究』 머리말에서 '한국사
의 이해를 위한 가장 중요한 기본 문제는 외세에 유래하는 수동적 요인
을 취급하는 것이 아니라 한국사회 내부에 자생한 한국사 발전의 내재
적 제 요인을 구명하는 데 있다'고 하면서 그 방법의 일환으로 토지문제
에 관한 연구를 하게 되었음을 언급하고 있다. 그는 내재적 발전을 규명
하는 일환으로 토지 문제에 관심을 가지게 되었음을 언급하면서, 이어서
'토지 지배관계에 나타난 발전·변화의 제 계기를 정확히 파악할 수만 있
다면 이것이 한국사 발전의 내재적 요인을 구명하는 첩경이 될 수 있다'
고 자신의 생각을 피력하였다.[1]

이러한 인식 속에 선생은 공전과 사전의 구분 문제와 公私田으로 대
별된 토지지배의 큰 범주 안에서 여러 종목의 토지를 그 성질에 따라 배
속시켜 각 종목에 해당하는 토지와 그 지배의 실체를 구명하는 데 가장
많은 노력을 기울였음을 언급하였다.[2] 선생은 그의 저서를 통해 나말여
초의 혼란기를 거쳐 성립한 고려 사회의 대표적 토지제도였던 전시과
제도 속에 내포된 다양한 토지 지목을 검토하고 해당 토지의 성격, 경영
형태, 경작농민의 성격 등을 분석함으로써 그 실체를 자세하게 규명하였
다. 그는 고려의 토지를 크게 공전과 사전으로 나누어 보고 그 속에서
그 지배 관계를 살피고자 하였으며, 민전은 공전에 넣어 그 실체를 살피
고 있다.[3]

강진철 선생은 호족, 귀족층의 토지사유와 민전의 존재를 인정하면서
기본적으로 토지사유론적 관점에서 고려의 토지소유관계를 이해하고 있
다. 그러나 양반전의 실체와 관련하여 매우 이중적·복합적 성격의 토지
로 보고 국가 권력을 매개로 지배층에 대한 수조권분급을 주장하였다. 양
반전은 양반에게 분급된 전시과 토지로서 국가가 양반인 전주에게 1/2의
수조권을 분급한 토지이며 경작자인 농민은 전호가 된다. 즉 전주인 양반
은 분급수조지에 대해 경영, 관리의 책임을 지는 지주가 아니며, 전주와
전호의 관계는 군현제에 의한 농민지배에 의해 실현되었다고 한다.[4]

또한 공사전조의 차율수조에서 민전은 1/4 공전조율이, 왕실소유지,
궁원전·사원전·양반전 등 사전의 소작제경영에서는 1/2지대가 적용되었
다고 보면서 1/10세는 기만적인 조세율로서 수조량에서는 1/4 공전조율

1) 姜晉哲,『高麗土地制度史硏究』(高麗大學校 出版部, 1980) 머리말 ⅰⅱ쪽.
2) 姜晉哲, 위의 책, 머리말 Ⅳ쪽.
3) 姜晉哲, 위의 책, 175~191쪽.
4) 姜晉哲, 위의 책, 74~77쪽.

과 대동소이하며 실질적으로 적용된 세율로 볼 수 없다고 하였다.5) 특히 강진철 선생은 양반전을 私田으로 보면서 수조지였음에도 50%의 지대를 수취할 수 있는 토지로 파악하고 그 소유주를 굳이 밝힌다면 국가로 보아야 할 것이라고 하였다.6) 만약 그렇다면 국유지에 대한 수조권을 양반에게 분급하였다고 보아야 할 것이며, 따라서 당연히 공전 수조율 1/4을 수조하는 것이 타당함에도 불구하고 양반전은 1/2 사전수조율을 적용한다고 하는 모순에 직면하게 된다.

어쩌면 여기에 그의 깊은 고민이 내재해 있었으며, 민전소유자로서 백정 농민층의 존재를 확인하면서도 민전 상에 수조권을 분급하지 못하는 고려 토지소유구조의 한계를 확인했을 것이다. 또한 양반전이 가지고 있는 이중성으로 인해 그 실체를 명확하게 하지 못하는 딜레마에 빠질 수밖에 없었다고 여겨진다. 따라서 백정 농민층의 열악하고 미숙한 상태에 대한 위상과 관련하여 고려사회의 토지소유구조와 계층구조의 다양성을 살피지 못한 한계를 동시에 가지고 있다고 본다.

그러나 선생의 연구는 현 단계에서 볼 때 일정한 한계를 지니고 있음에도 불구하고, 이는 시대적 한계를 말하는 것일 뿐, 선생의 연구는 고려 사회경제사의 연구 수준을 한 단계 끌어올리는 계기를 마련하였다. 아울러 고려의 토지제도사의 발달과정을 조망하고 각 토지 지목의 실체와 경영형태를 분석함으로써 이후 연구자들에게 디딤돌 역할을 한 것만으로도 의미 있는 연구라고 할 수 있을 것이다.

---

5) 姜晉哲, 위의 책, 390~400쪽.
6) 姜晉哲, 위의 책, 415쪽.

Ⅲ.

윤한택은 21세기 포스트모더니즘과 옥시덴탈리즘의 조류 속에 내재적 발전론의 이론적 틀이었던 '세계사의 보편적 발전법칙'의 법칙성이 그 의미를 상실해가고 있지만, '법칙'의 기초를 이루는 소유의 지평으로 다시 되돌아 가 볼 필요가 있다고 지적하고 있다. 그러면서 '원자'에서 '양자'의 원리가 지배하는 물리법칙의 전환에 따라 '법칙'의 방향은 비결정 '원리'를 지향하고 있다고 진단하고 있다.

윤한택은 『高麗土地制度史硏究』가 가지고 있는 특징이자 성과로서 정체론의 근거였던 토지국유론에 대한 강한 비판과 아시아적·국가적 토지소유론에 대한 비판적 관점을 들고 있다. 또한 사유론에 근거한 사전, 공전의 실증, 공사전의 차율수조 해명, 전결제 문제에서 강고하게 자리잡고 있는 지대의 존재에 대한 선언이 빛난다고 파악하고 있다. 더 나아가 '형식적·법률적 소유권론에 현혹되어 민전의 사적 소유권 위에 1/10 조율을 고집하던 풍조와 애써 거리를 유지하였다'고 보고, '고대적' '공동체적' '미숙한' 이라는 용어를 사용한 것은 어디까지나 소유분해를 통한 지주제, 잉여가치의 작동을 전제로 하는 내재적 발전을 옹호하기 위해서였다는 윤한택의 주장을 통해 강진철 선생에 대한 그의 강한 애정을 확인하게 된다.

윤한택은 기존 모순의 법칙에 갇혀있던 잉여가치를 지양하고 노동력을 회복하여 상보원리가 작동하는 자유로운 개인의 연합체를 지향하는 인류 역사의 새로운 단계에서, 강진철 선생의 저서를 다시 조명하고 그 의미를 살피면서 자신의 연구방향의 변화에 대한 배경을 설명한다. 현단계의 시대적 변화와 그에 따른 학문적 조류의 전환에 대한 그의 진단은 매우 의미가 있으며, 미래지향적 안목으로 역사연구자의 인식변화를 시의 적절하게 요구하고 있다고 본다.

포스트모던 사조의 물결 속에 '서사'로서의 역사학이 '과학'으로서의 역사학을 압도하고, 역사의 대중화라는 명제 속에 역사학의 학문적 속성이 해체되고 분해되어 '스토리'로 전화해버리고 있다. 이러한 과정에서 고려토지제도사의 연구를 비롯한 사회경제사 연구의 퇴조도 불가피하게 현실화되고 있으나, 이러한 변화가 필연적이라 하더라도 역사적 실체를 제대로 규명해야할 연구자의 자세와 역할이 근본적으로 달라지지는 않았다.

우선 강진철 선생의 연구에서 끊임없이 추구했던 역사적 실체에 대한 객관적이며 실증적인 연구 자세는 오늘날 우리들에게도 의미 있게 다가온다. 정체성론 비판과 내재적 발전론의 프레임 속에서도 고려 농민의 실체를 '미숙한' '공동체' 속에 규정된 존재로 바라볼 수밖에 없었던 강진철 선생의 '고민'은 이런 측면에서 다시 조명해보아야 할 것이다. 아울러 고려토지제도사에 대한 현 단계의 연구에서 강진철 선생의 연구를 비판하고 소유론에 기초하여 제시되고 있는 일련의 제 연구들은 과연 정당성을 확보하고 있는가하는 문제도 다시 재론되어야 할 것이다.

IV.

최근 고려의 토지제도를 바라보는 시각 가운데 국전론적 관점이나 서구 봉건제하 분할적 토지소유론의 관점에서 바라보는 시각이 있다. 그러나 양자의 시각에서 전자는 식민지근대화론, 후자는 역사의 보편적 발전이라는 이론적 관점에 경도되어 있다고 여겨진다. 그로 인해 고려 사회의 구조적 특질에 기초한 토지제도의 실체에 다가가지 못했다고 판단된다. 고려 사회의 특질로 인해 나타난 전정연립제도의 특수한 계승관계는 나말여초 전시과 제도의 정착 과정에서 전제와 역제의 결합이라는 고려 특유의 제도로 구현되어 고려의 私田 제도로서 정착되었다.

고려의 대표적 사전인 양반전·군인전·기인전 등은 전정연립제로 계승되는 토지로서 이를 단순하게 수조권의 분급으로 파악하는 시각은 그 실체를 설명하기에 부족하다고 본다. 고려 특유의 직역 계승과 토지의 상속을 연결한 전정연립제는 신라 이래 발전해온 토지제도의 고려적 표현이라고 할 수 있다. 양반전의 실체를 둘러싸고 국유지도 사유지도 아닌 모호한 '사전'으로 파악할 수밖에 없었던 강진철 선생의 내재된 고민의 근원적 이유는 전제와 역제의 결합이라는 전정연립제의 특수성에 기인한 것이라고 봐야 할 것이다.

따라서 전시과제도 하에서 민전에 대한 사적소유권 위에 1/10수조율을 주장하고 있는 현재의 수조권이론은 특히 고려 전기 양반전의 실체와 상당한 거리를 두고 있으며, 전시과와 과전법을 동일시하는 오류를 범하고 있다고 판단된다. 필자의 입장에서도 전시과 제도의 기본축을 이루는 양반전과 군인전은 전정연립제에 기초하여 1/2지대가 관철되었던 토지라고 본다. 그 이유는 직역계승자의 사유지 상에 수조권을 부여한 토지라는 데 있으며, 그로 인해 1/2지대가 실현되었던 것이다. 고려의 전정연립제는 전제와 역제가 결합한 호별편제원리가 작동하는 제도로서 직역이 호의 계승원리와 결합되어 있었기 때문에 고려 이전에도 이후에도 존재하지 않았던 독특한 제도였다. 고려는 이러한 토지를 '영업전'이라는 토지 지목으로 불렀으며, 영업전은 곧 '職役=業의 지속적 계승'이라는 의미를 가진 토지이다.

강진철 선생은 양반전의 경우 사전임에도 불구하고 원천적으로는 나말여초 호족들의 토지를 국가로 귀속하여 사실상 국가의 토지에 대한 수조권 분급이라고 하면서도 1/2지대율이 인정될 수밖에 없었다고 보았지만, 이는 사실상 전시과 토지를 분급 받는 직역계승자의 사적 토지였기 때문에 1/2의 지대를 받는 것은 당연하다고 할 수 있다.

이런 점에서 강진철 선생의 차율지대론은 다시 한번 음미되어야 할 것이다. 사전조 1/2과 공전조 1/4은 그 토지의 성격에서 비롯된 것으로 여겨지고, 다만 여기서 민전에 대한 1/10수조율의 존재를 부인해서는 안 될 것이다. 1/10수조율은 연수유전답에서 민전으로 전화되어 오는 과정 속에 정착된 것으로, 고려 민전의 실체를 반영하면서 녹과전제 이후 민전 상에 수조권 분급을 가능하게 한 중요한 요소로 이해된다.

지금까지 '토지소유론'과 관련하여 식민사학의 토지국유론에서부터 유물사관의 아시아적·봉건적 토지국유론, 내재적 발전론의 입장에서 제기된 토지사유론, 그리고 국전론, 서구 봉건제하의 분할적 토지소유론에 이르기까지 다양한 견해가 제기되었다. 이제 향후 전개될 미래의 '토지소유론'과 관련하여 '소유론'의 지평을 확장할 필요가 있다. 또한 '소유관계'를 작위적 틀에 묶어둘 것이 아니라 논의의 진전을 위하여 선입견 없이 당해 시기의 토지소유의 실체를 검토해야 할 것이며, 프레임에 갇혀 실체를 놓치는 일이 없도록 해야 할 것이다.

고려의 역사발전단계를 논하다*
-강진철의 시대구분 및 생산력 발달에 대한 연구-

이 정 호**

1. 머리말

姜晉哲(1917~1991)의 한국사 시대구분에 대한 견해는 1955년(39세) 5월 부산대학교에서 「高麗時代의 土地支配關係의 性格」이라는 제목의 연구발표를 통해 그 기본 요지가 발표되었다.[1] 이를 정리하여 1966년 5월 전

---

* 본고는 『韓國史學報』 67(高麗史學會, 2017년 5월)에 수록된 논문을 일부 수정하여 게재한 것임.

** 목원대학교 역사학과 조교수

1) 후일 강진철의 회고록에 따르면, 서울대 전임강사~조교수 시절(1946~1950), 한국사를 제대로 이해하기 위해서는 한국 사회의 내부에 자생하는 어떤 내재적인 요소의 구명이 필요하다는 인식을 하게 된 것으로 밝히고 있다(姜晉哲, 1988, 「學窓時節과 硏究生活을 되돌아보며」, 『韓國史 市民講座』 3, 一潮閣, 153쪽).

시대구분 논고를 처음 발표한 때는 1955년이지만, 회고록에 따르면 언제인지 명확히 밝히고 있지는 않지만, 발표 이전 오래전부터 관심을 갖고 있었던 것으로 되어 있다. 동아대학교 사학과에 재직중에 부산에서 두차례 연구발표회를 가졌고, 그 가운데 첫 번째기 1955년 봄으로 발표 제목이 「高麗時代의 土地支配關係의 性格」이었으며, 이를 수정하여 논문화한 것이 「韓國史의 時代區分에 대한 一試論」(1966, 『震檀學報』 29·30)이었다. 두 차례 연구발표회 중 1957년에 두 번째로 발표된 것이 「高麗初期의 軍人田」으로, 이 역시 「高麗 초기의 軍人田」

국역사학대회에서「韓國史의 時代區分에 대하여」라는 제목으로 발표하
였다(요지는『歷史學報』31[1966년 8월]에 수록2)). 여기에 보완 수정을
하여 1966년 12월에 논문의 형식으로「韓國史의 時代區分에 대한 一試
論」을 게재하였다.3)

　　1970년대에 들어서도 몇몇 논고를 통해 시대구분에 대한 자신의 기본
적인 견해가 보강되었다.4) 그후 강진철의 시대구분에 대한 논평이 梁秉
祐, 旗田巍, 濱中昇, 金龍德, 矢澤康祐 등 여러 학자들에 의해 이루어졌
다.5) 이 가운데 특히 金龍德과 矢澤康祐의 논평에 대해서는 별도의 논
고를 통해 반론 제기 및 견해를 보완하였다.6)

(1963,『淑明女子大學校 論文集』3)으로 논문화되었다(姜晋哲, 1988, 앞의 글,
　　155~156쪽).
2) 姜晋哲, 1966a,「韓國史의 時代區分問題에 대하여」『歷史學報』31.
3) 姜晋哲, 1966b,「韓國史의 時代區分에 대한 一試論」,『震檀學報』29·30 ;
　　1992,『韓國社會의 歷史像』, 一志社, 재수록.
4) 姜晋哲, 1970,「高麗 田柴科體制下의 農民의 性格」,『韓國史時代區分論』, 乙
　　酉文化社 ; 1975,「高麗の農莊についての問題意識」『朝鮮學報』74.
　　　이 중 前者 논고는 1967년 12월 한국경제사학회 주최로 개최된「한국사의 시
　　대구분 심포지움」에서 행한 연설 원고를 토대로 수정하여 게재된 것이다(姜晋哲,
　　1970, 앞의 논문, 102쪽).
5) 梁秉祐, 1968,「時代와 時代區分」,『歷史學報』37 ; 旗田巍, 1975,「朝鮮史の時
　　代區分についての問題點-姜晋哲教授の見解を中心にして」,『朝鮮史研究會
　　會報』39(1983,『朝鮮と日本人』, 재수록) ; 濱中昇, 1974,「姜晋哲,「韓國史의
　　時代區分에 대한 一試論」」,『朝鮮史研究會會報』37 ; 1984,「高麗の歷史的位
　　置について」,『朝鮮史研究論文集』21(1986,『朝鮮古代の經濟と社會』, 法政
　　大學出版局, 재수록) ; 金龍德, 1981,「身分制度」,『韓國史論』2, 國史編纂委員
　　會, 158~162쪽 ; 矢澤康祐, 1975,「高麗·李朝社會論의 問題點-前近代朝鮮に
　　おける國家の人民支配」,『歷史學研究』422.
6) 姜晋哲, 1984,「韓國史研究 半世紀 -中世史-」,『震檀學報』57, 42~43쪽 ;
　　1987,「<高麗·李朝社會論의 問題點> 再檢討 -前近代國家의 民衆支配에
　　대하여-」,『李丙燾博士九旬紀念 韓國史學論叢』, 知識産業社(1989,『韓國中
　　世土地所有研究』, 一潮閣, 재수록).

그의 시대구분은 학자로서 본격적인 연구를 시작한 때(39세) 처음 윤
곽을 드러낸 후 대체로 1960년대 중반경(50세 전후한 시기)에 체계적으
로 정립되었다. 그 이후 1991년 3월 작고하기 몇 년 전인 1987년(71세)까
지도 다시금 논지를 확인하고 점검 및 보완하고 있었다. 이를 보면, 그가
시대구분에 대해 얼마나 많은 관심과 공력을 들이고 있었는지 여실히
알 수 있다.

강진철의 한국사 시대구분은 자신의 연구에 기초를 제공하였을 뿐만 아
니라 이후 고려시대사 연구의 진척에도 큰 기여를 하였다고 할 수 있다.[7]

---

7) 강진철의 시대구분론에 대한 최근의 논평으로는 다음의 논고들을 들 수 있다.
박종기, 1989, 「고려전기 사회사 연구동향」, 『역사와 현실』 2 ; 李基東, 1995, 「韓
國史 時代區分의 여러 類型과 問題點」, 『韓國史 時代區分論』, 소화, 112~117
쪽 ; 1996, 「韓國史 時代區分의 反省과 展望」, 『第39回 全國歷史學大會 發表
要旨』 ; 이인재, 2009, 「20세기 후반 고려 전시과 연구의 定礎-≪高麗土地制
度史硏究≫를 통해본 강진철의 연구 성과와 의의-」, 『韓國史硏究』 145.
박종기는 강진철의 시대구분론을 1950년대 前田直典(1957, 「東アジアに於け
る古代の終末」, 『中國史の時代區分』, 東京大出版部) 이래 이론적으로 계승되
어 온 '고려전기=고대사회'론으로 이해하고, 그 특징으로 고려전기 토지의 사적
소유의 미숙성을 비롯해, 토지상속, 촌락 및 군현제 등에 대한 나름의 이해에 있
었음을 지적하면서 이후 연구성과를 토대로 재검토하였다.
이기동은 강진철의 시대구분이 지닌 특징은 이후 제기된 金基興의 견해(1995,
「韓國史의 古·中世 時代區分」, 『韓國史의 時代區分』, 신서원)와 유사하게 稅制
의 변화에 기준한 것이라는 점은 동일하나 중세의 시점에 대한 큰 편차가 있다는
것을 지적하고 있다. 이것은 시대구분의 척도는 같을지라도 역사적 사실에 대한
해석 혹은 평가에 차이가 있기 때문이라고 하면서, 이처럼 하나의 사회 현상만으
로 시대구분의 절대적인 기준으로 내세우는 데 문제점이 있다고 지적하였다.
이인재는 강진철의 연구가 지닌 특징을 '아시아노예적 전시과론'이라 명명하
고, 강진철의 연구가 1기 내재적 발진론의 역사연구흐름에 입각한 매우 충실한
대표적인 연구성과로서, 1960, 70년대 하부구조 = 사회경제구조를 중심으로 연
구를 진행한 것도 이전 시기의 '정체론적 국유론'과 정면으로 부딪친 상황에서는
당연한 결과였던 것으로 보았다.

2. 시대구분의 전제

강진철은 시대구분의 목적이 역사발전과정의 법칙적 인식에 있다고 보았다. 특히 한국사 시대구분의 당면과제로 세계사적 보편성의 확인, 식민사관의 극복, 근대화를 추구하는 현실적 측면을 강조하였다.

이러한 과제를 해결하기 위해서는 역사과정의 계기적 발전과정을 규명할 수 있을 때 가능한 일이었다. 이와 관련해 시대구분이 구상될 당시 해결되어야 할 문제는 한국사회에 奴隷制社會가 존재하였는지 여부를 확정하는 것이었다. 한국사회의 경우 奴隷가 사회적 생산의 주된 부분을 차지한 시기가 존재하지 않았던 만큼, 서구의 전형적 노예를 토대로 이를 개념화할 수는 없다고 보았다. 그러나 한국사회 역시 세계사적인 보편성 원리 하에 古代奴隷制社會를 설정할 수 있다는 입장을 보여주었다. 즉 노예제가 구현되는 양식은 해당 민족의 역사적 조건과 상황에 따라 다르게 나타난다는 입장을 보임으로써, 한국 전근대사회 역시 고대노예제사회의 존재가 인정, 더 나아가 계기적 발전의 과정이 인정될 수 있었다. 예를 들어 한국 전근대사회 農民의 경우처럼 이들이 비록 신분적으로는 노예가 아니었지만 특정 시기의 일반농민이 당하는 社會經濟的인 收奪의 본질이 奴隷制的인 것이라면 이들 농민의 사회경제적 지위는 노예와 다를 바 없다는 것이다.[8]

이러한 전제는 한국 전근대사회에서 一般農民이 奴隷的 존재로서 社

---

8) 姜晉哲, 1966a, 앞의 논문, 163쪽. 강진철은 기존 학자의 고대 설정 견해가 지나치게 고전고대형의 노예제에 기준을 둔 점을 비판하고, 한국사에서의 노예제사회는, 특수성에 입각해, 해당 사회의 사회구성이 기본적으로 노예제적인 생산관계에 의하여 규제되어 있었는지 여부에 따라 판단할 문제라고 보았다. '사회적 생산의 지배적 형태'도 중요하지만 해당 사회의 특수성을 감안해 '기본적 생산관계'를 판단할 수 있으리라는 것이다.

會的 生産의 주된 부분을 담당한 시기를 古代奴隷制社會로 설정할 수
있게 해주는 출발점이 되었다. 이렇게 한국 전근대사회에 구현된 나름의
조건을 고려하여 노예제 설정 가능성이 전제되면서, 이러한 연구시각은
한국 전근대사회의 生産關係에서 나타나는 특징을 주목하게 된 것으로
보인다. 그것은 '일반농민에 대한 국가권력의 관계'가 주된 생산관계로
간주될 수 있겠다는 생각이었다. 이에 따라 이들 일반농민이 국가로부터
收奪의 대상이 되었던 점이 주목되었고, 이를 토대로 한국 전근대사회의
역사발전과정에 대한 구상이 이어지게 된 것으로 여겨진다.

주지하듯이 강진철이 시대구분의 기준으로 국가 수취형태의 변화를 주
목한 것도 한국 역사의 생산관계에 나타나는 이러한 특성에 입각해 시대
구분의 기준을 삼았기 때문이었다. 서양의 전형적 생산관계와 달리 한국
의 그것은 '국가권력 대 농민의 관계'가 주축을 이루었고, 사회적 생산을
대표하는 계급은 農民이었다. 한 사회의 경제적 특징을 生産關係로 파악
할 때 한국의 경우는 農民에 대한 國家權力의 支配에 그것이 잘 드러나
며, 이는 국가의 收奪關係, 즉 收取樣式에 반영된 것으로 보았던 것이다.

3. 시대구분의 기준과 내용

강진철의 시대구분이 기존 학자의 견해와 차이를 보이는 출발점은 農
民 대 國家權力의 관계를 사실상 生産關係에 상응하는 것으로 본 데 있
었다. 그가 시대구분의 기준으로 收取樣式을 주목한 것도, 수취양식이
'농민 대 국가권력'이라는 생산관계에 의해 규제되는 것으로 보았기 때
문이었다.

강진철의 시대구분은 한국을 비롯한 동아시아의 생산관계에서 나타나는 특징을 전제로 하고 있다. 즉 한국의 생산관계는 국가권력 대 농민의 지배·예속관계로 표현되었으며, 이러한 생산관계에 입각하는 사회 속에서는 수탈관계의 내용과 성격, 구체적으로는 租稅·貢賦·力役의 徵取를 내용으로 삼는 국가권력의 농민에 대한 수탈양식이야말로 시대구분의 기준이 될 수 있겠다는 것이다.9) 수탈양식은 시기에 따라 내부적인 구조에 있어 큰 질적인 전환이 있었던 것이고, 이를 기준으로 시대구분을 하고자 했다.

강진철은 한국사의 시대구분을 다음과 같이 설정하였다. 三國時代 이래 高麗中期의 武臣執權期까지가 古代奴隷制的인 사회구성이며, 무신집권기 이후 고려말기에 이르는 기간이 古代奴隷制的인 사회구성이 中世封建制的인 사회구성으로 넘어가는 과도기적인 전환기였고, 朝鮮時代가 中世封建制的인 사회구성의 시기였다고 보았다.10)

삼국시대의 경우 무엇보다 수취양식의 측면에서 고대적 단계로 간주되었다. 예를 들어 신라 村落文書의 기재 내용을 검토할 때, 당시 농민은 10호 내외의 소부락으로 형성된 혈연집단으로 인정되는 자연촌락을 생활무대로 살고 있었는데, 국가가 그들 농민을 지배·파악하는 방식은 그 중점이 토지에 있었던 것이 아니라, 농민들이 가진 勞動力 그 자체였다는 것이다. 戶等(九等戶制)을 구분하는 기준이 토지의 대소가 아니라 人丁의 多寡에 있었다는 점, 인간을 노동력 부담능력에 따라 丁(丁女)·助子(助女子)·追子(追女子)처럼 구분하고 있는 점 등도 이를 뒷받침하는 것으로 보았다.11)

---

9) 姜晋哲, 1966b, 앞의 논문 ; 1992, 앞의 책, 24쪽.
10) 姜晋哲, 1966b, 앞의 논문 ; 1992, 앞의 책, 22쪽.
11) 姜晋哲, 1966b, 앞의 논문 ; 1992, 앞의 책, 25쪽.

전근대사회에서 국가가 농민을 지배하고 수탈하는 방식은, 국가가 농민의 노동력을 노동력 그 자체로서 생짜로 수탈하는 양식과 토지에 중점을 두어 그것을 매개로 일종의 地代의 형식을 통하여 농민을 수탈하는 양식이 있었는데, 촌락문서를 작성한 시기는 前者로 볼 수 있다는 것이다.[12]

高麗 역시 호등(九等戶制)의 구분이 인간의 노동력을 표시하는 人丁의 多寡에 있었던 것을 통해 알 수 있듯이,[13] 수취관계에 있어서 가장 큰 비중을 차지하는 것은 인간노동력의 징발이었다. 신라통일기와 마찬가지로 고려 역시 농민이 국가에 대해 짊어진 부담인 租稅·貢賦·力役 가운데 조세는 비중이 가벼운 편이었고 압도적으로 무거운 부담은 공부·역역의 수취에 있었다. 고려의 농민지배양식은 인간의 노동력 수탈, 즉 人身的 收奪을 중심으로 전개되었다. 고려의 지배기구, 특히 郡縣制 또한 이러한 人身的 收奪을 관철하기 위하여 설정한 행정체계였다고 보았다.[14]

신라통일기와 고려전기 사이에는 왕조 교체라는 거대한 변동이 있었음에도 불구하고, 사회구성면에 있어서는 하등의 큰 변질이 없었다. 만약 고려의 지배체제가 토지에 중점을 둔 사회였다면, 租稅는 물론이요 貢賦·力役 역시 조선시대와 같이 人丁의 多寡에 의해서가 아니라, 농민이 가진 토지의 所有量에 따라서 징수하는 것이 원칙이었을 것이다. 이와 달리 고려는 토지의 소유량이 아니라, 노동력의 부담능력을 표시하

---

12) 姜晋哲, 1966b, 앞의 논문 ; 1992, 앞의 책, 26쪽.
13) 『高麗史』 권84, 刑法1 戶婚 "編戶 以人丁多寡 分爲九等 定其賦役".
14) 姜晋哲, 1966b, 앞의 논문 ; 1992, 앞의 책, 30~31쪽. 강진철은 고려의 郡縣制가 일정한 지역을 단위로 해서가 아니라 주민들의 身分差에 의하여 신분적으로 편성된 것으로 보았다. 당시에 鄕·部曲·所 등의 특수한 천민집단이 일종의 신분제적 행정구역으로서 정식으로 군현제에 편성되어 광범위하게 존재한 것 역시 高麗前期社會의 古代奴隷制的인 성격을 표현하는 것으로 보았다.

는 人丁의 多寡가 貢賦·力役의 수취기준으로 견지되어 왔다. 이러한 점
은 收奪의 중점이 農民勞動力의 징발에 있었다는 것을 명시하는 것이
며, 또 농민에 대한 국가의 支配樣式이 토지에 기본을 둔 것이 아니라,
노동력의 파악 그 자체를 목적으로 하고 있었음을 증명하는 것이라고
보았다.15)

　고려전기까지 수탈관계는 아직 인간의 노동력 파악에 치중된 고대노
예제적인 사회구성이었다. 이와 같은 고대노예제적인 지배체제에 내재
한 모순이 표면에 나타난 것이 武臣政變을 통해 성립된 武臣政權의 출
현이었다. 무신정권의 형성 이후에도 국가권력이 농민을 지배·파악하는
방식은 갑자기 바뀌지 않았다. 그러나 이 시기에 점차 국가권력의 통제
가 미약해진 農莊이 전국적으로 발생·확대하였다는 사실이 주목되었다.
당시의 농장은 그 자체로서는 고대적인 성격을 극복하지 못한 것이었으
나, 그것이 발전 확대해 나가는 과정에서 사회를 진전시키는 새로운 형
세가 나타난 것으로 이해하였다. 즉 고려후기에 토지에 대한 지배의욕이
점차 수탈관계에서 큰 비중과 의미를 가지기 시작하였으며, 이와 동시에
인간노동력을 파악·수탈하려는 집착은 자연 퇴조하지 않을 수 없게 되
었던 것으로 보았다.16)

　고려후기 농장은 이른바 私田의 集積, 즉 不法的 土地의 奪占·兼倂을
전제로 해서 형성된 권력형 농장이 대부분으로서, 이러한 경제외적인 정
치권력의 남용에 입각해 설립된 농장은 본래부터 뿌리가 불안정한 것이
었다. 그러한 고려후기 농장의 형성과정에서는 土地所有關係의 전진·발
전과 조응하는 현상들이 등장하였고, 이러한 과정에서 고대 노예적인 성

---

15) 姜晋哲, 1966b, 앞의 논문 ; 1992, 앞의 책, 31~32쪽.
16) 姜晋哲, 1966b, 앞의 논문 ; 1992, 앞의 책, 33~34쪽.

격의 농민이 中世 農奴的인 성격의 농민으로 향상하는 여러 계기들이
배태되었다.[17]

　조선 개창 이후에는 농민에 대한 국가의 지배에 있어 인간의 노동력
보다도 토지가 더 중요시되는 현상이 나타났다. 이러한 현상은 국가가
농민을 파악하는 收奪樣式에서 잘 드러난다. 고려시대의 수탈양식은 농
민의 노동력을 노동력 그 자체로 지배하는 人身的 收奪에 중점을 두고,
수탈의 체계가 力役의 징수를 중심으로 움직이고 있었다. 반면에 조선시
대에 이르러서는 이와는 반대로 수탈체계는 인간의 노동력이 아니라 土
地에 기본을 두어 편성되었다. 조선 건국 후 일시적으로 人丁의 多寡에
田結의 數를 감안하는 절충법을 사용하는 단계를 거쳐 조선 세종 이후
에는 田結 즉 토지재산의 다과에 따라 徭役收取의 기준으로 정립되기에
이르렀던 것이다.[18]

　고려와 조선 모두 농민의 국가에 대한 부담은 租稅·貢賦·力役이라는
점에서는 동일했다. 그러나 양 시기 사이에는 그 부담의 성격에 근본적
으로 차이가 있다. 과거의 농민수취는 그 지배적 비중이 地代의 수취에
의존하는 것이 아니라 人丁으로 대표되는 노동력의 징발에 의존하는 것
이었다. 그런데 조선 세종 이후에 이르러서는 수탈의 성격이 완전히 일
변하여, 조세는 물론 공부·역역까지도 田結 즉 토지에 수취의 기준을 두
게 되고, 또 이리하여 그것이 토지와 직결되었다는 의미에서 일종의 地
代의 성격을 띠게 되었다. 이러한 收奪樣式의 전환은 당시 社會構成의
변화에 조응하는 것으로서, 농민에 대한 국가의 지배양식이 收奪面을 통
하여 인간의 노동력 파악에 중점을 두는 방식으로부터 일종의 地代의

---

17) 姜晋哲, 1966b, 앞의 논문 ; 1992, 앞의 책, 34쪽.
18) 姜晋哲, 1966b, 앞의 논문 ; 1992, 앞의 책, 37쪽.

징수에 의존하는 형태로 전환한 것으로 볼 수 있으며, 따라서 이러한 전환이 이뤄진 조선시대를 中世封建制的인 사회구성으로 이해할 수 있겠다는 것이다.[19]

이처럼 강진철은 중세사회가 성립된 표징을 地代의 수취가 이뤄졌는지 여부를 통해 파악하고자 하였다. 古代的 收奪(人身的 收奪)이 中世的 收奪(勞動地代的 收奪)로 넘어가는 과정에서, 수탈관계 그 자체가 갖는 역사적 진보의 의미를 파악하고자 한 것이었다.[20] 그런 면에서 수취관계의 변화를 통해 그 배후에 존재하는 역사적 발전의 의미를 발굴해 내고자 한 것으로 이해된다.

정리하자면 고려시대의 前期까지는 국가적 수취의 지배적 부분이 人丁의 多寡에 따라 결정되는 戶等을 기준으로 해서 差定된 人間勞動力의 直接的 把握이었는데, 朝鮮時代(世宗朝)에 이르러서는, 收取의 기준이 인간노동력의 직접적인 파악으로부터 土地의 耕作面積, 즉 所耕田의 규모에 따라 결정되는 방향으로 전환하였다. 고려 前期의 收取基準－九等戶制－은 人丁의 多寡, 즉 勞動力의 所有量에 의하여 결정되는 것이었으므로 이것은 人身的 收取를 의미하는 것이었다. 이와 달리 朝鮮時代에 이르러서는 收取基準이 경작면적－土地所有量의 大小 多寡라는 방향으로 옮아갔는데, 이것은 일종의 地代的 收取의 성격을 띤 것으로 여겨지며, 여기에서 새로운 異質的 '時代', 즉 중세봉건제 사회의 전개가 예측되는 매우 중대한 사회적 변동의 標徵을 발견할 수 있다는 것이다.[21]

이처럼 강진철의 시대구분론에 있어서 기준은 收奪樣式의 역사적 성격 및 내용에 입각한 것이었다. 收奪의 중점이 토지에 대한 지배에 있는

---

19) 姜晋哲, 1966b, 앞의 논문 ; 1992, 앞의 책, 38쪽.
20) 姜晋哲, 1987, 앞의 논문 ; 1989, 앞의 책, 343쪽.
21) 姜晋哲, 1987, 앞의 논문 ; 1989, 앞의 책, 336쪽.

것이 아니라 人間 勞動力의 징수에 있는 양식, 즉 人身的 收奪樣式은 古
代奴隸制社會에 조응하는 것이며, 이러한 수탈양식에 의하여 규제된 사
회는 古代奴隸制的인 사회였던 것으로 보아야 한다는 것이다. 이와 반
대로 수탈의 중점이 인간노동력의 징수에 있는 것이 아니라 土地의 지
배에 있는 양식, 즉 地代의 형태를 띤 수탈양식은 中世封建制社會에 조
응하는 것이며, 이러한 수탈양식에 의하여 규제된 사회는 中世封建制的
인 사회였다고 이해하였다.

收奪樣式을 시대구분의 근본적 기준으로 앞세운 이유는, 收奪關係는
生産關係에 의해 규제되고, 生産關係는 社會構成을 결정하는 것으로 인
식하였기 때문이다. 또 이와 같은 시대구분을 위한 일반적인 이론 바탕
이외에 한국사의 특성을 감안한 측면이 있었다. 우리나라와 같이 사회적
생산에 있어 勞動奴隸의 지배적 역할을 인정할 수 없고 또 領主制나 地
方分權制와 같은 전형적인 봉건적 정치체제의 출현도 보지 못한 사회에
있어서는, 고대사회와 중세사회를 분별하는 기준의 설정은 별도로 마련
되어야 할 것이라고 보았다. 그러한 기준이 바로 '수탈양식'이었던 것이
다.[22] 다시 말해 한국 전근대사회의 경우에는 사회적 생산의 주된 부분
을 農民이 담당하고, 이러한 농민에 대해, 비록 관념적·의제적이긴 하지
만 사실상 '지주적 성격'으로, 영향을 미친 국가의 관계를 주목해야 한다
는 것이었다. 농민과 국가의 관계를 주된 생산관계로 보아, 양자 사이에
이루어진 수탈관계를 통해 사회구성, 더 나아가 시대구분의 준거로 삼았
던 것이다.

이와 같은 견지에 따라 한국 전근대사회를 고찰한 결과, 武人政權이
성립하는 高麗 中期에 이르기까지, 社會的 生産關係는 農民(佃戶) 대 土

---

22) 姜晋哲, 1966b, 앞의 논문 ; 1992, 앞의 책, 41쪽.

地所有者(田主)의 관계가 그 主流를 형성한 일은 없고, 토지에 대한 지배는 自家經營의 농민이 자기몫의 땅을 경작해서 간신히 생계를 세우는 한편, 대부분의 剩餘는 국가에 의하여 收取를 당하는 형식으로 그 본질이 구현되었다. 이들의 土地 '所有'는 이들이 소속된 공동체로부터 큰 제약을 받고 있었을 것이므로 극히 미숙한 상태에 있었을 것이며, 이러한 생산관계가 이뤄지는 사회는 古代的 단계로 간주되어야 한다는 것이었다.23) 그 후 高麗後期의 農莊制經營의 시대를 거쳐 麗末에 科田法이 제정되었으나, 自營小農民을 基軸的 經濟基盤으로 삼는, 혹은 삼으려고 한 과전법은 15세기의 종말기 무렵에는 이미 사실상 폐기되고 말았다. 이에 전후해서 並作半收의 경영이 보편화되면서 地主制的인 토지소유의 시대가 전개되었던 것이다.

그럼에도 불구하고 강진철은 조선 전기로부터 말기에 이르기까지의 기본적 생산관계는 농민 대 국가의 관계에서 구하고 있는데, 이는 이 시기 역시 한국 전근대사회의 특성상 上部構造＝政治의, 下部構造＝經濟에 대한 規制作用을 무시할 수 없다고 보았기 때문이다. 그가 收取關係의 문제를 시대구분의 가장 중요한 기준으로 설정한 것도 그 이유가 여기에 있었다.24) 이에 따라 한국사에서 봉건사회의 시점과 관련해서는, 국가·국왕의 觀念的 의제로서의 地主的 성격을 전제로 하여, 조선 세종대의 計田籍民法 시행 이후부터는 租稅는 물론이요 貢賦·徭役도 일종의 地代의 성격을 띤 것으로 해석해서, 이러한 稅役－收取의 지대적 성격과 결부시켜 한국사에서의 封建的 社會構成의 문제를 모색하였던 것이다.25)

---

23) 姜晋哲, 1987, 앞의 논문 ; 1989, 앞의 책, 386쪽.
24) 姜晋哲, 1987, 앞의 논문 ; 1989, 앞의 책, 389~390쪽.
25) 姜晋哲, 1987, 앞의 논문 ; 1989, 앞의 책, 391쪽.

후일 강진철은 이와 같은 시대구분의 기준에 대해 언급하면서, 시대구분의 기준으로 삼아야 할 사회적 생산관계의 주축을 '국가와 농민의 관계'로 설정한 데 재검토의 필요성을 제기하면서 그것을 '농민 대 지주의 관계'로 보는 것이 좋겠다는 견해를 내놓기도 하였다.[26] 그러면서도 여전히 풀리지 않는 문제는 한국 전근대사회의 국가가 민간의 토지소유와 그 토지지배관계의 구체적 소산으로 실현된 수취문제에 대해 강력히 제동을 걸 수 있었던, 국가의 지배력과 제한력의 실체가 무엇인지에 대한 것이라고 하고 있다. 결국 향후 규명해야할 과제로 한국 전근대사회의 토지소유에서 '국가란 무엇인가'라는 명제에 대한 것이라고 마무리하고 있다.[27]

4. 생산력 발달에 대한 견해

생산력의 발달에 영향을 미치는 요소로는 농업기술, 생산수단의 개량, 노동조직, 소유권의 발달 정도, 생산자의 존재형태 등을 들 수 있다. 강진철의 시대구분은 이와 같은 당시 사회의 생산력 발달수준에 영향을 미치는 여러 조건들에 대한 나름의 파악에 입각해 있기도 했다.

삼국시대가 노예제적인 사회구성이었다는 점은, 우선 당시 一般農民의 존재형태를 통해 파악할 수 있다고 보았다. 이러한 점은 고구려의 下戶나 신라의 部曲民 등이 총체적으로 국가에 예속된 共同體農民이었다는 점, 즉 특수한 예속민의 존재 및 이들이 지닌 노예제적인 성격을 통해 살펴볼 수 있다고 하였다.[20] 다만 이들 특수한 예속농민층이 생산의

---

26) 姜晉哲, 1987, 앞의 논문 ; 1989, 앞의 책, 391~392쪽.
27) 姜晉哲, 1987, 앞의 논문 ; 1989, 앞의 책, 392쪽.

지배적 형태를 담당했는지 여부에 대해서는 연구가 필요할 것이라고 하면서, 다만 삼국시대의 경우 농민일반은 특수한 예속민까지도 포함하여 총체적으로 노예적인 존재로 보아둔다고 하였다.[29]

당시 농민은 혈연집단으로 추측되는 자연촌락에 거주하고 있었고, 다분히 共同體的인 유대에 얽히어 생활하고 있었는데,[30] 이것은 토지지배관계의 미숙성과도 관련이 있었을 것으로 보았다. 결국 촌락문서에 나타난 신라통일기의 농민은 공동체적인 유대관계에 얽히어, 독립된 개별적 농민으로서가 아니라 하나의 집단 즉 村落으로서 직접 국가에 예속되었으며, 그들에 대한 국가의 수탈양식은 토지가 아니라 노동력 그 자체의 徵取에 압도적으로 무거운 비중을 두는 것이었다. 이들은 성격상 고대노예제적인 존재로 볼 수 있겠고, 이것이 한국사회에서 나타난 아시아적 노예의 모습이었다는 것이다.[31]

삼국시대와 마찬가지로 고대사회로 이해한 高麗前期 역시 아직 地主다운 地主가 발생하지 못한 사회로서, 물론 田柴科制度를 통해 많은 귀족·관료가 국가로부터 토지를 분급받은 것은 사실이지만, 그들의 土地支配關係는 대체로 그들 자신이 지주로서 자기가 분급받은 토지를 스스로 경영·관리하는 것이 아니라, 王朝의 권력에 의존하면서 단순히 그 토지에서 나오는 田租를 收取하는 收租權者의 구실을 하는 것뿐이었다.[32]

귀족·관료뿐만 아니라 일반농민의 토지지배관계 또한 지극히 미숙한 것이었다. 농민들은 사적인 경작지를 보유하고 있었으나 개별적인 사적

---

28) 姜晋哲, 1966b, 앞의 논문 ; 1992, 앞의 책, 23쪽.
29) 姜晋哲, 1966b, 앞의 논문 ; 1992, 앞의 책, 24쪽.
30) 姜晋哲, 1966b, 앞의 논문 ; 1992, 앞의 책, 26쪽.
31) 姜晋哲, 1966b, 앞의 논문 ; 1992, 앞의 책, 27쪽.
32) 姜晋哲, 1966b, 앞의 논문 ; 1992, 앞의 책, 32쪽.

소유가 성립되지 못하고 共同體的인 유대를 기반으로 한 것이었다. 고려 전기에 농민층이 직접적인 노동력 수탈의 대상이 되었던 이유 역시 이들이 아직 계층분화되지 못하여 공동체적인 유대관계에 얽매여 있는 상태에서 영세한 규모로 토지를 소유하여 자가경영하고 있는 고대적 존재였기 때문인 것으로 보았다.

또한 강진철의 시대구분은 고대사회 설정에 있어 土地 所有權의 발달정도 문제가 그것과 밀접한 관련을 지니고 있다. 고려전기까지 농민적 토지의 '소유'가 어느 정도 일정한 개별적 사유의 단계에 도달한 것은 사실이지만(起田의 경우), 그 사유라는 것이 결코 완전한 소유가 아니라, 항상 불안정 요소가 수반되는 미약한 '불완전 소유'에 불과한 것이었다. 이러한 부분은 당시 농민의 생산활동 혹은 토지 소유에 영향을 행사하는 국가 내지 공동체의 기능을 이해하는 데에도 연관될 문제라고 보았다. 한국의 고대적 사회구성 문제에는 농민적 토지소유가 지니는 한계(불완전 소유), 국가 내지 공동체가 생산활동에 기능한 측면이 연관되어 있다는 것이다.[33]

이처럼 강진철이 삼국시대 이래 고려전기까지를 고대노예적인 사회단계로 설정한 데에는 당시 농민의 존재형태, 토지지배관계, 공동체적인 유대관계에 얽혀 이뤄지는 생산조건, 토지 소유권의 발달정도 등에 대한 이해를 바탕으로 한 것이었다. 이에 반해 고대에서 중세로 사회구성이 전환하는 시기에 이르러서는, 그 배후에 농민의 사회경제적 지위의 향상과 토지지배관계의 진전이 있었다는 점을 강조한다. 조선시대에 이르러 토지가 사회경제적인 측면에서 우월한 의미를 지니게 되었고, 이와 상응하여 조선시대 農莊의 所有主는 토지경영의 주체로 성장하는 한편 자신

---

33) 姜晋哲, 1966b, 앞의 논문 ; 1992, 앞의 책, 50쪽.

과 농장의 경작자와의 사이에 수확을 分半하는 並作半收의 경영방식을 취하는 등 地主다운 모습을 여실히 나타내 주고 있었다. 또한 다수의 농민들 역시 농장의 佃戶 즉 경작자로 화하여, 적어도 並作者라는 위치의 차원에서는 요역의 부담 없이 田主와 수익을 分半하는 생산관계를 형성하게 되었는데, 이러한 생산관계는 분명 中世封建制的인 제도라고 이해하여야 할 것으로 보았다.[34]

이러한 모습이 한국사에서 처음 나타난 시기가 고려후기로서, 고려후기에 農莊이 전국적으로 발전·확대해 나가는 과정에서 前期에 있어서의 농민의 토지지배관계의 특징인 토지의 集團的 所有 혹은 在來의 田柴科體制下의 농민적 토지소유의 미숙성은 지양되어 個別的인 私有化가 확립되어 나가는 방향으로 진전해 나갔던 것으로 보았다. 고려말의 科田法에서 종래 불법적인 무제한의 수탈을 당하던 佃戶를 구제하기 위해 그들의 지위를 法的으로 보장하는 조항이 설정되는 한편 佃戶를 토지에 긴박하는 요소가 포함되어 있었던 것도 그들의 성격이 中世封建制的인 農奴에 가까운 것이었음을 반영한다. 高麗前期의 古代奴隸制的인 성격의 농민은 麗末에 제정된 科田法 당시에 이르러서는 中世封建制的인 성격의 농민 즉 農奴에 가까운 것으로 향상하였던 것으로 보았다.[35]

강진철은 중세사회로의 전환 시기와 관련해 地主制的 土地所有가 확립된 시기에 대해 주목하고 있다. 조선 신왕조의 개창 이래 소농민경영의 자영체제를 유지하고자 하는 노력은 무산되고 자영농민의 소경영주의가 국가체제 운영의 기축적 구조기반으로 제대로 기능을 할 수 없게 된 대신 並作半收의 방향으로 전환된 것으로 보았다. 이러한 전환이 이

---

34) 姜晋哲, 1966b, 앞의 논문 ; 1992, 앞의 책, 39~40쪽.
35) 姜晋哲, 1966b, 앞의 논문 ; 1992, 앞의 책, 34~35쪽.

뤄진 시기는 15세기로서, 그 바탕에는 대토지소유자의 직영지경영보다
는 농민의 소경영 방식이 생산력적으로 우위에 서게 된 농법상의 변혁
이 있었기 때문으로 보았다. 15세기 이래 連作農業의 보급을 비롯해 水
田移秧法의 보급, 乾田直播法技術의 확립, 旱田의 二年三毛四毛作 기술
의 확립 등 일련의 농작기술의 진전으로 일반 농민들의 생산력이 크게
발전하고, 소농민경영의 생산성 수준이 귀족 특권층의 직영제경영 즉 노
비제경영의 그것을 능가하게 되자, 토지경영방식 및 생산관계의 주된 형
태 역시 변모된 것으로 이해했다. 국가에 의한 소농민경영의 유지를 전제
로 한 여말 이래의 科田法이 사실상 폐기되어 職田稅로 대체되고(1470년,
성종 원년) 並作半收가 확대되는 것은 이를 반영하는 현상으로 간주되었
다. 이러한 추세 속에 기존의 自營農民과 國家가 서로 대립되어 있던 경
제구조의 관계가 並作佃戶와 地主의 대립관계라는 형태로 바뀌었으며,
이러한 과정에서 地主制的 土地所有가 확립되는 계기가 마련되었던 것
으로 보았다.36)

이처럼 조선시대에 이르러 토지의 개별적 私有의 확립, 地主의 발생
성장, 並作半收의 일반화 등은 국가의 농민에 대한 收奪樣式의 변화와
더불어, 조선시대의 사회구성을 中世封建制的인 것으로 판단할 수 있는
標識가 될 것으로 보았다.37)

5. 강진철 한국사 시대구분론의 특징과 의의

한국사 시대구분론은 한국사회의 역사적 발전과정을 어떻게 체계적으

---

36) 姜晋哲, 1987, 앞의 논문 ; 1989, 앞의 책, 360~371쪽.
37) 姜晋哲, 1966b, 앞의 논문 ; 1992, 앞의 책, 40쪽.

로 인식하느냐 하는 기본적인 중요한 문제이다. 때문에 해당 전공자로서
는 가장 관심이 높은 주제 가운데 하나이다. 강진철은 고려시대 연구자
로서 시대구분을 시도한 최초의 연구자이다.

시대구분의 내용은 韓國社會에 있어서의 '古代'(奴隷制)는 대체로 三
國時代 이래 高麗 武臣政權의 成立期에 이르기까지 계속되었고, 그 후
高麗 末期에 이르는 後半期의 약 2세기간은 '古代'사회로부터 '中世'(封
建制)사회로 이행하는 과도기에 해당하는 것이며, '中世'사회가 성장·확
립하는 것은 朝鮮時代에 접어든 이후의 일이라고 보았다. 그리고 開港
期 이후부터가 '近代'(資本制)的 社會로 넘어가는 이행기였다는 것이다.
이러한 시대구분은 주로 일반 農民層에 대한 國家의 收取樣式, 그리고
또 농민에 대한 地主의 收取樣式 등을 문제로 삼아 이뤄진 것이었다.[38]
강진철의 한국사 시대구분론은 기존 연구성과의 문제점을 극복하는
방향에서 설정된 것이었다. 연구 당시 한국사 시대구분의 난점은 古代奴
隷制 사회의 존재 여부와 하한선의 설정, 성격 규정 등이라고 보았다. 기
존 연구의 혼란은 시대구분의 시각과 기준에 차이가 있었다고 보면서
자신의 견해를 정립해 나갔다. 노예제 사회를 부정하는 견해는 세계사적
보편성, 즉 한국사를 법칙적으로 인식하는 올바른 태도를 부정하는 태도
로서 비판되었다. 엄격한 기준의 노예제 사회 적용은 한국사의 특성을
고려하지 않아 역시 비판의 대상이었다.[39] 그가 시대구분의 기준으로 收
取樣式을 주목하였던 것도 세계사적·보편적 역사발전과정을 한국사에
서도 파악함과 동시에 한국 전근대사회에서 나타나는 나름의 특성을 감안
한 결과였다. 이런 점에서 강진철의 시대구분론은 적어도 연구 당시로서

---

38) 姜晉哲, 1987, 앞의 논문 ; 1989, 앞의 책, 335~336쪽.
39) 姜晉哲, 1966a, 앞의 논문, 163~164쪽 ; 1966b, 앞의 논문 ; 1992, 앞의 책,
    20~21쪽.

는 학문적 연구과제에 대한 충실한 답변이었다고 평가할 만한 것이었다.

강진철의 시대구분은 주로 일반 農民層에 대한 國家의 收取樣式, 그리고 또 농민에 대한 地主의 收取樣式 등을 문제로 삼아 이뤄진 것이었다. 이와 같은 시대구분은 세계사적인 보편성과 함께 한국 사회의 특성을 감안하여 설정된 것이었다. 즉 물질적 생산관계의 변화에 따라 시대구분을 하되, 한국을 비롯한 동양권 사회의 국가권력 대 농민의 수취관계를 염두에 둔 것이었다. 한국 전근대사회의 경우, 사회적 생산의 주된 형태는 농민에 의한 생산활동이었고, 이를 통한 생산물이 국가권력에 의해 수취되는 모습이야말로 당시 사회의 기본적인 생산관계로 보았기 때문이다.

한편 이와 같은 시대구분의 기준 설정은 문제점을 지니고 있다는 지적도 나오고 있다. 강진철 스스로 지적하고 있듯이, 시대구분에서 가장 중요시되어야 할 生産關係의 문제를 다루면서, 지나치게 收取關係에만 중점을 두어 설명하고, 생산관계를 근본적으로 규정하는 所有關係 기타의 제반문제에 관한 검토를 소홀히 하였다는 점이다.[40] 한국사 시대구분의 인식은 三國時代 이래 朝鮮 末期에 이르기까지 사회적 생산관계의 主軸이 된 것은 國家 대 농민의 관계이며, 이 基本的 生産關係는 장구한 연대의 경과에도 불구하고 근본적인 변화 없이 일관되어 온 것으로 이해하였다. 이러한 인식에 따라 국가의 농민에 대한 收取樣式이야말로 시대를 구분하는 기본적 기준의 구실을 하는 것으로 보았던 것이다.[41] 古代로부터 近代 직전에 이르기까지의 生産關係의 主軸을 國家 대 농민의 관계 위에 설정을 하다 보니, 결국은 농민에 대한 국가의 收取樣式이 시

---

40) 姜晋哲, 1987, 앞의 논문 ; 1989, 앞의 책, 336쪽 및 383쪽.
41) 姜晋哲, 1987, 앞의 논문 ; 1989, 앞의 책, 383쪽.

대를 구분하는 기준의 가장 핵심적인 문제로 부각되어, 그 변화와 그것이 갖는 의미에 관심이 집중되었다.42) 이와 같은 입론은 土地國有制 그자체에 대해서는 반대의 입장에 서 있으면서도,43) 한국 전근대사회의 경우 비록 觀念的, 擬制的인 것이기는 하지만, 국가 내지는 국가를 대표하는 국왕의 '地主'的 성격은 어느 정도 인정하지 않을 수 없다는 견지에따른 것이었다.44) 이에 따라 한국사에서 토지소유에 나타난 강력한 국가의 支配·制約力이 어떤 근거를 통해 발동되었으며, 그 본질은 무엇을 의미하는 것인지 관심의 대상이 되었던 것으로 이해된다.45)

강진철은 고대에서 중세로 발전하는 논거로 農民經濟의 향상을 들고있다. 비록 명시하지는 않았지만 역사 발전의 주체로 직접생산자를 설정하고, 구체적으로는 생산의 주된 담당자였던 '농민경제의 성장'을 역사발전의 원동력으로 설정한 듯하다. 따라서 사회구성의 특징을 반영하고 또그래서 시대구분의 준거로 주목해야할 대상으로 사회발전의 주체인 농민의 '지위'를 주목하였던 것이지만, 한국 전근대 사회의 실상을 염두에둘 때 한편 이들 농민에게 영향을 미치는 국가의 강력한 지배·통제력을감안한 결과로 여겨진다. 이러한 점은 그가 농민적 토지소유에 대해 지니고 있던 견해와도 연관되어 있었다. 그는 식민사관에 입각한 土地國有制주장에 비판적인 입장에 있었으나, 농민적 토지소유에 대한 국가의 강력한 지배·통제력을 인정하지 않을 수 없다는 측면에서, 비록 관념적·의제적인 것이기는 하지만, 國家 내지는 國王의 '地主的 성격'은 어느 정도 인

---

42) 姜晋哲, 1987, 앞의 논문 ; 1989, 앞의 책, 383쪽.
43) 기존의 '土地國有制說'에 대한 강진철의 비판은, 姜晋哲, 1980, 「「土地國有制說」의 문제」『高麗土地制度史研究』, 高麗大出版部 참조.
44) 姜晋哲, 1987, 앞의 논문 ; 1989, 앞의 책, 385쪽.
45) 姜晋哲, 1987, 앞의 논문 ; 1989, 앞의 책, 386쪽.

정하지 않을 수 없다는 견지에서 논의를 전개하고 있었던 것이다.[46)

이런 점에서 강진철의 시대구분은 세계사적인 보편성을 전제로 하면서도 한국사의 특성을 감안해 설정하는 유연성을 지녔다. 한국의 경우 삼국시대 이래 조선말기까지 기본적인 생산관계는 국가권력 대 농민의 지배·예속관계로 나타났다. 한국의 기본적 생산관계는 서양처럼 奴隷 대 奴隷所有主, 혹은 農奴 대 領主의 관계로 나타난 적은 없었다. 한국에 있어서 國家權力 대 農民의 관계는 단순한 上部構造의 문제가 아닌, 뚜렷한 生産關係로, 즉 실질적인 생산관계에 상응하는 것으로 보아야 한다는 생각을 갖고 있었던 것이다.[47) 강진철이 시대구분 논의와 병행하여 연구를 집중하고 있었던 부분이, 전근대사회에 있어 농민에 대한 國家 지배의 본질이 무엇인가에 있었던 것도 이처럼 한국 전근대사회의 농민 대 국가권력 관계를 사실상의 생산관계에 준하는 것으로 보았기 때문이라고 여겨진다.[48) 강진철이 거듭 강조하여 당시 국사학자에게 부여된 시대구분 연구의 과제가 "한국사의 역사적 발전과정을 세계사적인 법칙의 보편성과 특수성의 상호연관 밑에서 계기적, 단계적으로 발견·파악하는 것"[49)이라고 서술하고 있는 것도 이를 뒷받침한다.

강진철은 한국사 시대구분론의 추구해야할 방향으로 세계사적 보편성의 확인, 식민사관의 극복, 향후 바람직한 한국사회의 발전 모색 등을 설정하고 있다. 과거 왜곡된 시각에서의 한국사 인식을 불식하는 차원에서 한국사 역시 세계사적, 보편적 발전과정을 겪어왔음을 강조하면서 다만 한국사의 특성을 고려해 시대구분을 진행할 것을 제안하였다. 이러한 맥

---

46) 姜晋哲, 1966b, 앞의 논문 ; 1992, 앞의 책, 19쪽.
47) 姜晋哲, 1966b, 앞의 논문 ; 1992, 앞의 책, 45쪽.
48) 姜晋哲, 1966b, 앞의 논문 ; 1992, 앞의 책, 46쪽.
49) 姜晋哲, 1966a, 앞의 논문, 161쪽 ; 1966b, 앞의 논문 ; 1992, 앞의 책, 21쪽.

락에서 한국 전근대사회의 기본적 생산층이 農民이었다는 점과 國家의 地主로서 '의제적' 기능을 인정한 전제에서 시대구분의 기준, 혹은 사회 성격을 결정하는 요소로 생산관계를 주목하였다.

이에 따라 國家的 收取의 기축적 부분이 人間勞動力의 수탈에 있었는지 혹은 土地를 매개로 한 현물의 수탈에 있었는지를 통해 古代와 中世의 구분점을 삼았다. 시대 이행의 動因은 사회적 생산력 발달에 따른 農民經濟의 성장으로 보았다. 收取樣式의 변화에 주목한 결과 사회적 생산의 주축이었던 농민층이 국가에 부담한 부세, 즉 租稅·貢賦·力役에 관심이 두어진 것으로 이해할 수 있다. 조세 부담은 비중이 크지 않았고, 공부·역역이야말로 농민층에 큰 부담이 되었는데, 고려전기의 경우 人丁多寡에 기준하여 부과된 반면 조선(세종 이후)의 경우에는 土地多寡를 기준으로 하였던 데 주목하였다. 한국 전근대사회의 특성을 감안하면서도 세계사의 보편적 발전과정을 염두에 둔 시대구분이었다고 할 수 있다.

이처럼 강진철의 시대구분론에서 드러나는 특징은 세계사적인 보편적 역사발전과정을 토대로 하면서도 한국사의 나름의 특징을 규명해 내고자 했다는 점이다. 사회경제사적 측면에 입각해 고대-중세-근대의 시대를 설정하고, 생산관계·수취양식·소유관계를 비롯해 직접적 생산자로서 농민의 존재형태, 경영형태, 地代의 성립 등을 시대구분 및 역사발전과정을 판단하는 기준으로 삼았다는 점에서 세계사적 보편성을 토대로 하고 있다는 것을 알 수 있다.

6. 맺음말-성과의 계승을 위하여-

강진철의 한국사 시대구분론에서 특히 주목되고 또 향후 연구에 있어서 계승해야 할 점은 한국사, 특히 고려시대의 역사발전단계를 제대로 정확히 반영하고자 한 점이라고 본다. 한국 전근대사회의 특성상 國家의 토지소유에 대한 강한 지배력·제한력을 부정할 수 없다고 할 때 그 근본적 이유에 대한 규명이야말로 분명 당시 사회의 역사발전단계를 파악하는 관건이 될 것임에 틀림없다. 그가 기본적 생산관계를 국가와 농민의 관계로 보고, 그 사이에서 이뤄지는 수취양식의 변화상을 시대구분의 중요한 기준으로 삼았던 것 역시 한국사 나름의 특성을 파악한 데 따른 연구방법의 선택으로 볼 수 있다.

고려시대 一般農民의 존재형태를 예로 들자면, 사회적 생산의 주된 담당층인 농민의 생산물 수준이 생계를 위해 전적으로 사용되고 剩餘의 대부분이 國家에 收取되는 단계를, 竝作半收의 형태로 생산물 가운데 일부를 地主에게 地代로 납부하는 地主-佃戶制 방식의 것으로 인식하는 것 또한 실상을 도외시한 이해방식이 아닐까? 그런 점에서 강진철은 高麗時代의 역사발전단계를 實狀에 입각해 정확히 규명하고자 노력한 연구자였고, 나름의 기준에 입각해 그러한 성과를 거둔 연구자였다고 본다.

또한 강진철의 시대구분에 있어서 주목되는 특징은 上部構造와 下部構造를 모두 염두에 두어 이뤄져야 할 필요성을 시사해 주고 있다는 점이다. 비록 그의 시대구분이 兩者 가운데 後者에 다소 치중한 것으로 추측되지만, 한국 전근대사회의 나름의 특징을 반영하기 위해서는, 그의 표현에 따른다면 "상부구조=정치의, 하부구조=농민층에 대한 규정력"

을 감안해야 한다고 하였듯이, 양자를 모두 염두에 두어 연구가 이뤄질 때 제대로 당시 사회를 이해하는 방법이 될 것임을 생각하게 한다. 가령 국가를 중심으로 상부구조와 하부구조의 세계사적 보편성과 특수성을 종합적으로 수렴해내는 새로운 방법론과 사료 해석이 앞으로 필요한 것은 아닐까?

기본적 생산관계를 국가 대 농민의 관계로 설정한 데 따른 문제점은 차치하고서라도, 다른 서구·일본·중국 등 어떤 나라보다도 土地所有關係에서 국가의 지배·제한권이 강했던 한국 전근대사회의 경제상황을 어떻게 이해해야 할 것인가? 自作農民은 물론 심지어 地主에 예속되어 있는 佃戶(小作農民)에게마저도 강력하게 행사된 한국 전근대사회 國家의 지배력은 그 본질이 무엇이었을까? 더욱이 한국 전근대사회의 경우에는 국가의 직접적인 지배권·제한권 뿐만 아니라 地主인 兩班들과 地方官들이 서로 결탁된 유착관계, 즉 간접적인 국가권력의 개입이 농민 대 지주의 생산관계에 미치는 국가의 제동력을 더 복잡하게 만들었던 것을 합리적으로 설명할 수 있어야 할 것이다.

이렇게 보면 강진철이 시대구분론을 입론하고 증명하는 과정에서 제기한 문제의식은 지금도 여전히 유효하다고 본다. 세계사적인 보편성과 함께 한국사의 특성을 고려한 시대구분의 시도가 이뤄져야 한다는 점에서도 그러하고, 뿐만아니라 무엇보다 고려시대의 역사발전단계를 실상에 입각해 제대로 규명하는 노력이 필요하다는 점에서 그러할 것이다.

〈논평〉
남오 전시과론의 새로운 출발을 위하여

이 인 재*

Ⅰ.

남오(南悟) 강진철 교수 탄신 백주년을 맞아 기념 학술회의를 개최한 고려사학회에 진심으로 축하의 인사를 드린다. 저는 2009년 한국사연구회 기획의 일환으로 「20세기 후반 고려 전시과 연구의 定礎 ―『고려토지제도사연구』를 통해 본 강진철 선생 연구 성과와 의의」(『한국사 연구』 145)를 정리한 바 있는데, 이번에 다시 기념 학술회의의 토론자로 참석할 기회를 주시어 또 다시 남오 선생의 학문을 기리게 되어 매우 영광스럽게 생각한다.

2009년 당시 토론자는 본인의 논문에서, 우리나라 전시과 연구의 흐름을, '토지분급제적 전시과론'(송암 김용섭 선생의 「고려시기 양전제」에서 시작하여 2007년 8월 이경식 선생이 학계에 선을 보인 『고려 전기의 전시과』(서울대학교 출판부)로 일단락지음)과 '아시아 노예적 전시과론'(남오 강진철 선생이 1980년에 지은 『고려토지제도사연구―전시과체제편』(고려대학교 출판부)와 이후 일련의 연구 성과)로 명명하여, 20세기 후반 한국 중세 토지제도연구에서 두 세동의 연구 흐름이 차지한 중요

* 연세대학교 역사문화학과 교수

성에 대해서 설명한 바 있다.

이후 남오 선생의 연구는, 오늘 발표를 맡아 주신 윤한택 선생과 이정호 선생을 비롯한 많은 제자 분들이 계승하여 고려 토지제도의 새로운 영역을 개척해 주고 있는 바, 또 다른 영역에서 토지제도를 연구해 오고 있는 토론자 입장에서는, 남오 선생의 제자 분들께서 자신의 토지제도 연구의 출발점이 되는 스승 남오 선생의 토지제도사 연구를 어떻게 평가하실지 매우 궁금해하고 있었다. 그런 궁금증을 오늘 발표문을 통해 많은 부분 해소해 주신 여러 발표자 분들께 감사의 말씀을 드린다. 앞으로 진행할 오늘 토론 역시, 토론자가 미처 파악하지 못한 다음 사항에 대해 발표자가 설명해 주실 수 있을 것이라 믿어 보충 설명을 부탁드리는 선에서 토론을 대신하고자 한다.

II.

우선 발표자는 발표문을 통해 강진철 교수의 시대구분과 생산력 발달에 대해 자세하게 설명해 주고 있다. 발표자의 정리는 토론자 역시 대부분 동의할 수 있는 내용이어서 발표 내용 자체에서는 큰 이의가 없다. 발표내용이 발표자의 논지를 서술한 것이 아니라, 강진철 교수의 시대구분론을 정리한 것이라 더욱 그러할 것이라 생각한다.

첫째, 강진철 교수께서는 고구려의 하호나 신라의 부곡민, 촌락문서에 기재된 농민과 전시과 농민이 국가와의 관계에서 국가에 예속된 공동체 농민이라는 점에서 같은 처지에 있다고 보았는데, 천수백년동안 농민의 처지가 바꾸지 않았다고 보신 가장 중요한 이유가 무엇인지 궁금하다.

특히 신라의 부곡민과 군현민(촌락문서상의 농민) 역시 같은 처지로 간주한 강진철 선생의 견해를 설명해 주시면 고맙겠다.

둘째, 앞의 질문과 관련하여 강진철 교수는, '노동력을 그 자체로서 생짜로 수탈하는 양식'이라는 말씀을 하고 계신데, 농사를 지어야 먹고 살 수 있는 촌락문서 상의 농민이나 전시과 농민들의 노동력을 생짜로 수탈해서 얻을 수 있는, 고려 중기 이전 대표적인 貢賦와 力役의 결과물이 어떠한 것이 있는지, 설명해 주시면 고맙겠다. 국가가 농사를 지어야 하는 농민들의 농업 노동 의욕을 자극하는 정책 대신 생짜의 노동력 수탈을 감행하지 않을 수 없었던 그 시대 국가 환경이 궁금하기 때문이다.

셋째, 강진철 교수께서는 대토지소유와 소작관행(고려전기 면적형 농장, 고려 후기 권력형 농장, 조선 이재형 농장)이 있긴 하지만, 기본적인 생산관계는 국가권력 대 자영농민이라고 파악하였다. 강진철 교수께서 생산력 우위에 있던 대토지소유와 소작관행보다 생산력 열세에 있던 농민의 소경영을 중심으로 한 국가와 농민의 관계를 기본관계로 설정한 특별한 이유에 대해 설명해 주시면 감사하겠다.

넷째, 강진철 교수는 고대에서 중세로의 전환이 농민경제의 향상에 있다고 하였다. 15세기 이래 連作農業의 보급을 비롯해 水田移秧法의 보급, 乾田直播法技術의 확립, 旱田의 二年三毛四毛作 기술의 확립 등 일련의 농작기술의 진전으로 일반 농민들의 생산력이 크게 발전하고, 소농민경영의 생산성 수준이 귀족 특권층의 직영제 경영 즉 노비제 경영의 생산성을 능가하게 되자, 토지경영방식 및 생산관계의 주된 형태 역시 변모하여, 지주제적 토지소유제가 확립되었다고 하였다. 그래서 두 가지 사항에 대해 질문 드리고자 한다. 하나는 천수백년간 변하지 않던 농민들이 이 시기에 갑자기 생산력 발달을 주도하게 된 이유가 무엇인가? 다른 하나는, 발표자께서 강진철 선생께서 시대구분의 당면과제로 근대화를 추구하는 현실적 측면을 강조하였다고 했는데, 어떻게 설명하셨는지, 보충 설명해 주시면 고맙겠다.

III.

오늘 개최한 강진철 선생 탄생 백주년 기념학술대회 덕분에 토론자 역시 많은 것을 배웠다. 꼼꼼해 준비해 주신 학술대회 조직위원 여러분들과 이정호 선생님을 비롯한 발표자 여러분들께 깊은 감사를 드리며, 오늘 기념학술대회를 거듭 축하드리는 바이다.

제3편
회 고

學窓時節과 研究生活을 되돌아보며*

姜 晋 哲**

1. 仲兄의 獄苦와 上京

내가 태어난 곳은, 경상도 咸安 땅 郡北이란 곳이다. 때는 1917년 한여름철. 年表를 뒤져보니 이 해에는 인류사상 최초의 社會主義國家가 러시아에서 탄생했고, 우리나라에서는 李王─純宗─이 日本땅을 순방하는 큰나들이를 했으며, 李光洙가 『無情』이라는 장편소설을 『每日申報』에 연재한 것으로 되어 있다.

내 나이 8살 때에 普通學校─국민학교─에 입학을 했는데, 한달도 채 못되어, 아직 어리다고 쫓겨나와 그 다음 해에 다시 입학을 했다. 하기는 그 때 같이 들어간 동급생 중에는 상투를 튼 어른도 있었던 기억이 난다.

---

 * 이 글은 『韓國史市民講座』2, 一潮閣, 1988에 게재되었던 것을 그대로 옮겼다.
** 필자: 高麗大學校 史學科 교수 정년퇴직, 현재 亞洲大學校 대우교수.
   저서로서 『高麗土地制度史研究』(高大出版部, 1980)가 있고, 그 밖에 「韓國史의 時代區分에 대한 一試論」(『震檀學報』29·30 합병호, 1966), 「高麗·李朝社會論의 問題點' 再檢討」(『李丙燾博士九旬紀念 韓國史學論叢』, 1987), 「高麗의 農莊에 대한 研究」(『史叢』24, 1980) 등 韓國史, 특히 土地制度史에 관한 논문이 많이 있다.

10살되던 해 봄에 아버지가 중풍으로 갑자기 세상을 떠나셨다. 학교에서 전갈을 받고 급히 집으로 돌아와 보니 아버지는 이미 의식을 잃고, 혼수 상태에 있었는데, 해거름쯤 운명을 하셨다. 어리고 철없던 나는, 아버지 의 별세가 나와 우리 가족들에게 어떤 의미를 갖는 것인지 제대로 이해 를 하지 못했다.

光州學生運動이 일어나던 해(1929)에 당시 中央高普에 재학중이던 仲 兄이 학생운동의 주모의 한 사람으로 지목되어 경찰에 구속되었다가 곧, 西大門감옥으로 넘어갔다. 처음에는 어머니와 伯兄이 서울로 올라와서 수감된 仲兄의 뒷바라지를 해왔는데, 얼마 안가서 豫審에 회부되었으므 로 곧 풀려날 가망이 없어졌다. 그 당시의 豫審制度는 얼마든지 오래 피 의자를 구속해 둘 수 있었다. 이렇게 된 이상 京鄕간을 자주 내왕하는 것도 불편하여 서울에 집을 구해서 가족들이 이사를 하게 되었다. 내 나 이 14살. 보통학교 6학년 여름방학 직전의 일이다. 어머니와 伯兄은 거의 매일 변호사 사무실과 서대문 감옥에 출입하는 것이 일과처럼 되어있었 다. '面會'니, '差入'이니, '私食'이니 하는 색다르고 특수한 용어를 이 때 처음 알게 되었다. 이러한 가정 분위기 속에서 나는 막연하지만 뭔가, '民 族' 내지는 '民族운동'이라는 것에 대하여 내 나름대로의 관심을 갖게 되 었다.

1931년 4월에 나는 당시 京城第一高等普通學校 - 5년제, 지금의 京幾 中學·高校 - 에 입학했다. 이른바 '滿洲事變'이라는 것이 일어난 것은 第 一高普 1학년 2학기 때의 일이다. 앞으로 15년간이나 계속될 침략전쟁 이 이미 막을 올렸는데, 이상하게도 나는, 전쟁 속에서 살고 있다는 실감 이 전혀 없었다. 내 개인의 생활 환경을 말한다면, 다감한 중학교 생활을 마냥 즐겁게 보낼 수가 있었다. 이 때 사권 동급생들은 3분의 2 훨씬 이상이 세상을 떠났거나 행방불명이 되었는데, 남아 있는 친구들은 요즘도 자주 만나 가족처럼 지내고 있다.

1935년 2월에 상급학교로 진학하기 위하여 나는 東京으로 떠났다. 4학년에 재학 중이었지만, 당시의 학제로서는 4학년만 수료하면 고등학교에 진학할 자격이 있었다. 말하자면 越班受驗인데 성적이 그렇게 썩 좋은 편은 아니었으나, 한번 시도는 해봄직도 했다. 관례에 따라 1차 지망은 東京에 있는 某官立大學의 豫科로 정하고, 2차 지망은 慶應義塾大學 豫科로 정해서 원서를 제출했다. 1차 지망은 낙방했으나, 다행히 2차 지망에는 합격을 했다. 이리하여 1935년으로부터 1941년까지의 만 6년 간의 나의 東京留學생활이 시작되었다.

2. 慶應大學 豫科 시절
―社會 문제에 눈을 뜨다―

앞에서 말한 일이 있는 仲兄은 이때에는 東京에 유학 중이었다. 입학 시험을 치르는 동안은, 형의 하숙집에서 동거하고 있었으나, 입학이 결정된 이후 나는 따로 하숙을 정해 나왔다. 慶應義塾大學 豫科가 있는 日吉이란 곳은, 형이 사는 東中野와는 너무 거리가 멀었기 때문이다. 요즘은 日吉도 도시의 한복판처럼 되어 버렸지만, 그 때만 해도 목가적이고 조용한 전원의 촌락이었다. 촌구석에는 어울리지 않는 큰 白堊의 殿堂이 豫科의 校舍였다. 우리는 신축된 교사의 2기생이었다. 電鐵驛에서 교사에 이르는 길 양쪽에는 당시 심은 지가 얼마 안되는 어린 은행나무들이 줄을 짓고 서 있었는데, 연전에 약 40년 만에 가봤더니, 아름드리의 큰 巨木으로 변해 있었다.

그 당시의 학제로서는 4월 초하루부터가 제1학기의 시작이었다. 나가는 첫날부터 듣고 보고하는 것이 만판 신기할 뿐이었다. 복도나 교실에서 제멋대로 담배를 피워대는데, 누구하나 제지하는 사람이 없었다. 맛을 제대로 알고 피우는지, 그저 멋으로 피우는 척하는 것인지, 하여튼 그 당시의 豫科生들의 절반 정도가 의례 담배를 입에 물고 있었다. 술도 마찬가지였다. 처음 나는 담배고 술이고 생리에 맞지가 않았다. 담배를 피우면 머리가 아프고, 술을 마시면 가슴이 뛰고 정신이 몽롱해져, 될 수 있는 대로 敬而遠之했는데 1년도 채 못 되어 제법 친숙해졌다. 나의 酒草歷은 이리하여 19살 때부터 시작되었다. 1년 사이에 나의 생활이 180도로 변해졌다.

교실에서의 수업은 거의 절반 이상이 語學(英語·獨語) 공부였다. 기타 과목도 日本語(古典)·日本史나 漢文·東洋史같은 특수한 것을 제외하고는 교과서가 거의 英書였다. 政治·法制·地理 등의 교양과목을 英書로 배웠다. 중학 때에는 日本이 英·米(美)와 더불어 세계의 3대 강국인데, 일본은 동양을 지배하고, 英·米는 서양을 지배한다느니, 西洋文化는 천박한 물질문명이지만, 일본이 그 주체가 되는 東洋文化는 숭고한 정신문명이라는 따위의 저질스런 植民地敎育만 받아왔으나, 東京에 와 봤더니 매사가 아주 딴판이었다. 가장 놀란 것은 '修身' 시간의 수업이었다. 중학 때 배운 수신이란 과목은 '忠君愛國'의 정신을 주입하는 군국주의의 선전이나 다름이 없었지만, 豫科에서 배운 수신 과목은 완전히 이색적인 것이었다. 수신 과목의 교과서가 福澤諭吉의 전기였다는 사실 그 자체가 벌써 파격적이었다. 수신 교과서로 쓴 福澤傳記 안에는 "封建時代의 身分制度는 나에게는 父母의 원수나 같은 것이다", "天은 사람 위에 사람을 두지 않고 사람 아래 사람을 두지 않는다"라는 유명한 구절이 있었

다. 강의 첫날, 담당교사는 이 구절이 어떤 의미를 갖는 것인지 그 내용
부터 먼저 해설해주었다. 일본 前近代社會의 封建制度—특히 自由競爭
과 사람의 후천적 능력을 무시하는 봉건적 신분제도가 얼마나 고약망측
스럽고 불합리한 것인가를 그는 열을 올려 강조하였다. 강의를 듣고보니
봉건제도, 신분제도가 무엇이 어떻게 나쁜 것인지, 대략 짐작이 가는 듯
했다. 간혹 福澤이라는 인물을 너무 우상시하는 것에 대해서는 반발을
느끼기도 했으나, 나는 이 수신 과목을 통해서 신분제도와 같은 사회문
제에 대해서 눈을 뜨는 기회를 얻게 되었다. 淸·日戰爭 때에 脫亞論을
주장하여 침략전쟁과 朝鮮진출에 동조한, 福澤이라는 인물의 또 하나의
다른 측면에 관해서 알게된 것은 훨씬 뒤의 일이다.

　예과 3학년 때의 일이었던가, 교양과목의 '經濟'를 처음 배웠다. 교사
는 學部에서 출강해 오는 젊은 강사였는데, 그는 강의를 하면서 자주 아
담 스미스(Adam Smith)니 칼 마르크스(Karl Marx)니 하는 경제학자들의
이름을 들먹거렸다. 경제사가 전공이라 그랬든지 아시아的 生産樣式이
어떠니, 아시아的 停滯性이 어떠니 하는 말도 자주 들려주었다. 경제사
관계의 이런 특수한 용어를 다소 구체적으로 알게 된 것은 이때가 처음
이었다. 그러나 아직 이때까지는 사회과학의 문제에 관해서는 막연히 어
떤 호기심만을 느꼈을 뿐이지 이렇다 할 관심을 가질 정도는 아니었다.
나뿐 아니라, 다른 친구들도 대개 다 비슷했겠지만, 교실에서 배우는 수
업 못지않게 귀중한 것이 집에서 자기가 선택해서 읽은 敎養讀書였다.
서적의 종류나 분야는 읽는 사람에 따라서 결정되게 마련이지만, 나의
경우는 주로 순수문학의 소설류를 많이 읽었다. 러시아문학 특히 도스
토에프스키의 작품에는 한동안 몹시 심취한 적도 있었다.『까라마죠프
의 兄弟』를 읽고 느낀 감동은 아직 내 가슴속에서 사라지지 않고 있다.

철학 관계의 책도 읽어 보기는 했지만, 어려워서 접근하기가 힘들었다. 사회과학 관계의 책을 읽게 된 것은 학부에 진학한 이후의 일이다.

예과 3학년이 되면, 학부에 가서 전공할 전공학과를 결정해야 하기 때문에 다소 부담이 간다. 결국 史學科를 택하게 되었는데 무슨 특별한 동기가 있었던 것은 아니고, 그저 우연히 그 길을 택하게 되었을 뿐이다. 전공학과를 선택할 때에는 소위 세속적인 장래성의 문제같은 것을 다소라도 고려하는 것이 상식인데, 나는 그런 문제에 크게 신경을 써 본 일이 없다. 비교적 살만한 집에서 넉넉히 성장했기 때문인지, 대학을 졸업하고 나서는 출세를 하거나, 크게 돈벌이를 해야겠다는 욕망을 가져본 일은 없었다. 하물며 日帝의 앞잡이가 되는 관리노릇을 하는 것은 꿈에도 생각해 본 일이 없었다. 사학과를 택한 어느 정도의 간접적이고 소극적인 동기가 된 것이 있었다면, 아마 스페인의 內戰과 약간의 관련이 있었을는지 알 수 없다.

내가 예과 2년 때(1936)에 人民戰線派와 國民戰線派가 서로 싸우는 스페인 動亂이 일어났다. 이 동란은 민주주의 세력과 파시즘 세력의 대결이 라는 형태로 나타나서 제2차 세계대전의 전초전 구실을 하였는데, 우리가 학부에의 진학문제를 결정해야 할 무렵에는 한창 사태가 절정에 도달해 있었다. 모든 신문·라디오가 총동원되다시피 하여 시시각각으로 변하는 전세의 동향을 알려주고 있었다. 거리에서나 교실에서나 어디를 가든지 스페인내란의 이야기가 의례 화제의 촛점이 되었다. 이 때에는 일본의 형세도 크게 파시즘의 방향으로 기울어져 있었고, 中·日관계도 바로 개전의 전야에 있었다. 이러한 시국에 대한 지식인들의 반발·저항이라고 생각되지만, 젊은 교수들은 거의 빠짐없이 인민전선파의 편을 드는 발언을 했다. 학생들도 자연 인민전선파에 성원을 보내는 입장에 섰

다. 나도 모르게 제2차 세계대전 직전의 세계사의 흐름에 대해서 어떤
특별한 관심을 갖게 되었다. 요즘 흔히 말하는 역사의식 같은 것이 내
머리 속에서 뿌리를 내리게 된 것은 아마 이 때가 처음이 아닌가 싶다.

3. 專攻 강의보다 재미있던 盜聽 강의

1938년 봄에 學部로 올라갔다. 학부의 강의에 대해서는 미리부터 큰
기대를 걸고 있었는데, 막상 듣고보니 따분하고 무미건조하기가 짝이 없
는 것이었다. 橋本선생이라는 사학과의 간판교수가 담당한 '史學槪論'의
과목에는 특별히 많은 기대를 걸고 있었으나, 내용은 예상외의 것이었다.

당시 유명한 三木淸의 『歷史哲學』 정도는 나도 이미 읽고 있었다. 그
래서 나는 '사학개론'이라는 강좌에서는 역사학이 하나의 사회과학으로
서 갖는 특수성이나 사관의 문제, 그리고 역사학도가 알고 있어야 할 이
론적인 문제 같은 것이 의례 강의되리라고 믿고 있었는데, 내용은 전혀
딴 판이었다. 東洋史 출신이라 그랬겠지만, 역사학의 개념을 '天命'과 '革
命'의 사상에서 풀어 나갔다. 이 대목은 그런대로 재미가 있었다. 그런데
史料를 다루는 기술적인 문제를 취급하면서, 사료의 등급을 근본사료니,
1등사료, 2등사료니, 혹은 등외사료니 하는 식으로 기계적인 구분을 하
는 방식을 듣고 있자니까 지루해서 흥미를 잃고 말았다. 건방진 이야기
지만 이런 것은 알아두어 별로 손해볼 일이야 없겠지만, 역사학연구법으
로서는 크게 도움이 될 것 같지도 않았다. 다른 대학의 '史學槪論'도 아
마 비슷한 내용의 강의가 아니었을까 생각한다. 이 교수에게는 宋代史의
강의를 듣기도 했다. 내용은, 眞宗이 泰山에 올라가서 帝王受命의 報天

儀禮인 封禪을 올리는 것이었는데, 이 강의가 또 悠然하기 한량이 없었다. 어떤 짓궂은 학생이 낸 통계에 따르면, 봉선의 예식을 올리는데 소요된 시간보다도 강의에 소요된 시간이 훨씬 더 길었다는 이야기도 있었다. 이런 식으로 그 당시의 대학강의는 완전히 교수 위주로 진행되어 학생의 편의같은 것은 거의 고려하지 않았다.

나는 西洋史 전공에 적을 두고 있었던 관계로 자연 듣는 강의의 대부분이 서양사 계통의 것이었다. 間崎선생이라는 분이 주임교수였다. 어떤 내용의 강의를 들었는지 지금은 기억도 아름하지만, 특강으로 들은 위그노宗敎戰爭에 관한 강의의 줄거리는 아직 기억에 남아 있다. 피로써 피를 씻는 프랑스 新·舊敎派의 宗敎戰爭에 관한 연구였는데 교수는 간혹 "이 세상 싸움 중에서 가장 무서운 싸움이 兄弟相殘의 싸움이며, 전쟁 중에서 가장 무서운 전쟁이 동족들끼리 피를 흘리는 宗敎戰爭이다"라는 말을 했다. 음미해야 할 의미심장한 말이다. 위그노宗敎戰爭은, 분명히 신앙의 이념을 달리 하는 新·舊敎徒들끼리의 내전이었다. 나는 요즘 간혹 생각해 보는 일이지만, 16세기 당시의 위그노宗敎戰爭은 현재 우리가 처해 있는 이념적인 분열, 민족적인 갈등과 닮은 점이 많아 보인다. 첫째 서로가 다 이념적인 대립이 발단이 되어 일어난 동족상잔의 비극이었다는 점, 둘째 동족끼리의 내전이 그것을 이용하여 한 몫 보려던 외국 야심가들의 간섭으로 인하여 국제전쟁으로 확대되었다는 것, 이념을 달리하는 대립된 세력의 각 지도자들이 그 정치적 이해관계에 있어 너무 깊이 외국세력과 유착되어 있었다는 점 등등 뭔가 비슷한 점이 많다. 위그노戰爭 당시에 서로 피를 흘리고 뼈를 깎으면서 그토록 증오하고 저주해 오던 新·舊 두 교파는 그후 결국 지난날의 讐怨을 씻어 버리고 하나의 단일 프랑스민족으로 결합해서 近代國民國家─프랑스共和國

을 건설하는데 성공하였다. 내가 하고 싶은 이야기는, 체제나 체제원리 등의 문제가 있기 때문에 단순한 대비를 해서는 안될 일이지만, 우리도 이런 역사의 前鑑에서 어떤 교훈을 얻어낼 수가 없을까 하는 것이다. 위 그노宗敎戰爭은 전후 8회 40년 가까이나 끌었다. 옛날에 들은 강의 내용을 회상해 보면서 요즘 나는 늘 이런 생각에 젖어 보기도 한다.

사학과의 강의보다는 다른 학과에서 도청하는 강의가 더 재미있는 것이 많았다. 高橋誠一郎의 '經濟原論', 野村兼太郎의 '經濟史'는 간혹 청강했는데, 재미있는 편이었다. 웨버에 관해서 비교적 자세한 이야기를 듣게 된 것은 野村교수의 '경제사' 시간이었다. 유명한 『프로테스탄티즘의 倫理와 資本主義의 精神』이라는 책이 명저라는 말은 들었지만, 아직 이때에는 번역본이 없었으므로 읽을 기회가 없었다. 岩波文庫의 번역을 읽은 것은 해방 후의 일이다. 國文學科(日本文學科)의 折口信夫의 「古代民俗學」도 재미있었다. 그런데 지금 비교적 선명히 기억에 남는 것은 小泉信三의 '明治文化史'였다. 小泉박사는 이 때 塾長(다른 大學의 총장) 자리에 있었는데, 그래서 그랬는지 청강하는 수강생들이 많았다. 전공의 경제학 관계는 맡지 않고 단 한 강좌 '明治文化史'라는 강좌만 그는 담당하고 있었다. 제목은 '明治文化史'지만 그 내용은 3분의 1이 예과에서 수신 시간에 배운 福澤諭吉의 계몽학자로서의 업적에 관한 것이었고, 3분의 1은 그가 애독한 明治時代의 작가, 森鷗外니 泉鏡花니 하는 소설가들의 작품의 감상에 관한 이야기였다. 그리고 나머지의 3분의 1이 칼 마르크스의 학문과 활동에 관한 것이었다.

그는 당대를 대표하는 反마르크시즘의 驍將이었다. 당연히 그의 입에서 마르크스에 관한 찬사가 나올 리는 없었다. 그런데 그의 강의는 격조가 높은 이색적인 것이었다. 덮어 놓고 마르크시즘을 공격하거나 비난을 하는 일은 없었다. 늘 마르크스가 19세기를 대표하는 가장 위대한 경제학자의 '한 사람'이라는 것, 그가 쓴 『資本論』이 자본주의 사회의 구조를 가장 예리하게 분석한 논저의 '하나'라는 것, 또 그가 가장 헌신적인 혁명가의 '한 사람'이었다는 것을 높이 평가하면서, 그러나 마르크스는 19세기라는 산맥에 솟아 있는 거봉의 하나일 뿐이지 그 이상도 그 이하도 아니라는 것을 누누이 강조하였다. 그는 또 말했다. 마르크스는 제군들이 어차피 읽기는 읽어야 하는데, 반드시 직접 그 원전을 읽어야지 남이 쓴 얄팍한 팜프렛 따위의 해설서나 읽고, 마르크스를 아는 척해서는 절대로 안된다고 타일렀다. 체구가 당당하고 풍채가 좋은 그의 강의는 명강의였다. 그러나 그는 反마르크시즘의 驍將답게 마르크스의 급소를 찔러 그 약점을 공격하는 수법을 결코 잊지 아니하였다. 그 공격은 학문적인 것도 있었고 학문외적인 것도 있었다.

언젠가는 이런 이야기도 들은 기억이 난다. "여러분들은 아마 앞으로 런던을 방문할 기회가 있을 것이라 생각하지만, 그 때는 꼭 교외의 하이게이트에 있는 마르크스의 무덤을 한번 찾아가 보세요. 여기에 그는 가족과 같이 묻혀 있읍니다. 그런데 이 묘지에는 그 집 婢女가 함께 묻혀 있어요. 좀 이상해서 알아 봤더니 그 비녀와 마르크스와는 보통관계가 아니라, 두 사람 사이에는 엥겔스의 호적에 넣어두었다는 아들도 있었다는 이야기더구만요. 남의 사생활을 들쳐 이러쿵저러쿵하는 것은 야비한 수작이니까 더 말하고 싶지는 않소이다만, 글쎄, 이런 일은 좀 어떨까요?" 小泉塾長의 마르크스講義는 이런 식이었다. 교실에서는 폭소가 쏟아진다. 나는 연전에 런던을 방문한 길에 舊師의 '권유'에 따라 하이 게이트에 있는 공동묘지를 찾아간 일이 있다. 햇볕이 쨍쨍 쪼이고 매미가 요란스럽게 울어대는 여름철 한 나절이었는데, 마르크스의 墓碑에는 합

장된 가족들과 더불어 분명히 비녀의 이름이 새겨져 있었다. 그 이상의
문제를 더 천착할 홍미는 나에게는 없었다. 내가 마르크스에 관해서 다소
라도 관심을 갖고 지식을 얻게 된 것은 小泉박사의 강의를 통해서였다.
神田의 古書店에서 高畠素之 역『資本論』한 질을 4円 50전인가 5円을
주고 사들인 것은 이 무렵의 일이다. 그런 反共主義者의 세미나 敎室에
서 野呂榮太郎·野坂參三 같은 일본 사회주의 운동의 지도자가 배출된
것은 매우 풍자적인 이야기다.

　1939년 9월 3일 독일의 폴란드侵攻으로 제2차 세계대전의 막이 올랐다.
한편, 中·日戰爭도 대륙에서 크게 확대되어 있었다. 이것이 학부 2학년
때의 일이다. 당시의 학제로서는 대학이 3학년까지니까 이 무렵이 되면
졸업논문의 제목도 정해야 하고, 이에 필요한 자료도 수집을 해야 했다.
내가 정한 논문의 제목은 「로렌조(Lorenzo)시대의 플로렌스(Florence)의
정치상황」이라는 것이었다. 이 논문은 유럽에서 가장 강력한 금융업자
인 메디찌(Medici)家가 전제군주의 지위를 확립해서 패권을 장악하고 플
로렌스의 황금시대를 구축해 나가는 과정을 정치사적인 측면에서 살펴
보려고 한 것이다. 내용은 신통찮았으나 문제의식만은 그럴싸했다. 3학
년의 제2학기(당시의 학제는 1년이 3학기, 2학기는 9월에서 12월 사이)
가 끝날 무렵 400자 원고지 약 2백장 분량의 논문초고를 미리 지도교수
에게 제출해서 예비심사를 받기로 했다. 당시의 교수들은 졸업논문의 지
도를 맡은 학생이 고작 3~4명, 많아야 5~6명 정도였으므로 철저히 자
세하게 친절히 봐 주었다. 약 한 달 뒤에 논문을 찾으러 갔더니 내가 쓴
원고는 시뻘겋게 수정이 가해져서 되돌아 왔다. 일일이 원고와 원전을
대비해서 번역이 살못된 것까지도 지적을 해주었다.

　잘못된 부분을 다시 고쳐 쓰는 일은 힘은 들었지만, 과히 그렇게 어려

운 작업은 아니었다. 그런데 난데없이 생각지도 않던 큰 골치거리가 생겼다. 내가 참고로 한 자료는 주로 영어 아니면 독일어의 책(당시는 原書라했다)이었는데 등장하는 인물들의 형제자매관계가 그저 brother, sister나, Brüder, schwester로 적혀 있을 뿐이지, 형 혹은 동생, 누나 혹은 누이의 서열 표시는 없었다. 그래서 나는 그것을 某의 형제인 某, 혹은 某의 자매인 某하는 식으로 번역을 해서 옮겨두었는데, 교수의 말은 그런 표현은 일본어로서는 부적당하니 가능한 대로 조사를 해서 그 서열관계를 밝혀내라는 지시였다. 보통 사고가 아니다. 골치를 앓다가, 연구실 조수를 찾아가서 의논을 했더니 한마디로 "잘못걸렸구만"했다. 그의 조언에 따라서 다음 날부터 각 대학도서관이나 기타 다른 도서관을 찾아다니면서 각종 西洋人名사전에 나오는 해당 인물의 생년월일을 밝히는 작업에 착수했다. 10명 중에서 겨우 2, 3명 정도나 밝혀내었을까, 그 이상은 나로서는 어찌할 도리가 없었다. 다시 지도교수를 찾아가서 사유를 설명하고 양해를 구했다. 그는 그때야 웃으면서 "그것 보게, 한 사람이고 두 사람이고 노력만 하면 밝혀낼 수가 있는 일인데 자네는 그 노력을 등한히 한거야. 형제자매의 서열관계가 그리 중요한 것은 아니다. 어떤 일이든 철저히 조사를 해서 정확한 문장을 쓰는 습관이 필요한 거야. 내가 자네에게 요구한 것은 서열관계의 문제가 아니라 사물을 철저히 밝혀내는 탐구 정신이었으니까 그런 줄 알고 앞으로는 주의를 하게"라고 했다. 나는 아직 이 훈계를 명심하고 있다. 논문이 무사히 통과되어 1941년 3월 말 나는 졸업장을 받았다.

4. 華北의 日本會社 직장을 버리고

대학은 나왔으나 직장이 문제였다. 아무 곳에나 가서 그저 일터만 구하는 것이라면 한창 전시중이라 사람이 부족했던 탓으로 취직이 어려운 편은 아니었다. 그러나 나는 계속해서 공부를 했으면 하는 희망이었기 때문에 적당한 직장을 구하기가 어려웠다. 결국 지도교수의 주선으로 S라는 회사에 취직을 했다. 이 회사는 K는 일본굴지의 大紡績資本의 계열회사였는데 주 사업장이 華北 지방이고, 입사를 한 뒤에는 北京이나 天津에서 근무를 한다는 이야기였다. 그리고 또 하나 귀에 솔깃한 일은, 맡아서 보는 사무가 주판알이나 놓는 것이 아니라 華北 지방에 있는 棉紡織工業의 자원 조사 비슷한 것이라 했다. 未知의 大陸 신천지에서 새로운 생활의 무대를 개척하는 호기심에 이끌려 나는 그 회사에 가기로 결심했다. 이리하여 나는 해방 전 약 2년간 天津에서 체류하였다. 돈을 잘 버는 대자본의 큰 회사라 생각 이상으로 대우가 좋았다. 자원 조사라는 명목에 빙자하면 비교적 자유스럽게 여행도 할 수 있고, 책도 사 볼 수가 있었다. 北京은 수시로 출입하였다. 『滿鮮地理歷史硏究報告』16책을 입수해서 닥치는 대로 읽어나간 것도 이때의 일이다.

天津은 華北의 경제중심지라 각종 전쟁에 관한 정보가 수시로 흘러들어왔다. 京津地區의 바로 외곽지대에서 한국인의 光復軍과 일본군이 전투를 벌이고 있다는 소문도 들리고, 심지어는 일본군의 탈출병이 '民族解放軍'을 조직해서 저희들끼리 서로 싸우고 있다는 소문도 나돌았다. 나는 본래 위인이 광복군에 뛰어들 만한 담력이 있는 사람은 못되지만, 日本人회사에서 구차스럽게 밥벌이나 하는 꼴이 무언가 떳떳하지 못하다는 회의와 죄책감 같은 것을 느끼게 되었다. 더 이상 회사에 남아 있

기가 싫어졌다. 그때까지 총각이었던 나는 결혼을 한다는 이유로 해방
전해에 서울로 되돌아 왔다. 해방되던 해 정월에 결혼을 하고 다시 華北
으로는 가지 않았다. 해방 당시 나는 고향인 郡北에서 막걸리나 마시고
책이나 읽는 생활을 하고 있었다.

5. 解放 뒤의 서울大 史學科 研究室 生活
―새로운 研究方向의 모색―

8.15해방의 날이 왔다. 별안간에 세상이 밝아졌다. 우리들의 살림살이
구석구석에 햇빛이 환하게 비치기 시작했다. 이 날 나는 시골에 있었는
데, 곧 서둘러 서울로 올라왔다. 올라오는 차 속에서 앞으로 어떤 일을
할까하고 설계를 세워봤다. 너무나 할 일이 많은 것 같아서 가슴이 부풀
어 올랐다. 내 개인의 성품으로서는 교직 자리나 얻어 생활의 터전을 마
련하는 것이 正道였겠는데, 무슨 망령인지 月刊雜誌社를 차려 잡지를
내는 일을 하게 되었다. 그 당시의 분위기는 온통 사람들이 흥분을 해서
들떠 있었다. 나도 물론 예외가 아니었다. 차분하게 앉아서 공부나 하는
것보다는 좀더 적극적으로 현실에 참여하는 활동적인 일에 매력을 느꼈
다. 이렇게 되기까지에는 재치있고, 말 잘하고 수단 좋은 친구의 강력한
권유가 있기도 했지만, 하여튼 나는 잡지사의 간판을 단 사무실에 나가
해방되던 해 가을부터 약 반 년간 출판관계의 일을 맡아 보았다. 3호까
지 명색이 잡지라는 것을 내고 사무실은 문을 닫았다. 이른바 '士類의 商
法'이었으니 더 계속하기가 어려웠다.

잡지를 그만두고 얼마 안 있다가 나는 斗溪선생을 城北洞댁으로 찾아
갔다. 斗溪선생은 이미 震檀學會를 창립한 저명한 사학자로서 명성이

높았다. 내가 선생을 처음 뵙게 된 것은 아마 대학을 졸업한 직후의 일
이라고 기억되는데, 그 후에도 몇번 찾아 뵌 일은 있다. 선생의 큰댁 令
侄 宰寧군이 나와는 京畿中學의 동기였던 관계로 다소 인연은 있었다.
잡지사를 하다가 손을 떼게 된 경위를 말씀드리고 앞으로 공부를 더 계
속 했으면 하는 생각인데 京城大學―서울大 前身― 國史硏究室에 출입
하면서 도서를 이용할 수 있는 편의를 좀 봐 줍시사고 부탁을 올렸다.
당시 京城大學은 國大案 문제를 안고 진통을 겪고 있었다. 斗溪선생은
내 말을 조용히 듣고 계시다가 논문이라도 쓴 것이 있느냐고 물었다. 완
성된 것은 아니지만, 초고 비슷한 것은 한편 잡아둔 것이 있다고 대답을
했더니, 그것을 속히 정리하여 가져와 보라는 지시였다. 나는 天津 재류
중에 「高麗 초기의 對契丹關係」라는 글을 習作삼아 한편 써둔 것이 있
었으므로 이것을 손질해서 제출하였다(『史海』제1호, 1948에 실림). 얼마
안 있다가 다시 가 봤더니 지금 국사 연구실에 助敎(그 당시는 敎授助務
員)자리가 비어 있는데 의향이 있으면 나오라는 분부였다. 1946년 國大
案 문제가 한창 시끄러울 때의 일이다. 이렇게 해서 나는 文理大 國史硏
究室과 인연을 맺게 되었다. 조교의 발령은 11월 1일부로 받고, 그 달부
터 월급도 나온 것으로 기억한다. 월급이래야 액수는 보잘 것 없는 것이
었으나 앞으로 연구생활에 전념할 수 있는 직장이 보장되었다는 것은
특기해야 할 중요한 일이었다. 이때에는 이미 東國大學 전문부(惠化洞)
에 시간을 맡아 출강하고 있었는데, 조교의 발령을 받은 뒤에는 工大(지
금의 中央試驗所 자리)의 文化史 강의도 맡게 되었다.

이 당시 文理大 國史學硏究室은 舊文理大 東崇洞校舍 圖書館 東棟
맨 남쪽 끝에 위치하고 있었다. 졸업생, 재학생들이 모여 아침부터 밤늦
게까지 책도 읽고 토론도 하면서 열띤 나날을 보내고 있었다. 조교가 해

야 할 가장 중요한 임무는 연구실 도서의 보관이었는데, 내가 걱정을 하기 전에 연구실의 이용자들이 자치적으로 철저히 관리를 하였으므로 나는 그저 자리만 지키고 내 공부나 하면 그만이었다. 지금은 다 그 길에서 대성한 韓沾助·孫寶基·金成俊·金哲埈교수들이 在學生의 자격으로 늘 책과 씨름하면서 연구실에서 자리를 지키고 있었다. 이 밖에 李洵馥씨라는 이도 있었는데, 불행히 早卒하였다. 왠일인지 李基白교수와 연구실에서 만나 깊은 대화를 나눈 기억은 나지 않는다. 教授의 진용은 주임교수인 李丙燾선생을 비롯해서 孫晋泰·李仁榮교수들이 韓國史講座를 담당했고, 좀 뒤에 柳洪烈교수가 師大에서 전출해 왔다. 孫晋泰·李仁榮 두 교수는 정부수립(1948)과 동시에 문교부의 요직을 맡게 되었으므로 강의와는 자연 거리가 멀게 되었다. 東洋史 분야는 金庠基선생이 일을 주관하였는데, 소장으로는 金一出씨가 조교수로 있었다. 故 金聖七씨는 나와 같이 조교 자리에 있다가 곧 승진해서 강의를 맡았다. 西洋史 분야에서는 趙義卨교수가 주로 강의를 맡고 있었다. 이 분은 延大가 전임이었으므로 강사의 자격으로 출강한 것으로 알고 있다. 뒤에 故 金在龍(1회 졸업)씨가 전임강사의 발령을 받고 西洋史講座의 일부를 담당했다. 교수들이나 졸업생·재학생이나 다 쟁쟁한 진용이었다.

나도 조교의 발령을 받은 지 1년이 채 못 되어 전임강사로 승진하고 또 얼마 안가서 조교수가 되었다. 매사가 초창기라 승진이 빨랐다. 처음에는 文化史 강의나 맡았는데, 곧 滿·蒙關係史라는 전공과목을 맡게 되었다. 이 강좌는 滿洲와 蒙古와의 교섭·관계사가 아니라, 高麗와 滿·蒙과의 교섭관계를 다루는 과목이었다. 그런데 6.25동란의 전 해이던가 담당과목의 문제로 큰 홍역을 치른 일이 있다. 해방 직후의 혼란한 시절이 아니고서는 상상하지도 못할 진풍경이지만, 난데없이 史學槪論의 과목을 날더러 맡으라는 분부가 떨어졌다. 당시 이 과목은 누구나 맡기를 싫어하는 일종의 '鬼門'이었으므로 결국 나에게 돌아오고 말았다. 한사코 사양은 했으나 서열이 낮은 신출내기인 나로서는, 분부가 내려진 이상 거역할 도리가 없었다. 내가 史學槪論의 강의를 맡는다는 것은 누가 보아도 말이 안될 이야기였다. 궁리끝에 미리 수강생들과 상의를 해서 적당한 책을 읽기로 했다. 강의가 아닌 讀書會같은 형식으로 그 때 같이 읽은 책이 랑글로아와 세니오보스 공저의 『歷史學硏究入門』(ch. V. Langlois et ch. Seiguobos, Introduction aux études historiques)의 英譯書였다. 내용도 상당히 까다로운 편이었지만, 希臘語와 羅甸語의 원문 인용이 자주 나오는 것은 기절할 일이었다. 아는 神父를 찾아가서 지도를 받았다.

담당과목의 관계도 있고 해서 이 무렵에 내가 주로 공부한 것은 高麗時代의 대외관계에 관한 것이었다. 「高麗 초기의 對契丹關係」라는 변변치 못한 글을 쓸 때만 해도 나의 학문적 관심의 중요한 분야는 韓半島를 둘러싼 국제관계의 작용에 관한 문제였다. 당시 나는 우리나라의 대외적 국제관계의 계기, 특히 대륙국가로부터 받은 압력과 이에 대한 저항이, 한국사가 전개되는 과정에서 한국사를 이끌어 나간 가장 큰 원동력의 구실을 한 것이며, 이에 대한 연구야말로 한국사 연구에 있어 가장 기본적인 과제가 되는 것이라고 생각했다. 그런데 공부를 해 나가는 사이에 생각이 점점 달라져서 내가 설정한 연구의 지표에 차차 회의를 느끼게 되었다. 한국사의 이해를 위한 가장 중요한 기본과제는, 외세에서 유래하는 수동적 요인의 탐구가 아니라, 한국 社會의 내부에 자생하는 어떤 내재적인 요인의 구명에 있는 것이 아닐까 하는 생각이 막연하게 머리에 떠올랐다. 물론 어떤 확실한 방법론적인 안목을 가진 단계에서의 발

상은 아니다. 그러면 어떤 방향으로 연구의 키[舵]를 돌려야 할 것인가
를 모색하던 끝에, 역시 막연하게 食貨志 관계의 공부라도 해 나가면 뭔
가 손에 잡히는 것이 나을 것이 아닐까 하는 생각으로『高麗史』의 食貨
志를 읽기 시작했다. 그래서 1950년도 1학기(그 당시는 1학기가 여름방
학이 끝나는 8월 중순경부터 시작)에는 강독으로『高麗史』의 食貨志를
읽기로 작정하였다. 당시 文理大國史科에서 강독의 교재로 쓰이는 것은
대개 地理志 따위나『擇里志』혹은『燕行錄』같은 것이 많았다. 食貨志
를 강독의 교재로 쓴다는 것에 대해서는 학생들 사이에도 다소 호의적
인 반응이 있었던 것으로 기억한다. 이러는 사이에 6.25동란이 일어나서
모든 것이 다 포화와 함께 사라지고 말았다.

6. 東亞大學 시절의 土地制度史 연구

6.25동란의 화염 속에서 고초를 겪지 아니한 사람이 한국사람치고 어
디에 있을까마는 내가 체험한 수난·곤욕·액운은 단위의 자리수가 하나
다른 것이었다. 6.25 당시의 나의 신상문제에 관해서는 언젠가는 한번
꼭 글을 써 두고 싶지만, 지금은 아직 그럴 계제가 아니다. 활자니 인쇄
물이니 하는 것과는 물론이오, 가족과도 오래 격리된 생활을 해야 했다.
살아야 한다는 것에 회의를 느끼고, 생존 그 자체가 부담스럽기만 했다.
5인 가족의 가장이었던 나에게는 뼈를 깎는 고통이었다. 내가 정상적인
생활을 되찾게 된 것은 동란의 휴전협정이 조인될 무렵부터다. 가족은
큰 집에 얹혀 살고 있었다. 큰집이래야 피난길 신세니 생계가 말이 아니
었다. 이미 밑바닥이 보이기 시작한 재산은 地價證券으로 둔갑을 해서

쓸모가 없게 되었다.

1953년 정부가 서울로 환도한 이후에 나는 東亞大學校에 강사로 시간을 맡아 나가다가 그 이듬해에 전임으로 채용되었다. 일자리가 생겼으니 따라서 수입도 생겼다. 겨우 생활이 궤도에 오르기 시작하였다. 강의를 해야 할 판인데 참고할 서적이라고는 내 주위에는 『高麗史』 한질을 빼어 놓고는 거의 책이 없었다. 대학 경리과에서 가불로 약간의 돈을 마련해서 당장에 필요한 책을 사 모으기 시작했다.

당시 부산의 책방에서는 돈만 있으면, 일본서 나오는 신간서적을 쉽게 살 수가 있었다. 일본의 歷史學研究會가 年例大會에서 보고한 연도별 『歷史學의 成果와 課題』라는 시리즈는 나에게 큰 감동을 주었다. 『世界史의 基本法則』, 『國家權力의 諸段階』도 이 무렵에 읽었다. 平凡社의 『世界史事典』도 사전이 아니라 일반 저술처럼 항목을 골라서 닥치는 대로 읽어 나갔다. 『日本社會의 史的究明』 『社會構成史大系』 등을 비롯해서 일본사에 관한 책들도 꽤 많이 읽었다. 허갈이 난 사람이 물을 퍼 마시듯 일본에서 나온 신간 서적류를 탐독하였다. 時代區分의 문제에 대해서는 오래 전부터 내 나름대로의 관심을 가지고 있었다. 나는 전후 일본에서 나온 저술이나 잡지들을 읽고, 경제적 사회구성의 제단계로서 설정된 유명한 '定式'에 대한 재래의 해석에 큰 혼란이 일어나고 있다는 사실을 알게 되어 일종의 충격을 느꼈다. 이렇게 혼란이 빚어진 이유가 전후에 처음 간행되었다는 『先行諸形態』라는 遺稿의 내용에 대한 해석의 차이에 있는 것이며, 그 내용에 대한 이해의 방법에 따라서 '定式'의 해석 그 자체에 큰 변화가 생길 수 있는 소지가 있기 때문이라는 것도 대략 짐작이 갔다. 요는 나도 그 책을 읽어 봐야 구체적인 문제의 소재를 알겠는데, 좀처럼 그 기회를 얻지 못했다. 퍽 시일이 지난 뒤에 그 유고라는 것을 읽어 봤더니 하여튼 난해하기 짝이 없는 글이었다. 그러나 아는 둥, 마는 둥 몇번인가 읽어나가는 사이에 다소 감이 잡히기도 하였다.

오랜 多眠의 假死상태로부터 깨어나서 간신히 학문적 활동을 되찾은 내가 가장 절실히 통감한 것은 나의 학문수준 특히 이론적 문제에 대한 이해의 수준이 매우 뒤떨어진 낙오된 상태에 있다는 사실이었다. 핑계를 대려면 델 수야 있는 일이지만, 준엄한 학문의 세계에서 그런 핑계가 허용 될 수는 없다. 내가 학문세계에서 살아남을 수 있는 길은 오직 하나 내 자신에 더욱 매질을 가하는 일 뿐이었다.

6.25동란이 나던 해에 교실에서 학생들과 같이 읽기로 작정했던 食貨志(『高麗史』) 講讀은 5년이 지난 후에 東亞大學校 사학과 교실에서 비로소 실현되었다. 식화지의 강독이라지만, 어떻게 읽어 나갔는지 지금은 기억조차 희미하다. 당시 참고가 될 만한 책이라고는 白南雲의 『朝鮮封建社會經濟史』뿐이었다. '田丁'도 '田'과 '丁'을 분리해서 읽거나, 아니면 '田'은 '丁'의 수식어로 해석해서 丁은 田을 경작하는 丁, 즉 경작자라는 식으로 읽었다. 田丁을 '一區劃의 土地' 내지는 '일정한 면적의 토지'라는 식으로 해석한 것은 훨씬 뒤의 일이다. '田丁連立'만 해도 처음에는 복수의 職役 부담자가 연대적으로 分給收租地에 관여하는 구조인 양으로 이해했다. 職役의 세습과 田丁의 상속 문제를 서로 연결시켜 해석한 것은 훨씬 뒤의 일이다. 刑法志 戶婚條의 '服內別籍徒一年'이라는 구절의 '服內'를 '服親'이라고 해석해서 服內(8寸)大家族制 같은 것을 구상해 본 일도 있다. 혈기 왕성한 시절의 일종의 奇想이었다.

이와 같이 초보적인 용어의 개념이나 기초적인 사실에 대한 지식이 부족하였으므로 食貨志의 문장을 읽어 나가도 앞뒤가 잘 연결되지 않았다. 하기야 오늘인들 이런 문제가 어느 정도 해결되었는지 생각해 봐야 할 일이지만, 그 당시는 오리무중이라 해서 과언이 아닐 정도였다. 당연한 이야기겠지만, 나의 식화지 공부는 초보적인 기초적 문제에 대한 정확한 지식을 얻는 작업에서부터 출발하지 않으면 아니 되었다. 명색이 교수자리에 있는 나의 이해력이 이 정도였으니, 학생들이 내 강의를 어느 정도 해득할 수 있었겠는지 가히 짐작할 만한 일이다. 그래도 강의를 계속해 나가는 사이에 문제가 조금씩 풀려 나갔다. 土地 문제, 稅役 문제에 관한 기초적 사실에 대한 자료를 널리 뽑아서 이것을 체계적·종합적으로 정리하는 작업을 오래 계속하다 보니 뭔가 점점 감이 잡혀 나갔다. 이런 식으로 꽤 장기 간 식화지의 강독수업이 계속되었다.

동아대학교 사학과에는 동료로서 李佑成교수가 같이 재직하였다. 李교수는 漢學에 조예가 깊었을 뿐 아니라 우리나라 前近代社會의 舊慣故例에도 매우 지식이 해박하였으므로 나는 옆에서 늘 귀동냥을 많이 했다. 釜山에서 두 번 연구발표회를 가졌다. 처음은 1955년 봄, 다음은 1957년의 가을이라고 기억한다. 첫 번째 발표제목은 「高麗時代의 土地支配關係의 性格」이라는 것이었고, 두 번째 제목은 「高麗初期의 軍人田」이라는 것이었다.

1차 발표의 내용을 손질해서 논문화한 것이 「韓國史의 時代區分에 대한 一試論」(『震檀學報』 29·30 합병호, 1966)이며, 2차 발표의 내용을 논문화한 것이 「高麗 초기의 軍人田」(『淑明女子大學校 論文集』 3, 1963)이었다. 時代區分의 논문에 대해서는 학문적, 학문외적인 비판 내지는 비난을 받기도 했는데, 그 중에서 학문적으로 가장 무게가 있는 矢澤康祐씨의 반론 「高麗─·朝鮮社會論의 問題點─前近代朝鮮에 있어서의 國家의 人民支配」(『歷史學硏究』 422, 1975)에 대해서는 다시 내가 반비판의 글을 썼다. 拙稿 「'高麗·李朝社會論의 問題點' 再檢討」가 그것이다(『李丙燾博

士九旬紀念 韓國史論叢』, 1987).

　「高麗초기의 軍人田」을 쓰게 된 것에 관해서는 다음과 같은 사연이 있다.『高麗史』의 食貨志를 읽다보니 자연 나의 관심은 土地 문제에 집중되었는데, 가장 중요한 핵심으로 지목되는 '農民의 土地所有'에 관해서는 전혀 윤곽이 잡히지 않았다. '民田'이라는 地目이 농민의 토지 소유와 깊은 관계가 있어 보이기는 하나, 민전이 토지수급의 대상이 되었다는 기록은 田柴科 법규 안에서는 보이지 않는다. 田柴科法에 의해서, 토지를 지급받은 계층 중에서 농민과 가장 근사해 보이는 신분을 찾아보니 그것은 '府兵'이었다. 그래서 나는 府兵들에게 지급된 軍人田의 실태를 깊이 분석해 나가면 농민 일반의 토지소유 문제가 어느 정도 밝혀질 것이라는 전망을 세우고, 軍人田에 관한 공부를 진행하고 있던 중이었다. 바로 이 무렵에 李基白교수의 「高麗京軍考」(『李丙燾博士 紀念論叢』, 1956)가 발표되었는데, 軍人(京軍)은 농민이 아니라 '收租權'者라는 뜻에서 관료사회의 말단에 위치하는 계층이며, 軍人田은 단순한 농민의 경작지가 아니라 收租權에 입각하는 토지 지배의 일환이라고 이해한 그의 견해는 나의 생각과는 거의 정반대의 것이었다. 李교수의 견해에 대한 반론의 형식으로 軍人田의 논문을 쓰게 된 배후에는 이러한 사정이 있었다.

　이 시기에는 나의 연구생활도 거의 본궤도에 올라섰다. 일본서 나오는 역사학 관계의 권위있는 잡지들도 매달 정기적으로 구독할 수 있었다. 旗田교수와의 서신 내왕이 시작된 것도 이 무렵부터다. 그는 내가 염치없이 청탁하는 서적·잡지 기타 논문의 빽 남버를 싫은 기색 하나없이 친절히 부쳐 주었다. 감사하기 그지없는 일이다. 自由黨政權의 말기였다고 기억하는데, 하루는 李佑成교수와 무슨 이야기를 하던 끝에『高麗史』의

譯註 사업을 시작해 보자는 계획을 세웠다. 鄭在煥총장에게 진언을 했더니, 극히 반응이 좋았다. 예상 밖으로 일은 급속히 진전되어 故 濤山 成純永, 臨堂 河性在 두 분 선생을 모시고 古典研究室이라는 것을 신설해서『高麗史』의 역주 사업에 착수했는데, 아마 1958년의 가을철이 아니었던가 생각한다.

4·19학생의거의 바람을 타고 동아대학교에서도 거센 學內民主化運動이 일어났다. 이에 관해서도 적어두고 싶은 이야기가 많지만, 자리가 적당치 않다. 自由黨 李承晩政權의 몰락을 제2의 해방이나 맞은 기분으로 우리는 지켜 보았다. 民主黨 정권이 수립된 이후 나는 짐을 꾸려 서울로 올라왔다. 나로서는 10년만의 환도였다. 이 해에 5·16군사쿠데타가 일어나서 文民政治는 박살이 났다. 세상이 온통 무섭고 요란하게 회전을 해 나갔다.

7. 다시 서울로 와서
─高麗史研究會와 하와이 國際學術會議 참석─

釜山에 있는 동안에는 논문의 초고 비슷한 것을 잡아두는 일은 있어도 그것을 꼭 활자화시켜야 하겠다는 생각은 없었다. 그런데 서울에 와 봤더니 주위의 친구들이 활발히 논문을 잡지에 발표할 뿐 아니라, 저술까지 낸 사람도 많았다. 나도 이래서는 안되겠다고 생각해서 그 후부터 기회있는 대로 글을 써서 발표하기로 작정을 했다. 土地 문제를 공부하는 과정에서 항상 마음에 걸리는 것이 '所有'에 관한 문제였다. 나는 이 무렵에는 재래의 이른바 '土地國有制說'에 대해서는 분명히 반대의 입장을 취하고 있었다. 國有가 아니면 私有냐, 사유라면 그 사유는 어느 정도 성장하고 있었느냐, 이런 문제를 염두에 두고 쓴 것이 「高麗前期의 公田·私田과 그 差率收租에 대하여」(『歷史學報』29, 1965)였다. 土地國 有制와 더불어 흔히 이중적·중층적 소유에 관한 문제가 거론되는데, 나 는 이에 대해서도 전적으로 옳다고 동조할 입장을 취하기가 어렵다. 이 문제에 관해서는 나의 저술『高麗土地制度史硏究』(8장－1, '土地國有制 說'의 問題)에서 나의 견해를 말해두었고, 또 최근에는 「'高麗·李朝社會論 의 問題點'再檢討」(『李丙燾博士 九旬紀念 韓國史學論叢』)의 결론 부분 에서도 나의 의견을 첨부해 두었다.

　高麗大學校 民族文化硏究所로부터 당시『韓國文化史大系』叢書안에 넣기로 기획되어 있던 「韓國土地制度史」의 집필을 맡아달라는 교섭을 받은 것은 이 전후의 일이라고 생각된다. 三國時代 이후 高麗時代까지의 上편을 내가 쓰고, 朝鮮王朝 이후의 下편을 千寬宇씨가 집필하여 이것이 「韓國土地制度史」라는 제목으로 발간되었다(1965). 한국에서 나온 土地 制度史의 개설서로서는 이것이 처음이라고 기억한다.

　이에 앞서 1963년 가을에, 자주 만나는 同學의 친구들끼리『高麗史』 의 志類를 같이 읽는 講讀會같은 것을 만들어 보자는 의견이 나왔다. 누 가 먼저 발의를 했는지 생각이 안나지만 이야기는 급속히 진전되어 곧 高麗史硏究會라는 것을 조직했다. 회원은 金成俊·李基白·李佑成교수와 그리고 내가 참가한 4명이었다. 金成俊교수가 選擧志(Ⅲ)·銓注, 李基白 교수가 兵志(Ⅰ)·兵制, 李佑成교수와 내가 食貨志(Ⅰ)·田制를 분담해서 격주로 강독회를 열어 각자 분담한 편목을 읽어 나가기로 했다. 이 강독 회는 꽤 성실하고 알차게 진행된 것으로 자부한다. 미리 번역과 주해를 준비해두었다가 강독회에서는 그것을 輪讀해 나가면서 그 내용을 공동 토론에 붙이는 형식을 취했다. 때로는 한 줄의 原文을 읽느라고 두어 서

너시간씩 걸리는 일이 있었고, 또 주해 하나를 달기 위해서 종일 토론한 일도 있었다. 윤독은 회원들만이 분담하였으나 방청하는 客員들 측에서 좋은 의견을 제공해서 우리들을 계몽해 준 일도 간혹 있었다. 嶺南大의 金潤坤교수는 당시 麻浦高校에 재직하면서 조수의 일을 맡아 수고가 많았다. 객원으로 강독회에 참가한 동학들은 상당히 많았는데, 비교적 자주 출석한 분으로는 閔賢九교수가 기억난다. 作故하신 李弘稙교수도 몇 번인가 참가하였다. 연구회는 金載元박사의 호의로 3년간 연속해서 哈佛燕京學社의 연구비 원조를 받았다. 지금도 늘 감사하게 생각한다.

이 무렵에 나는 淑明女子大學校에서 高麗大學校로 자리를 옮겼다 (1967). 그후 나는 정년퇴직에 이르기까지 고려대학교에서만 16년간을 봉직하였는데 같이 있던 동료들이 다 좋은 분들이어서 편하고 만족스러운 교직생활을 보낼 수 있었다. 특히 故 李弘稙교수와는 자별하게 가까이 지냈다. 그분이 그리 빨리 세상을 떠나실 줄은 꿈에도 생각지 못한 일이었다. 지금도 고인을 생각하면 해학과 농담으로 酒席을 즐기시던 생전의 풍모가 선해서 가슴이 아프다. 回甲 바로 다음 해의 일이었다. 회갑 때에는 紀念論叢에 「新羅의 祿邑에 대하여」라는 拙文을 엮어 壽宴에 바친 바 있었는데……

故 李弘稙교수가 별세한 다음 해에 미국 하와이大學에서 한국의 傳統社會文化를 주제로 다룬 國際學術大會가 개최되었다. 나도 초청을 받아 참석하여 'Traditional Land Tenure Relations in Korean Society: Ownership and Mangement' 라는 제목의 발표를 했다. 前近代 韓國社會에서의 土地所有 관계의 발전 성장과정을 간단히 정리해서 보고한 것이다(이 논문은 'The Traditional Culture and Society of Korea; Thought and institutions', University of Hawaii, 1975에 수록됨). 이 학술회의는 한국을

비롯해서 미국, 유럽 각국, 濠洲, 대만, 일본에서 많은 전문가들이 참석한 매우 성대한 韓國學 연구의 큰 잔치였다. 나의 보고를 강평하는 코멘테이터로서는 처음 中國 傳統社會의 사회·경제 문제의 전문가로서 저명한 런던大學의 트윗쳇트敎授가 내정되어 있었는데, 도중에 부득이 한 사정으로 참석치 못하게 되어, 대신 일본 京都女子大學의 村井康彦교수가 대리를 맡아보게 되었다. 나는 전혀 모르는 분이었지만, 만나서 이야기를 나누어 봤더니 일본의 上代土地制度를 전공하는 독실한 젊은 학자였다.

나의 보고가 끝난 그 다음 날 나의 보고에 대한 강평회 같은 것이 열려 하와이大學의 姜喜雄교수가 사회를 맡고 村井교수가 코멘테이터의 자격으로 질문을 하는 자리에 앉았다. 질문은 여러 방면에 걸친 것이었으나 끝으로 "당신의 보고서를 읽었는데 上代의 土地制度는 일본과 유사해 보이는 점이 많은 것 같다. 그런데 일본에서는 上代를 이어 그후 封建制度가 성립되었는데, 한국에서는 封建制度의 성립을 보지 못했다. 당신은 土地問題의 전문가로서 이 문제를 어떻게 생각하는가"라는 질문을 던져왔다. 질문이 너무 거창하다. 나도 평소에 관심을 갖고 있던 문제였지만 적절한 대답을 할 준비는 되어 있지 않았다.

그래서 나는 다음과 같이 방향을 바꾸어 대답을 했다. "지금 당신은 일본에서는 봉건제도가 성립되어 있었는데, 한국에서는 성립한 일이 없다고 했다. 당신이 말한 봉건제도란, 農奴制的 생산양식에 입각해서 파악하려는 封建社會論과는 일단 구별되는, 分權的 통치제도의 측면만을 한정해서 이야기 한 것으로 안다. 일본 武家政治의 이른바 封建制度를 유럽의 Feudalism=Lehenswesen과 같은 것으로 볼 수 있느냐에 대해서는 문제가 있는 양으로 알고 있지만, 일단 같은 것으로 가정을 해 두자. 그런데 世界史가 진행된 대세에서 살펴보면 이른바 分權的 封建制度가 실

현된 것은 극히 제한된 좁은 지역이다. 세계사적으로 보면 분권적 봉건
제도가 나타난 것은 오히려 이례적이며, 한국·중국 및 그 주변국가의 경
우와 같이 集權的 統治形態를 취한 것이 상례적인 것 같다. 당신의 질문
에 대한 대답으로서는 핀트가 맞지 않는 것 같지만 유럽 중심적인 史觀
을 떠나서 문제를 다음과 같이 바꾸어 생각해 볼 수는 없겠는가. 세계사
상 대부분의 지역에서는 分權的 統治制度로서의 封建制度의 성립을 보
지 못했는데, 유독 그것이 유럽이나 일본에서만 성립한 것은 무슨 까닭
일까 하는 식으로…… 문제를 이렇게 다른 방향으로 돌려서 생각하면
이에 대한 대답은 일본의 학자나 유럽의 학자들이 해야 한다". 村井교수
도 나의 질문의 취지가 어떤 것인가를 곧 이해를 해 주었다. 토론은 좀
더 계속되었으나, 본래 문제가 거창해서 물론 간단히 어떤 결론이 나을
성질의 것은 아니었다. 이런 문제에 대해서 나는 유럽이나 미국의 학자
로부터 더 이상 질문을 받은 일은 없었다. 나의 짐작으로는 그들은 이런
문제에 관해서는 별로 관심이 없어 보였다.

하와이學術會議가 끝난 뒤에 미국 본토로 건너가서 이곳저곳 대학의
연구시설을 견학했다. 내가 본 서부의 각 대학의 설비 중에서 한국학 관
계는 물론이요, 동양학 관계의 시설이 대단해 보이는 것은 별로 없었다.
버클레이大學에서는 마침 정리중이던 河合弘民의 文書를 볼 기회가 있
었다. 귀로에 해방 후 처음으로 근 30년 만에 東京에 들렀다. 많이 변한
것 같기도 하지만, 4, 5일이 지나고 보니 지리에 익숙해졌다. 東京에서는
2주일 이상이나 체재하면서 旗田교수를 비롯해 한국사 관계의 많은 학자
들을 만났다. 모두 초면이었지만, 서로 서신 왕래도 있고 논문도 교환하
고 있었던 터이라, 조금도 서먹서먹한 분위기는 아니있다. 학문 여, 학문
외적인 대화를 주고 받는 사이에 우리는 곧 친숙해질 수가 있었다.

8. 還甲과 『高麗土地制度史硏究』의 출판

그 후 나는 두 번 學會의 초청을 받아 일본으로 간 일이 있다. 첫 번째
는, 1974년 天理大學에서 개최된 朝鮮學大會에 참석하여 「高麗의 農莊
에 관한 問題意識」이라는 제목의 발표를 했고, 두 번째는 1981년 모교인
慶應義塾大學의 三田史學會에 초대되어 「高麗 前期의 地代에 대하여—
田柴科體制下에서의 '地代'의 意義와 그 比重」이라는 제목의 강연을 했
다. 전자는 『朝鮮學報』(74호, 1975)에, 후자는 『史學』(52−3·4호, 1983)
에 각각 수재되어 있다. 고려의 농장은 현재 아직 그 개념조차 명확하게
는 규명되어 있지 않은 상태이지만, 나는 '農莊' 지배의 본질은 대체적으
로 보아서 隸屬農民으로부터 '地代'를 수취함에 있었고, 그러한 의미에
서 고려의 농장은 비록 미숙하지만, 일종의 '地主的' 土地支配가 전국적
인 규모로 확대해 나간 시원적 패턴에 해당하는 것이라고 이해하였다.
農莊制的 支配에 대한 나의 이러한 이해는 내 나름대로 세운 高麗後期
=中世轉換期라는 시대구분이 전제가 되는 것이었다.

문제의식을 이렇게 세우고 보니, 자연 나의 관심은 '地代'의 문제에 쏠
리지 않을 수 없게 되어, 전기한 「高麗 前期의 地代에 대하여」 이외에
주로 고려 후기를 다룬 「高麗時代의 地代에 대하여」(『震檀學報』 53·54
합집, 1983)라는 논문을 쓰게 되었다. 「高麗의 農莊에 대한 一考察—民
田의 奪占에 의하여 형성된 權力型農莊의 實體 追求」(『史叢』 24, 1980)
도 고려 농장의 대표적 형태인 權力型 農莊의 支配本質이 예속농민으로
부터 '地代'를 수취함에 있었다는 사실을 문헌적으로 실증하려고 시도한
것이다. '地代' 문제에 관심을 쏟게 된 이유는 中世的 내지는 '封建的' 토
지지배의 문제를 생각할 경우, 우선 일차적으로 주목해야 할 것이 地代

의 문제였기 때문이다. 내가 쓴 논문의 내용에 대해서 어떠한 評價가 내려지든 간에 그것은 별문제로 치고, 나는 대체로 이러한 문제의식을 전제로 해서 나의 연구를 계속해 나갔다. 최근에 쓴 「'高麗·李朝社會論의 問題點' 再檢討」(『李丙燾博士九旬紀念 韓國史學論叢』, 1987)은 矢澤교수의 비판에 대한 반비판의 형식으로 高麗時代의 農莊의 역사적 성격 및 그에 선행하고 후속하는 시대의 사회적 성격을 내 나름대로의 주관적 판단에 입각해서 다시 재조명하는 정리를 시도한 것이다.

1977년 내가 還甲을 맞는 해에 高大史學會에서는 과거에 내 강의를 들은 졸업생들이 중심이 되어 『韓國史學論叢』이라는 紀念論文集을 발간해주었다. 이렇다 할 업적도 없는 나에게 기념논집이 증정된다는 것은 영광스럽기 그지없는 일이기는 했으나 반면 송구스럽기도 한이 없는 일이었다. 옛날 내 교실에서 배운 학생들이 이미 학계의 중견으로 성장해서 나의 知友와 함께 많은 주옥같은 논문들을 실어 주었다. 논문집의 증정을 받고 보니 나도 무엇인가 보답을 해야겠다는 생각이 나서 지금까지 쓴 논문과 강의의 초안을 모아 책으로 엮어 내기로 작정했다. 사실 나는 출판이라는 것은 서두를 것 없이 충분히 연구가 성숙해지는 것을 기다려 천천히 내는 것이 옳다고 생각해 왔었는데, 아무리 요새 나이라도 환갑을 지났으니 책 한권쯤 내어서 망발이 될 것은 없다고 판단해서 책의 출판을 결심했다. 그런데 옛날에 쓴 원고를 다시 정리해 나가는 과정에서 나는 등에서 진땀이 날 정도로 나의 옛 견해에 수정을 요하는 부분이 많다는 것을 발견하였다. 옛날에 쓴 글에 수정을 가하면서 전후의 首尾를 맞추어 나가는 것은 논문을 새로 하나하나 다시 쓰는 것과 비슷한 노력이 필요했지만, 하여튼 여러 사람들의 도움을 입어 겨우 나의 저술이 『高麗土地制度史硏究』(高大出版部, 1980)라는 제목으로 햇빛을 보게 되었다. 이 저술은 주로 田柴科制度에 관한 논문들이 수록되어 있기 때문에 '田柴科體制篇'이라는 부제를 달아 두었다. 이 책에 수록되지 아니한 논문들—주로 農莊·地代·時代區分·停滯論批判 등에 관해서 지금까지 쓴 글들은 지금 단행본으로 간행할 준비를 진행 중에 있으므로 금년 안에는 이 논문집도 발행이 될 것이다. 본래 이 논문집은 古稀를 자축하는 뜻으로 낼 생각이었는데 중간에 한 동안 건강이 좋지 못해서 계획이 늦어졌다.

만 5년 전 1983년 2월 말일부로 나는 정년퇴직의 날을 맞았다. 정년제라는 것은 후진을 위해서나 학생을 위해서 좋은 제도라고 생각한다. 만 65세라면 체력이나 머리의 회전능력이 한계에 도달하는 연령이므로 그런 의미에서 정년제는 꼭 필요한 것이다. 그러나 그것은 내가 이치를 따져서 제법 점잖게 하는 이야기고, 피부로 느낀 실감은 이와는 정반대의 것이었다. 만 16년간이나 매일 출입하던 연구실을 비우고 짐을 꾸려서 밖으로 나서는 그 순간, 무엇인가가 나의 뒷머리를 끌어당기는 기분이었다.

정년이 되어 나갈 일터가 없어졌으니 집에서 쉬고 있었다. 매일 학교에 나가던 사람이 발을 묶고 집안에만 앉아 있노라니 첫째로 건강 문제가 걱정이었다. 이러든 차에 高大에서의 동료교수였던 李熙鳳박사(당시 全州大學長)가 나를 客員교수로 불러주었다. 친구의 덕택으로 다시 교단에 서게 되었다. 全州는 아직 舊都의 정서가 많이 남아 있는 살기 좋은 곳이었다. 科의 동료들도 노인 대접을 해서 친절히 잘 대해 주었다. 다 좋은 분들이었다. 그런데 작년에 全州大學校에서도 또 만 70세의 정년으로 하직을 하게 되었다. 이번에는 정말 뒷방 노인 신세가 되는구나 하고 있던 차에 뜻밖에 亞洲大學校에서 나를 대우교수라는 명목으로 불러주었다. 이 대학에는 史學科는 아직 없지만, 敎養國史와 韓國經濟史를 맡아 강의를 해 보니 그런대로 또 보람을 느낀다.

9. 共同體 연구에 대한 미련

이제는 붓을 놓아야 할 순서가 되었는데 몇 줄기만 하고 싶은 이야기를 더 적어 두겠다. 30대의 중반기 이래 70이 넘은 오늘에 이르기까지 나는 줄곧 土地·稅役 관계의 공부를 하는 외길을 걸어 왔다. 그것도 주로 고려시대에 관한 것이었다. 남들은 잘 봐 주노라 "그 사람 참 한결같고 꾸준하다"면서 좋게 말해 주는 친구도 있으나, 학문의 수비범위가 좁고 약한 나로서는 한눈을 팔 겨를이 없었다. 40년 가까이나 외곬으로 한 분야만 공부를 해 왔으니, 그만하면 그 방면에서는 대단한 전문가가 되었겠지 하고 기대를 거는 이가 있을는지 알 수 없는데, 사실은 그렇지가 못해서 답답하다. 10년 전에 『高麗土地制度史硏究』를 발간할 무렵만 해도 田柴科制度에 관해서라면 좀 아는 것 같은 감이 잡히기도 했지만, 요즘에 다시 이 책을 읽어보니 여러가지로 벽에 부딪치는 경우가 적지 않다. 내가 늘 부딪치는 벽은 '共同體'의 문제다. 共同體의 문제를 좀더 공부를 한 연후에 그 책을 썼어야 했을 걸 하는 후회를 지금도 가끔 한다.

資本主義社會의 비밀을 파헤치는 열쇠가 商品과 貨幣(流通)에 있는 것이라면, 자본주의에 선행하는 前近代社會의 본질을 해명해 주는 것은 土地와 共同體에 관한 문제라고 해야 할 것이다. 토지와 공동체의 문제는 이와 같이 불가분리의 표리관계에 있음에도 불구하고 과거에 나는 토지 문제를 주로 제도사적인 측면에서만 다루어 靜態的인 관찰에 시종한 느낌이 짙다. 공동체에 관한 이해가 부족한 상태에서 土地所有 관계에 관한 글을 썼으므로 문제의 본질에 정확하게 접근하기가 어려웠던 것이다. 좀 과장이 될는지는 알 수 없으나, 공동체의 문제를 도외시하고 前近代社會의 토지 문제를 다루는 것은 유통 과정을 배제하고 상품의 문제를 논의하는 것과 비슷한 일이 된다. 이런 의미에서 나는 앞으로 공동체에 관한 공부를 더 축적해서 토지 문제에 관한 지금까지의 연구를 더 보완해야 하겠다는 생각을 하고 있다. 한 마디로 공동체라 해도 그 개념은 원시사회로부터 中世 말기에 이르기까지 여러 형태 여러 단계의 것이 있다. 토지의 문제와 가장 관련이 깊은 것은 토지의 '共同所有'의 문제겠는데, 이에 관한 자료는 山林, 澤梁의 공유에 관한 것을 제외하고는 참고할 만한 문헌 자료는 그리 많지가 않다. 그래서 실증적인 연구는 매우 어려운 제약을 받게 되고, 연구의 방법은 자연 추상화된 이론에 의지하지 않을 수 없기 마련이다. 공동체에 관한 연구의 난점은 바로 여기에 있다.

正倉院의 村落文書에 반영되어 있는 8세기 중엽 내지는 9세기 초엽의 토지의 소유형태는 '村을 단위로 한 共同所有', '烟을 단위로 한 個別占有'(農業共同體?)의 단계로 보는 것이 아마 가장 합리적일 것 같은데, '烟'이라는 것도 아마 일종의 世帶共同體 같은 복합적 가족형태가 아닐까 짐작된다. 이와 같이 그 당시의 토지소유 관계는 매우 공동체적인 색채가 강한 것이었다. 고려의 田柴科가 창설된 것은 그후 150~200년 뒤의 일이다. 新羅末·高麗初의 약 2세기간이라면 족히 거대한 질서의 변화가 기대될 수 있는 기간이기는 하지만, 과연 과거의 공동체적인 토지지배 질서에 어느 정도의 큰 변화가 실현될 수 있었겠는지, 이러한 문제를 밝혀내는 것이 앞으로 매우 중요한 과제라고 생각한다. 田柴科의 受給者인 官僚層은 아마 거의 대부분 토지의 사적소유의 단계에 도달해 있었을 것으로 짐작이 되며, 그 사유의 계보는 村主位畓(村落文書)에 연결될 수 도 있겠지만, 일반 농민들 사이에 어느 정도 토지의 개별적 사유─다시 말해서 농민적 토지소유가 성장되어 있었는지 이러한 문제는 현재 거의 밝혀지지 않고 있다. 나의 졸저를 포함해서 지금까지 나와 있는 田柴科 제도나 고려 전기의 토지문제에 관한 연구 업적을 보면, 이러한 공동체의 문제에 관한 배려는 거의 없거나 혹은 매우 희박하다. 앞으로 나는 힘이 닿는 대로, 이런 시야에서 공동체에 관한 문제와 씨름을 해 보고 싶다. 물론 농업생산의 기술에 관한 문제도 정밀히 다루어져야 할 과제다. 최근에 쓴 「麗代의 陳田에 대한 權利問題」(『震檀學報』64, 1987)는 이에 관해서 약간의 문제제기를 한 것이다.

70이 넘도록 못다한 일을 새삼 계획을 세워본다고 해서 과연 어느 정도의 성과를 기대할 수가 있을까마는, 비록 치졸한 관념의 유희로 끝나는 한이 있더라도 할 수 있는 데까지는 해 보고 싶다는 것이 솔직한 나의 심정이다. 공동체의 문제가 어느 정도 해명이 되면, 武人政權治下의 大土地겸병─農莊의 확대 같은 문제도 공동체 내부의 모순의 지양이라는 관점에서 좀더 새로운 이해의 방법을 얻어 낼 수가 있지 않을까 생각한다. 앞으로 젊은 연구자들도 이런 문제에 많은 관심을 가져주었으면 하는 것이 나의 소망이다.

역사 수업과 연구에 반평생을 함께하며
일깨워 주신 스승 강진철

박 용 운*

1. 선생님과의 만남은 운명적이었을까?

학문에 뜻을 두고 대학원에 진학하기로 마음을 정하면서 선택한 학교가 고려대학교였다. 나보다 앞서 이 학교에 들어간 형으로부터 여러 이야기를 들어온 데다가 은사이신 김용섭 선생님이 나오시고 또 위치상으로도 인근에 있어 어쩐지 친밀감이 느껴진 것 역시 그곳으로 발길을 옮기게 된 한 요인이 되었던 것 같다. 그것이 1966년 3월초로서 나는 입학 후 보름여 만에 군에 입대하여 선생님을 뵙지도 못하였다. 아니, 뵙자고 했어도 그러지 못하였을 것이다. 선생님은 내가 입학하고도 1년이 지난 1967년 3월에야 고려대학교 교수로 부임하셨기 때문이다. 그리하여 내가 선생님을 처음으로 만나게 된 것은 군 복무를 마치고 1969년 3월에 복학을 하여 강의를 받으러 나간 시간에서였다. 지금 생각해 보면 등에 식은 땀이 날 정도의 실례였거니와, 연구실에 찾아간 것도 아니고, 강의하러 나오신 선생님을 처음으로 대하고 지도교수가 되어 주실 것을 청

* 고려대 한국사학과 명예교수

했으니 말이다. 첫 만남은 이와 같았음에도 불구하고 이후 선생님은 나의 반평생에 가까운 기간 동안 역사 수업과 연구는 말할 것 없고 한 인간으로 살아가는데까지 일깨워주는 스승의 인연을 맺었으니 우리의 만남은 가히 운명적이었다고 해도 무방하지 않을까.

2. 엄격하면서도 여러 방면에 걸친 대학원 과정에서의 훈도

대학원에 입학했다고는 하나 나는 그에 앞서 서울시내의 모 중학교에 교사로 부임해야 했던 관계로 늘상 시간에 쫓겼다. 그러니 선생님을 비롯한 여러 교수들의 강의를 듣는데 급급했을 뿐 깊이있는 연구에는 다가가기가 어려웠다. 그럼에도 선생님의 훈도에다가 이전부터 臺諫制度에 대하여 관심을 가지고 자료를 수집하여 온 덕분으로 그 주제를 가지고 4학기만에 석사학위를 취득할 수 있었다. 학위 논문은 선생님과 변태섭·강만길 교수님이 심사를 담당하여 여러 모로 잘못된 부분을 바로잡아 주셨는데, 그에 힘입어 몇 달 뒤에 정규적으로 개최되는 역사학회의 월례발표회에서 논문을 발표하여 다시 한번 교정할 기회를 가졌으며 바로 이 해(1971년) 12월에 발간되는 『역사학보』 제52집에 게재되는 기회도 얻었지마는, 그때마다 여전히 선생님께서 하나하나 살펴 주었다.

석사학위를 수여받은 직후 내 스스로를 살핀 끝에 선생님을 찾아뵙고 박사학위 과정에 입학할지의 여부에 대해 상의를 드렸는데 별다른 반대 없이 응락해 주었다. 그래서 나는 이후 3년간 더 선생님의 직접적인 지도를 받을 수 있었고, 1974년 2월에 과정을 수료할 수 있었지마는, 이때

까지만 하여도 나는 교사직을 그대로 유지한 채라는 핑계 역시 한몫을
하여 선생님의 기대에 훨씬 미치지 못하는 제자의 한 사람이었다. 이같
은 상황을 절실히 느끼고 있던 나는 마침 고려대학교와 성신여자사범대
학에서 강사로 위임받은 것을 계기로 고등학교 교사직을 사임하였다. 그
로부터 1년이 지난 1975년 3월에는 운좋게도 성신여자사범대학의 전임
강사로 발령을 받기도 했지마는, 돌이켜 보면 이 시기 즈음하여서부터
제대로 된 연구 생활을 시작했던 게 아닐까 싶다. 박사과정을 수료한 뒤
에도 6년여에 걸쳐 선생님의 강의 시간에는 계속하여 출석하였으며, 선
생님의 주전공인 고려시대의 토지제도사에 대한 소양을 익히는 한편으
로 학문에 대한 진지한 성찰, 정치·경제·사회 등에 있어서의 이론적 소
양의 함양, 철저한 자료의 검토와 해석에다가 중후하면서도 논리정연한
서술 등에 걸치는 교육을 받으면서 다소나마 그에 다가가려 노력하였던
것이다. 그 같은 덕분으로 나는 입학한지 9년만인 1980년 2월에 무사히
졸업을 할 수 있었다. 학위논문은 여전히 『고려시대 대간제도 연구』로
서 선생님과 이기백·이우성·변태섭·강만길 교수님이 심사를 하셨는데,
이때에 또다시 배울 수 있었던 내용도 이 자리에 일일이 열거하기 어려
울 정도로 다양하고 큰 것이었다.

　박사과정에서 공부하는 동안 선생님의 지도로 글을 쓰게 된 일이 있
었다. 1974년 말엽에 선생님이 불러서 찾아뵈었는데, 국사편찬위원회에
서 곧 펴내게 될 『한국사』의 고려편 경제사 분야에 들어갈 租·庸·調에
대해 집필을 맡았으니 그 초고를 좀 정리해 보라고 하시면서 몇몇 책자
와 일본어로 된 관련 논문을 내주고는 12월 31일까지 제출하도록 되어
있어서 시간이 너녁하지 못한 것이 걱정이리는 말씀도 곁드렸다. 니로써
는 생소하다시피한 주제인데다가 일본 논문에도 익숙하지 못한 터라 참

으로 난감한 상황이었으나 선생님의 말씀이라 아무 말도 못하고 받아가지고 돌아왔고, 작업을 시작하였지만 예상했던대로 좀처럼 진척이 되지 않았다. 그 때문에 마감일을 며칠 앞두고부터는 밤잠을 거의 거르어가면서 그에 매달렸으나 역시 역부족이었다. 그렇다고 포기할 수도 없어서 부득불 짜임새도 없고 글조차 제대로 이루어지지 못한채로 엮어서 갖다드렸다. 그 얼마 후 선생님이 다시 불러서 찾아뵈었다. 그랬더니 내가 드린 글을 읽어본즉 본인의 명의로 발표하기는 어려울 것 같으니 대신에 나의 이름으로 『한국사』에 싣는 게 어떻겠느냐고 하셨다. 하지만 그 글의 수준을 잘 알고있는 나는 당시의 상황을 솔직하게 설명드리고 그렇게 하지 않는게 좋겠다는 취지를 간곡하게 말씀드렸다. 1975년 12월에 출간된 『한국사』5의 경제 부분에 반드시 들어갔어야 할 조·용·조에 관한 항목이 빠져있는 것은 이같은 사정에 말미암은 것이 아닌가 짐작하고 있다.

1977년은 선생님의 회갑이 되는 해였다. 다들 아는대로 당시에는 회갑이 돌아오는 경우 제자와 동료들이 해당 선생님의 기념논문집을 만들어 증정하는 것이 상례였다. 선생님의 사양에도 불구하고 그 관례에 따라 제자들이 모임을 가지고 김정배 교수를 편집 책임으로 하는 『강진철 교수 화갑기념논문집 간행준비위원회』를 발족시켜 간행 준비에 착수하였는데, 소요되는 비용은 제자들이 형편 닿는대로 얼마씩 내어 보태기로 하고, 특히 좋은 논문을 많이 모으도록 하자는데 의견을 같이 하였다. 조광 선생과 나는 준비위원의 일원으로서 여러 심부름에 임하면서 계획대로 논문 모으기에 관심을 두었는데, 결과는 천관우·변태섭·윤남한 등의 원로 대가들과 김정배·김광수·이장희·박영석·鄭德基 등의 선배 중진들, 그리고 홍승기·허흥식 등 제자뻘의 신진 연구자들을 포함하여 모두

19명이 무게있는 글들을 보내주었다. 이것은 선생님이 그 동안 쌓아온 學德이 얼마나 크고 높았던가를 단적으로 보여주는 것이니, 우리 준비위원회로서도 뿌듯함을 느낄 수 있었다. 이것은『姜晉哲教授華甲紀念 韓國史學論叢』으로『史叢』21·22 합집의 형식을 빌어 출간되어 선생님에게 증정이 되었지마는, 나는 선생님께서 친필로「謹呈 朴龍雲 先生, 姜晉哲」이라고 써서 준 책을 가지고 있다.

이 시기 즈음하여 선생님 안팎의 연령으로 학문에 정진해 온 교수님들 중 여럿이 학계에 기여할만한 좋은 저서들을 내놓고 있었다. 그럼에도 선생님은 그에 전혀 개의치 않는 듯싶어, 나는 선생님이 주로 연구해온 토지제도사가 매우 중요함에도 불구하고 후진들이 공부하는데 참조할만한 저술이 없다는 점을 들어 책자로 남길 것을 몇 차례에 걸쳐 말씀을 드렸었다. 하지만 그에 아무런 대답을 하지 않으셨던 선생님이 기념논문집을 받으신 것을 전후하여 마음을 바꾸신 듯 관심을 가지고 작업에 착수하였고, 2년 6개월여만인 1980년 2월에 내놓은 것이 바로 선생님의 첫 저술인『高麗土地制度史研究』였다. 이 저서는 고려시대사, 특히 경제사를 공부하는 사람이면 누구나 반드시 읽어야 되는 저서가 되었지만, 학계에 기여한 바가 그만큼 컸다고 할 수 있다. 선생님이 저술을 하는 기간에 나에게 田結制에 관한 자료를 좀 정리하여 주었으면 좋겠다고 하셨다. 그리하여 6개월여에 걸쳐 자료를 수집하고 그 내용의 줄거리도 대략 정리하여 갔다 드렸는데 선생님이 그 관계를 쓰실 때 아마 다소간 도움이 되었을 듯싶지마는, 실은 그때에 익힌 지식이 뒤에 내가 개설서를 저술할 때 더할 수 없는 보탬이 되었다. 공부는 그렇게 조금씩 진척이 되는가 싶다.

하지만 선생님의 저술 과정에서 이보다 더 머리에 남아있는 부분은 원고가 다 되어 인쇄할 시기의 교정에 관한 것이다. 아마 내 기억으로는 선생님 자신이 5·6회 정도 교정에 임한 것으로 알고 있다. 그리고 나도 5·6회 이상 교정에 참여하였다. 거기에다가 대학원생 여럿이 교대를 해 가면서 수차례씩 오자·탈자와 띄어쓰기·맞춤법 등등에 걸쳐 세밀하게 검토하였다. 그만큼 자신의 저술에 대하여 책임감을 가지고 신중을 기하고자 하는 선생님의 뜻에 따른 것이었다. 그럼에도 책이 출간된 뒤에 다시 읽어보니 두 곳에서 오자가 발견되어 바로잡았다. 선생님은 저서에 직접 「朴龍雲 교수 惠存, 著者」라고 써서 주셨다.

3. 선생님과 같은 학교, 같은 학과에서의 생활과 그 이후

1980년 11월경의 어느 날로 기억된다. 선생님께서 부르셔서 찾아뵈었더니 뜻밖에도 고려대학교로 옮겨와서 함께 근무하는 것이 어떻겠느냐는 말씀을 하였다. 나는 좀 당황해하면서도 선생님의 말씀대로 하겠다고 답변하고 이듬해인 81년 3월부터 스승님과 같은 학교, 같은 학과에서 근무하는 행운과 영광을 누렸다. 같은 캠퍼스에 있으니 자주 만나서 의문이 나는 것은 수시로 여쭈어보는 등 서로 이야기할 수 있는 기회가 많았다. 하루는 저녁 무렵에 선생님께서 집에 전화를 하였다. 말씀인즉 당일에 내가 「두계학술상」을 받도록 결정되었다고 하시면서 본인의 일보다 더 기뻐하였다. 선생님께서 제자를 생각하는 마음이 늘 그러했던 것 같다.

한데 이같은 생활은 선생님이 83년 2월에 정년을 맞으면서 좀 소원해질 여지가 없지 않았으나 실은 그렇지가 않았다. 학문적으로나 개인적인 일로 이야기를 나누는 때가 자주 있었고, 특별히 매년 여름과 겨울의 방학 기간에 대학원생들이 시행하는 답사에 선생님께서 한 번도 빠짐없이 참석하여서 좋은 말씀을 하여주는 등 생활을 같이 하였기 때문이다. 선생님은 퇴임하신 뒤에도 全州大學과 亞洲大學校의 대우교수로 계시면서 여전히 교육과 연구에 정진하였는데, 그런 가운데에 『韓國中世土地所有硏究』(일조각, 1989)라는 力著를 출간했는가 하면 그 틈틈에 우리들의 행사에도 참여하여 주시곤 했던 것이다.

어느 날 선생님께서 몸이 불편하여 입원을 했다는 소식이 전해졌다. 그래서 몇 번 찾아뵈었지만, 그 후 수술을 마치고 경과가 매우 좋아 퇴원을 하였으며, 마침 그 얼마 후 이정신의 박사학위논문 심사가 있어서 그 자리에 참석하시는 등 건강이 매우 호전되었었다. 그러나 오래지 않아 결국 병으로 인해 1991년 3월 20일 영면하였으니, 남겨진 사모님과 자녀들의 심정이 어떠했을 것인지는 짐작조차 하기 어렵지만, 우리 제자들의 마음 또한 가늠할 길이 없을 정도였다. 선생님께서 세상을 떠나시기에 앞서 운구는 제자들에게 맡기도록 하라고 하셨다는 이야기를 사모님이 전해주어서 그 유언대로 우리들이 모셨다. 선생님께서 생전에 아직 책으로 정리되지 않은 글들에 대해 몇차례 언급한 일이 있었다. 그래서 우리 몇몇 제자들이 선생님께서 소장하고 있던 책과 저술을 정리하던 가운데 『韓國社會의 歷史像』이라는 책명까지 정하여 놓은 메모를 발견하였다. 정리된 책은 선생님의 뜻에 따라 일시 봉직하였던 아주대학교의 도서관에 마련된 새 문고에 기증하였으며, 원고는 모아서 저술의 하나로 출간하였다. 책명은 역시 선생님의 뜻대로 『韓國社會의 歷史像』으로 하였는데, 이 책자는 선생님의 1주기에 즈음 앞서 유가족과 이기백·이우성·김성준 선생님 등의 동료 및 저희 제자들이 참석한 가운데 거행된 묘비의 제막식 자리에서 영전에 증정되었다. 책자의 출간에 즈음하여 이기백 선생님께서 「姜晉哲 선생을 생각하며」라는 머리말을 써 주셨으며, 출판의 전말에 대해서는 「편집의 말미에 붙임」이라고 해서 간략한 언급을 한 것이 있어 참고로 아래에 덧붙여 둔다.

4. 『韓國社會의 歷史像』 편집의 말미에 붙임[1]

姜晉哲 선생님은 자신의 글에 대해서 지나치리만큼 엄격하셨던 관계로 남긴 저술이 그렇게 많은 편은 아니라고 생각된다. 하지만 교직에 서신 이후로 오직 학문의 길 하나에 정진하였고, 더구나 그같은 굳굳한 자세를 停年을 하신 이후에도 한결같이 견지한만큼 주전공인 고려시대의 토지제도에 관한 것을 비롯하여 상당수의 무게있는 글들을 쓰실 수 있었다. 이러한 성과가 이미 『高麗土地制度史硏究』(高麗大出版部刊, 1980)와 『韓國中世土地所有硏究』(一潮閣刊, 1989)의 두 저서로 출간되었지만 아직 책으로 묶여지지 아니한 글들이 얼마간 더 남아 있었다.

그러므로 선생님은 생전에 한 권의 저서를 더 출간할 계획을 가지고 계셨다. 그것은 선생님께서 우리 제자들과 자리를 같이하는 기회에 몇 차례 말씀하신 바 있었고, 또 유고를 정리하다가 뒤에야 알게 된 사실이지만 자신이 서명과 함께 그 내용에 관한 몇 종류의 시안을 적어 놓은 게 발견되어 다시 확인할 수 있었다.

本書의 편집은 이처럼 선생님 스스로가 작성해 놓으신 서명과 목차의

---

1) 이 부분은 이미 강진철 선생님의 유고집인 『韓國社會의 歷史像』, 일지사 一志社, 1992에 실린 바 있다.

시안이 있어 우리들은 될 수 있는 대로 거기에 충실한다는 방향에서 진행시켰다. 따라서 선생님의 시안에 들어있는 「趙浚의 私田改革案에 대한 問題點」과 「高麗時代의 村落」은 원고가 미처 정리되지 못한 것인 듯하여 아예 빼어버릴 수밖에 없었지만, 그 이외에는 몇몇 字句를 수정하는 정도에서 그쳤다. 아울러 구체적인 서술내용 가운데서도 「武人政權治下의 農民抗爭」 경우는 初稿인 듯 생각되었으나 역시 원문에 충실한다는 뜻에서 주를 몇 개 추가하거나 맞춤법을 고치는 선에서 그쳤으므로 독자께서는 이점을 좀 감안하고 읽어 주셨으면 한다.

이미 출간되었거나 본서에 실린 논문 이외에도 몇 편의 글들이 더 눈에 띄었다. 우리의 욕심 같아서는 이들도 일괄 묶어서 본서에 싣고 싶었으나 우선은 선생님이 그것을 원하지 않으신 듯하고, 편집체제 내지는 출판사의 사정 등도 있는 것 같아 그렇게 하지 않았다. 아쉬움은 남지만 이 정도로 만족할 수밖에 없을 듯하다.

선생님 밑에서 공부를 하여 보면 누구나 느끼지만, 상반되는 두 가지 면에 접하게 된다. 그 하나는 학문에 대하여 엄격·철저하고 진지했다는 점이다. 이 같은 선생님의 자세는 언제나 조금도 흐트러짐이 없어 우리들이 두려움을 느낄 정도였지마는, 그 점에 관한 한은 제자들의 조그마한 흠도 그냥 지나치질 않았다. 그런가 하면 인간적인 관계에서는 매우 소탈하시고 푸근하셨다. 때와 장소를 별로 가리지 않고 우리들과도 어울려 분위기를 맞추셨고, 또 제자들에게 어려움이 있으면 수고를 마다 않으셨다. 지금 회상하여 보면 그것이 스승의 참다운 길인 듯싶지마는, 그 스승님이 가신 지도 벌써 1년이 다 되었다. 생각건대 스승님의 恩顧와 하더으로 기라온 우리 계기들은 선생님이 걸은 그 같은 길을 띠뤼기도록 노력하는 것이 조금이라도 은혜에 보답하는 도리가 아닐까 싶다.

책의 출간에 즈음하여 머리말을 써주신 이기백 선생에게 깊이 감사를 드린다. 강선생님께서 평소 저희와 대화를 나눌 때에 이선생에 관한 말씀이 가장 많았던 것으로 기억되어 부탁을 드렸었는데, 선생님께서는 그에 쾌히 응해 주셨다. 그리고 시장성이 없을 뿐 아니라 출판사 모두가 꺼리는 유고집을 기꺼이 맡아 출판하여 주신 一志社의 金聖哉 사장님과, 말끔한 책이 되도록 엮어주신 편집진 및 원고의 정리로부터 교정과 색인작업 등에 이르는 궂은일을 도맡아 수고를 아끼지 아니한 고려대학교 사학과의 고려시대사전공 대학원 학생들에게도 이 자리를 빌어 고마운 뜻을 전하여 둔다.

선생님의 명복을 빌면서 몇자 적어 편집의 후기에 대신한다.

1992년 2월 2일

내 마음의 큰 바위 얼굴

나 종 우*

　사람이 살아가는 동안 중요한 것 중의 하나는 '만남'이라고 할 수 있을 것 같다. 태어나는 순간부터 부모, 친구, 동료, 스승, 배우자 등등 끊임없이 삶은 만남의 연속선상 위에서 이루어지고 있다. 이러한 만남들은 필연이든 우연이든 한 사람이 살아가는데 영향을 끼치기 마련이다. 따라서 사람들은 누구나 만남을 소중히 여기며 만남들이 아름다운 만남이 되기를 소원한다.

　나와 강진철 스승님과의 만남은 어쩜 필연과 우연히 함께 작용했는지도 모른다. 내가 대학을 졸업하고 어느 지방도시의 고등학교에서 교편을 잡고 있다가 대학원 진학을 두고 여러 가지 생각 끝에 고려대학으로 정하고 나서 진학하게 되면 어느 분을 지도교수로 모실 것인가를 고민하였다. 그런데 결정짓지 못하고 입학을 하게 되었다. 입학한 뒤로 선생님을 뵌 뒤로 주저 할 것 없이 선생님을 찾아가서 지도교수님으로 모시고자 한다고 말씀드리고 그 자리에서 어렵게 선생님의 개인 조교로 곁에서 모시면 어떨지를 용기(?)내어 말씀 드렸다. 선생님께서 두말없이 흔쾌히 허락해주시고 그때부터 선생님 연구실 한 쪽에 책상을 놓고 선생님

---

* 원광대 사학과 명예교수

을 가까이에서 모실 수 있었다.

선생님께서는 연세가 나의 부친과 같아서 항상 아버지 같은 모습으로 내게 다가오시는 분이셨다. 그 때 나는 결혼을 했고 아이도 있었는데 모든 것을 잊고 공부를 할 수 있었던 것은 학교에 나가고 선생님과 한 방에서 생활한다는 것이 즐거움을 가져다주었기 때문이라고 생각한다. 선생님 연구실에서 생활하다보니 찾아오시는 유명한 분들도 알 수 있게 되었는데 모두가 즐거운 일이었다. 때로는 하루 학교생활이 끝나고 시내버스를 함께 타고 모시고 가는 것도 즐거운 일이었다. 선생님 댁과 우리집은 방향이 같아서 꽤 긴 시간을 차 안에서 차창 밖을 보면서 이런 저런 말씀을 들려주실 때면 항상 새로운 배움을 가질 수 있었다. 산을 보면 산같이 보이시고 강을 보면 강같이 보이는 큰 어른이셨다. 博學多聞, 多識하셔서 淺學菲才한 나는 곁에서 말씀을 들을 때마다 배움을 얻을 수 있는 즐거움을 가질 수 있었다. 『晉書』에 보면 '훌륭한 사람이 옆에 있으면 내 몸의 부족함이 부끄럽게 느껴진다는 말이 있는데(珠玉在側覺我形穢) 당시 나는 매일 매일 가장 가까운 곳에서 모시면서 이 말의 의미를 되새기면서 게을러지고 나태해 질 때마다 스스로에 질책을 할 수 있었다.

이 시기가 나에게 가장 보람되고 의미 있었던 시간이었던 것 같다. 당시 나의 대학 은사님께서 지방의 어느 전문대학의 전임으로 가라는 연락을 주셨다. 아직 겨우 석사과정이라고 말씀드렸더니 대학 선생은 대학원 다니면서 하는 거야 하시면서 천거해주셨다. 또 한분 고등학교시절 교장선생님께서는 교감으로 오라는 전갈도 왔다. 그러나 모두 공부에 전념하겠다는 핑계로 완곡하게 사양을 하였다. 아마도 이때 나는 선생님과 이 시절 새로 알게 된 교우들의 정에 빠져있던 때였기에 그리 하였던 것 같다.

선생님께서는 매사에 대강 대강하시는 일이 없으셨다. 항상 철저하시고 엄격하셨다. 『高麗土地制度史硏究』의 저서가 나오기 전 원고 뭉치를 수없이 읽으시고 교정을 하시면서 (내 기억으로는 여섯 번쯤) 문장 하나하나를 다듬으셨다. 이 원고를 다듬으실 때 기억되는 것으로는 어느 날 오후 書架위에 쌓아 놓은 원고를 쳐다보시고는 '종우야 혹시 내가 없더라도 용운(박용운 선생님)이하고 너하고 책으로 낼 수 있겠지' 하시던 말씀이 생각난다. 선생님께서 얼마나 심혈을 기울이셨는가를 알 수 있다.

선생님께서 퇴임을 하시고 얼마동안 전주에 있는 전주대학에 출강을 하신일이 있었다. 전주에서 하루저녁 주무시는 일정이셨다. 덕분에 나는 일주일에 한번 씩 뵐 수 있어서 참 좋았다. 매주 강의 첫날 오후에는 선생님을 내 차에 모시고 전라북도 곳곳 가 보시고자 하는 이곳 저곳을 둘러보고 다녔다. 그 때마다 선생님께서 평생 겪으셨던 이야기, 일본 유학 시절 이야기, 선생님의 교우관계 이야기 등 참으로 많은 말씀들을 접 할 수 있었다. 후일 선생님께서 병원에 입원해 계실 때 몇 번 찾아뵈었을 때는 종교관을 비롯한 삶의 이야기를 들을 수 있었다.

선생님께서 운명하시던 날 內子와 둘이서 찾아뵈었을 때는 방문객을 알아볼 수 있는 상황이 아니셨다. 그래도 바로 운명 하실 것 같지 않으니 내려가라고 가족들이 권하면서 일이 생기면 바로 연락을 주겠다고 하시어 내려오게 되었다. 그날은 아주 이른 봄의 이슬비가 촉촉이 계속 내렸다. 운전을 하고 고속도로를 달리면서 나도 모르게 2시 20분까지 집에 가야 돼 하면서 휴게소도 들르지 않고 집에 왔다. 막 대문 앞에 당도했을 때 거실에서 전화벨 소리가 나기에 황급히 전화를 받으니 선생님께서 방금 운명하셨다는 전화였다.

벌써 선생님 가신지 27년의 세월이 흘렀다. 돌이켜보면 선생님께서 사셨던 시대는 우리 역사상 순탄한 시대도 아니었고, 蘇軾의 글 가운데 있는 '學書如泝急流'라는 말처럼 학문하는 것은 급류를 거슬러 올라가는 것만큼 어려운 일인데 한 길을 달려 마루에 서셨으니 어찌 毅然하다 아니 할 수 있겠는가.

돌이켜보면 오늘 내가 있기까지 선생님과의 만남이라는 인연이 필연처럼 내 생활의 한 부분으로 작용하고 있다. 오늘 내 서재에는 선생님의 손때가 묻어있고 눈길이 남아있는 책꽂이가 자리하고 있어 항상 곁에 계시는듯한 마음으로 살고 있다. 그리고 선생님의 후학들과 끊임없이 소통 할 수 있음은 모두가 선생님과의 인연의 끈으로 맺어진 것으로 알고 감사하고 있다.

강진철 선생님 회고

이 정 신*

1. 중세사보다 현대사 공부가 중요

필자가 선생님을 처음 뵌 기억은 학부 2학년 즈음 고려시대사 수업시간에서였다. 선생님은 수업시간에 들어오셔서는 "아야, 안경 안 갖고 왔다." 하면서 학우에게 종종 안경 심부름을 시키셨다. 이제 내가 그 연세가 되고 보니 왜 저렇게 깜빡깜빡 하실까 의아해했던 일이 이제야 정말 절실하게 이해가 된다.

대학원에 와서 고려시대사를 전공하면서 자주 선생님을 뵙게 되었다. 1975년에 학부를 졸업하고 뒤늦게 대학원에 와서는 공부한답시고 선생님 연구실에 있었던 1979년 11월경이었다. 그 때는 박정희 대통령이 피살되고 사회는 민주화 열기로 가득차서 연일 시위가 끊이지 않았다. 선생님께서는 저녁 무렵이 되면 종종 필자에게 말씀하셨다. "이제 중세사는 그만 덮고 현대사 공부하러 가자." 선생님과 여러 학우들과 함께 간 광화문은 완전히 해방구였다. 민주화를 열망하는 시위대의 엄청난 열기에 흥분되어 함께 낙설리를 써바섰던 기억이 난다. 요스음 촛불시위를

---

* 한남대학교 사학과 교수

보면서 더욱 선생님 생각이 났다. 선생님께서 박근혜 정권농단을 보셨더라면 얼마나 흥분하셨을까. 그 시원한 열변을 들을 수 없어 많이 아쉬울 뿐이다.

사태는 엉뚱하게 변질되어 12·12사태에 이어 광주에서 민주화 항쟁이 일어나게 되었다. 선생님은 수시로 필자에게 검게 칠하지 않은 타임지를 구해오라고 명하셨다. 당시 외국에서 우리나라에 들어오는 잡지는 광주항쟁과 전두환 군부세력에게 불리한 내용은 전부 검게 먹칠하여 들어왔기 때문이었다. 천신만고 끝에 깨끗한 타임지를 구해 갖다 드리면 문 밖에 누군가가 감시하고 있지 않나 살펴보라고 하시고는 마음 아파하며 잡지를 읽으셨다.

선생님은 술을 즐겨 드셨다. 저녁 무렵이면 꼭 한잔하자고 하셔서 필자도 성북동과 삼선동 골목의 자매집 등 여러 집을 전전하며 많이 따라다녔다. 선생님과의 술을 마시면서 그제서야 선생님의 살아오신 삶의 자취 모두가 아픈 현대사였음을 조금씩 깨닫게 되었다.

선생님이 정년퇴직 하신 후에도 정초에는 항상 선생님을 찾아뵈었다. 한번은 선생님께서 얼큰해졌을 즈음 조심스럽게 '민주화도 되고 해서 이제는 아무 문제가 없을 것이니 진솔하게 자서전을 써 보는 게 어떠시냐고 말씀드린 적이 있었다. 그때 한국사 시민강좌에 실린 선생님의 회고록은 마음속의 하고 싶은 말을 다하지 못한 2% 부족한 느낌이었다. 그때 선생님은 아직은 때가 아니라고 하셨다. 노태우 정권하에서 쓰시기는 부담스럽던 것인가. 아직도 그 점이 많이 아쉽다.

선생님께서 아주대학교 사학과의 객원교수로 계시던 1990년, 한번은 부르셔서 댁에 갔더니 건강이 나빠지셨다고 하면서 필자더러 아주대학교의 강의를 모두 맡게 하셨다. 그리고는 편찮으셔서 누워계시면서도 필자의 취업을 많이 걱정하셨다. 죄송하고 감사할 따름이었다.

선생님은 병석에서 많이 아파하셨다. 아픔을 대신해줄 수도 없고, 그냥 어쩔줄 모르고 바라만 보고있는 필자에게 선생님은 "고문당할 때 보다 더 아프다"고 하셨다. 신념에 따라 바르게 살고자 하는 의지와 생각이 뚜렷하신 우리 선생님에게 6·25전쟁의 어느 시점에서 그렇게 참혹하게 고문당하셨는지 구체적 상황을 필자는 알지 못한다. 필자는 그 말씀이 더욱 아팠다. 정말 선생님이 수술만 받으면 곧바로 좋아지실 줄 알았다. 그렇게 허망하게 돌아가실 줄은 꿈에도 생각하지 못한 일이었다.

2. 공부에 대한 열의

선생님은 연구활동과 글쓰기에는 아주 철저하셔서 한자의 오탈자도 허용하지 않으셨다. 단언컨대 『고려토지제도사연구』는 내용도 훌륭하지만 오탈자가 거의 보이지 않는 노고는 함께 교정본 학우들과 더불어 필자의 공도 상당히 많았다고 자부할 수 있다. 선생님의 명으로 7번이나 교정을 보느라고 거의 진이 다 빠질 지경이었다. 선생님은 혹시 집에 불이 날까 걱정되어 원고는 항상 현관 문 앞에 두고 잠드셨다면서, 세상에서 가장 귀중한 것은 당신의 원고뿐이라고 사모님께서 한탄하시던 말씀이 기억이 난다.

선생님은 『고려토지제도사연구』에 이어 『한국중세 토지소유연구』도 저술하셨다. 병실에 누워서도 자신이 직접 보아야 안심이 된다면서 끝까지 내용과 오탈자를 점검하셨다. 선생님은 비록 많은 책을 저술하시기는 않았지만 하나같이 주옥같은 책들이다. 일반적으로 학자들의 저서는 그

생명이 30년도 유지되기 어렵다고 하는데 선생님의 저서는 여전히 학우나 후학들에 의해 많이 읽혀지고 논의되는 고전이 되었다. 선생님의 학문과 학문에 대한 열의에 깊은 경의를 표한다.

선생님은 제자 중 토지관련 연구자가 많지 않은 것을 안타깝게 여기셨다. 석사과정 때 필자에게 토지관련 논문을 쓴다면 많이 도와줄 수 있다고 유인하셨다. 그렇게 시작한 것이 석사학위논문「趙浚 硏究」였다. 그러나 필자는 부족한 일본어 실력에 周藤吉之·深谷敏鐵 등의 일본학자들의 만연체로 씌여진 토지관련 논문을 읽느라고 아주 힘들었다. 더욱이 필자의 취향으로는 토지관련 연구는 재미가 없어 도저히 감당이 되지 않았다. 지금도 필자는 토지문제에 관련된 논문을 쓰는 연구자를 가장 존경한다.

겨우 석사학위논문을 마치고 박사과정에 들어왔을 때, 박사학위논문은 토지가 아닌 농민항쟁을 연구하겠다고 단호하게 말씀드렸더니 매우 실망하시는 기색이셨다. 다행히 윤한택 선생님이 토지관련 연구를 한다고 하여 마음의 무거운 짐을 덜었던 기억이 난다.

3. 사모님과 선생님

사모님은 아주 따뜻하고 음식솜씨가 좋은 분이었다. 필자가 수시로 찾아가서 저녁 겸 술을 마실 때에도 한 번도 싫은 내색없이 식사와 맛있는 안주를 그득하게 차려 주셨다. 선생님은 술을 안마시고 있으면 핀잔을 주셨다. "술 못 마시는 사람이 공부도 못하더라." 아무리 술을 잘 못 마시더라도 공부 잘한다는 칭찬을 듣기 위해서는 술을 마셔야만 했다. 지금은 그리운 추억으로 남았을 뿐이지만 선생님 댁을 방문했을 때 제정신으로 집에 간 적이 한 번도 없었다.

선생님은 정년 후에는 여러차례 사모님과 해외여행을 하시고 매우 즐거워하셨다. 그러나 사모님은 해외에 가서도 각 나라의 대학만 가보자고 해서 재미없었다고 말씀하셔서 웃었던 기억이 난다. 선생님은 언제 어디서나 학문을 하시는 진정한 연구자이셨던 것이다.

선생님이 살아계셨다면 올해 101세이시다.

언제나 진보적이고 진취적인 생각을 가지고 대화를 이끌어 가셨던 선생님! 보고 싶다. 우리는 언제나 즐거운 마음으로 선생님을 기억할 것이다.

묘비문

南吾姜晋哲先生之墓*

　여기 이 아늑한 언덕은 우리나라 中世史 특히 高麗土地制度史의 研究
에 一生을 바쳐 많은 業績을 남긴 南吾姜晋哲先生이 永遠히 잠드신 곳
이다. 先生은 一九一七年 十月 二日 慶南 咸安郡郡北面 小浦里에서 父
親 晋陽 姜乃秀公과 母夫人 全州 崔氏사이에 탄생하여 一九九一年 三
月 二十日 서울에서 夫人 金天龜여사와 아들 寧中, 熙中, 和中, 殷中 및
딸 景信 사위는 卓俊植이 臨終을 지켜보는 가운데 七十五歲를 一期로
세상을 떠나셨다.

　幼少年시절 富裕한 家庭에서 자라난 先生은 京城第一高普를 거쳐 日
本慶應大學 史學科를 卒業하고 解放 後 서울大學校 史學科 助教授로
奉職하였다. 六二五 戰爭 後에 釜山 東亞大學에 있다가 四一九 革命 後
에 다시 상경하여 淑明大學을 거쳐 高麗大學에서 定年退任때까지 教職
을 지켰다.

　圖書館長 博物館長 등 大學補職을 지냈으나 先生의 一念은 오직 學
問研究에 있었다. 高麗土地制度에 本格的 研究를 시작한 以來 數十篇의

---

* 이 글은 강진철 선생의 오랫동안 학문적 동지였던 이우성 선생이 지은 묘비문으
　로, 강진철 선생의 생애와 업적을 간결하고 적확하게 서술하였기 때문에 회고의
　끝부분에 싣는다. 한편 비문에 적지 않았지만, 강진철 선생은 고려대에서 정년을
　하신 뒤에 전주대와 아주대 대우교수를 지내셨다. 아울러 최근 영면하신 이우성
　선생의 명복을 빈다.

論文과 함께 『高麗土地制度史研究』, 『韓國中世土地所有研究』 등 묵직한 單行本의 著書들을 내놓았다. 日本, 美國 등 外國學術會議에 나가 自己 見解를 國際的으로 闡明하기도 하였다. 이에 對한 國內學界의 評価도 높아 月峰著作賞, 韓國日報出版文化賞을 받았다.

先生의 歷史學은 研究視覺이나 研究方法에 있어서 항상 進步的 性向을 지니고 있어서 앞으로 우리나라 史學史에 뚜렷한 先驅者의 한 분으로 記錄될 것이다.

一九九二年淸明節 驪州 李佑成 지음

찾아보기

저자
박용운(고려대 한국사학과 명예교수) 외
편저자
이진한(고려대 한국사학과 교수)

강진철 역사학의 이해

초판 1쇄 인쇄   2017년 08월 10일
초판 1쇄 발행   2017년 08월 17일

저   자   박용운 외
편 저 자   이진한

발 행 인   한정희
발 행 처   경인문화사
총 괄 이 사   김환기
편   집   김지선 박수진 한명진 유지혜
마 케 팅   김선규 하재일 유인순
출 판 번 호   406-1973-000003호
주   소   파주시 회동길 445-1 경인빌딩 B동 4층
전   화   031-955-9300 팩 스 031-955-9310
홈 페 이 지   www.kyunginp.co.kr
이 메 일   kyungin@kyunginp.co.kr

ISBN   978-89-499-4290-2   93910
값 26,000원